일본고고학사와 식민지고고학을 만나다

• 최석영

공주사범대학부속고등학교를 거쳐(1981년) 공주사범대학 역사교육과를 졸업하였다(1985년).

한국학중앙연구원 대학원에서 한국사학사를 탐구 중 1993년 일본으로 유학을 떠나, 아이치현(愛知縣) 츄부(中部)대학과 히로시마(廣島)대학의 석 · 박사과정(5년)에서 식민지인류학(colonial anthropology) 전공으로 일제의 식민지 상황 하에서 우리의 전통문화에 어떠한 변용이 일어났고 그것이 오늘날 우리가 전통문화라고 알고 있는 것과는 어떠한 관련성을 가지고 있는가라는 문제의식 하에 한국무속의 식민지적 변용을 고찰하고자 했다.

1998년 3월에 학위를 취득한 후 식민지박물관(colonial museums)에 관심을 가지고 한국박물관의 역사를 밝히는 데 자료수집과 고찰에 노력하였다. 그 후 식민지박물관과 밀접한 식민지 고고학과 문화재 반환이라는 현실 문제 외에 식민지 상황 하에서 일본 국내의 〈미술〉 논쟁에도 관심의 폭을 넓히고 있다. 이상의 연구성과들을 일본의 대학과 박물관에서 발표하기도 하고 박물관 관련 잡지나 단행본에 게재하기도 하여 공동연구의 필요성을 제기하였다.

국립민속박물관 학예연구사, 단국대학교 동양학연구소 연구 조교수를 거쳐 2010년 6월부터 국립극장 공연예술박물관장(학예연구관)으로 재직하고 있다.

주요 저서로 『일제 하 무속론과 식민지권력』, 『일제의 조선연구와 식민지적 지식 생산』(문화체육관광부 선정 우수도서), 『한국박물관 역사 100년 : 진단과 대안』, 『일제의 조선 「식민지고고학」과 식민지 이후』 등이 있고 역서로는 『사회인류학의 과거, 현재와 미래』(영문), 『전통의 창조와 날조』(영문)와 『일본 근대국립박물관 탄생의 드라마』(일문)와 『인류학자와 일본의 식민지통치』(일문, 대한민국 학술원 선정 우수도서) 등이 있으며 박물관학 외국 저술들(영문)을 읽고 쓴다는 방식으로 『박물관의 전시해설가와 도슨트』, 『핸즈 온 전시』, 『비교문화적 관점에서 박물관보기』, 『식민지박물관 벗어나기』, 『박물관에서 역사수업하기』 등의 박물관학 시리즈를 발간해 오고 있다.

참고로 영어는 잘 못하지만 식민지영어의 틀을 벗어나야 한다는 생각에서 일본 유학 전에 집필한 것을 최근 새롭게 다듬어 내놓은 『영문법 원리의 비밀 캐기』(교보문고 전자북)가 있다.

일본고고학사와
식민지고고학을
만나다

초판인쇄일	2018년 1월 10일
초판발행일	2018년 1월 15일
읽고 쓴 이	최석영
발 행 인	김선경
책 임 편 집	김소라
발 행 처	도서출판 서경문화사
	주소 : 서울시 종로구 이화장길 70-14 105호
	전화 : 743-8203, 8205 / 팩스 : 743-8210
	메일 : sk8203@chol.com
등 록 번 호	제300-1994-41호
ISBN	978-89-6062-202-9 93910

ⓒ 최석영, 2018

정가 20,000

일본고고학사와 식민지고고학을 만나다

최석영

서경문화사

::일러두기::

1. 이 책은 제1권 사이또 타다시(齋藤忠)의 『일본고고학사』(吉川弘文館, 1974)와 제2권 사카즈메 히데이치(坂詰秀一)의 『태평양전쟁과 고고학』(吉川弘文館, 1997)으로 구성 되어 있다. 형식은 각 권의 전체를 읽고 사항에 따라 필자(읽고 쓴 이)의 의견을 개진 하는 〈읽고 쓰기〉를 통해 두 권의 내용 전반을 소개한 것이다. 단, 이 책에서 명치정 부의 고용에 의한 외국인교사에 대한 기술은 필자의 『일제의 조선 「식민지고고학」과 식 민지 이후』(서강대학교출판부, 2015)의 제2장 4)를 참조하였다.

2. 각 책의 목차는 가능한 한 원서의 목차를 그대로 따르는 것을 원칙으로 하면서 편의상 필자가 약간의 수정을 가하였다.

3. 인용 페이지는 괄호로 표시하여 연구에 활용할 수 있도록 하였다.

4. 제2권의 본문 괄호는 필자의 인용쪽수뿐만 아니라 저자가 제시한 참고문헌을 표기한 것으로 연구에 활용할 수 있도록 하였다.

5. 책 본문 가운데 인명의 생몰년 표기는 필자가 조사해 붙인 것이다.

6. 각 책의 본문에 있는 도판이나 사진 등은 포함시키지 않았다.

■ 문제의식

독자들이 가장 궁금해 하는 것은 무엇보다도 이런 책을 발간한 의도와 목적에 관한 것이 아닐까 라고 감히 추측해 본다. 읽고 쓴 이(필자)는 아직 독자들의 성향 등에 대한 조사나 연구를 해 본 적이 없기에 필자가 책을 접할 때 보통 갖는 생각에 비추어서 이런 정도로 추측하는 데 그치지 않을 수 없다. 이것이 사실에 조금이나마 가까울 것이라고 '자기단정'을 하고 이런 책을 발간한 의도와 목적을 피력해 보고자 한다.

의도와 목적을 쓰려고 하니 문득 '연구자'라는 타이틀로 지금까지의 글쓰기는 도대체 무엇이었는가, 그 타이틀에 어느 정도 부합한 것이었는가, 아니면 글의 질보다는 양을 내세운 '허세의 수단'이었는가, 그 간 '연구자'라고 하면서 수행한 활동의 실제를 되돌아보는 반성의 시간을 잠깐이나마 가져보게 된다. 한 마디로 그것은 크게 내세울 것도, 소리 높여 주장할 것도 없는 '질 낮은 것'으로 수렴된다. 확인한 사실(facts)을 토대로 (1) 나는 무엇을 인식하고 (2) '지적 실천'을 하면서 (3) 살고 있는가. 부끄러운 이유는 바로 (1)에 머물러 있기 때문이다. 실제 모르는 것이 많으니 그 사실을 확인하는 데에 그 만큼 시간이 걸렸던 것이 아닌가 하고 스스로를 위안해 본다. 그러한 위안과 동시에 (2)~(3) 사이에서 앞으로 어디까지 나아갈 수 있을까 가늠해 보기도 한다. 사실의 탐구에 시간이 걸렸던 이유는 한 우물만 깊이 파볼까 생각하다가도 그 우물 안으로 들어가 보면 또 다른 여러 물줄기가 눈에 들어오다 보니 한 길 우물만 깊게 파 내려갈 수가 없게 되었기 때문이다. 그래서 능력이 되지 않아 감히 (2), (3)은 엄두도 못 낼 상황이라는 것을 잘 알고 있으면서도 (2), (3)을 엿보려는 것은 괜한 만용을 부려보는 데 지나지 않는 것이다.

왜 일본고고학사와 함께 식민지고고학에 관한 책에 대한 〈읽고 쓰기〉를 기획하려고 마음을 먹었을까 자문해 본다.

후술하겠지만 필자가 관심을 가지고 연구해 온 한국 근대박물관 역사의 많은 부분은 식민지고고학사라고 해도 과언이 아닌데 이에 대한 역사적 성격을 구명하기 위해서는 식민지고고학 자체만이 아니라 이를 '낳은' 당시의 일본고고학사를 함께 돌아보지 않으면 안 된다는 문제의식을 가지게 되었다. 한 마디로 일본고고학의 '거울'이 식민지고고학에 비추어진 것이기 때문에 이 양자는 불가분의 관계를 가지고 있다. 당시 일본 국내 고고학계의 상황 가운데 고고학이라는 학문에 대한 인식수준이라든가 조사 및 발굴방법과 절차에 대한 논의라든가 대학의 교과과정에 고고학교실 설치를 통한 고고학 훈련의 토대 등이 바로 식민지고고학에 종사한 일본인들이 성장한 바로 그 환경이었기 때문이다. 따라서 필자에게 이 양자의 고고학사를 짚어보는 작업은 식민지고고학의 역사적 성격을 구명하는 데 방법적으로 일정한 합당성을 가지고 있다.

이러한 문제의식은 1990년대 후반에 필자가 한국박물관 역사를 고찰하는 과정에서 나왔다. 한국박물관역사는 1909년 창경궁 안에 제실박물관(실제로는 이미 이 때 「이왕가박물관李王家博物館」이라는 현판을 창경궁 명정전 입구 기둥에 걸어 두었다)을 열어 서화, 도자기 등을 전시하여 일반 공개하면서 시작했다. 1912년 일본 경도의 평등원平等院을 모방하여 영조가 사도세자의 어머니 혜경궁 홍씨를 위해 지은 창경궁의 자경전을 헐고 이왕가박물관을 준공함으로써 식민지박물관의 단초를 연 이후 본격적인 식민지박물관의 개관과 운영은 1910년 일제의 대한제국 강점 이후에 이루어졌다. 1915년 9월

- 이왕가박물관(창경궁의 자경전을 헐고 가장 높고 좋은 위치에 일본 건축물이 들어선 모습에서 일제에 의한 식민지 지배의 현실성과 그 폭력성을 읽을 수 있다, 이 곳은 여전히 빈 터로 남아있다)

- 조선물산공진회 미술관(미술관 앞에 있는 탑은 일본인의 손에 넘어갔다가 조선총독부가 다시 찾아 이 곳 경복궁에 가져다 놓은 원주 법천사의 지광국사 현묘탑으로 아직도 경복궁 안에 있다)

시정 5주년을 기념한다는 명목 하에 경복궁에서 10월 30일까지 열린 조선물산공진회朝鮮物産共進會의 미술관을 행사종료 1개월 후 12월 1일에 이름을 바꾸어 조선총독부박물관朝鮮總督府博物館이 개관한 이후 1926년에 경주분관과 1939년에 부여분관이 분관으로서 개관하였다. 이들 박물관들

- ① 경주분관(정원에 각 지역에서 가지고 온 석조물들을 나열해 놓은 모습에서 식민지 박물관 경영의 특징을 읽을 수 있다)
- ② 경주분관 금관고 터(현재는 경주문화원의 휴게공간으로 사용되고 있다. 필자촬영)

• 부여분관(입구에는 「조선총독부 박물관 부여분관」이라는 팻말을 세워 놓고 건물에는 개관 전부터 사용해 오던 「백제관」이라는 현판을 달았다)

은 '선택된 지역'(주로 평양과 경상도, 전라도)에서 진행된 고적발굴사업의 결과 수집·출토된 유물들을 통하여 식민지사관과 일선동원日鮮同源을 보여주기 위한 목적에서 식민지적 해석과 전시와 계몽공간의 역할을 수행했다. 이와 같이 일제의 조선 강점 이전과 이후에 세워진 이러한 박물관들은 조선에서 진행된 고적발굴사업과 밀접한 관련을 가지고 있었다. 그 고적조사와 발굴에서 수집·발굴된 유물들이 이왕가박물관, 조선총독부박물관 등으로 옮겨져 전시되거나 소장되기도 하였고 다른 한편 일본 국내의 동경제국대학이나 박물관으로 반출되거나 일본인 컬렉터의 손으로 들어갔다. 더욱이 조선 밖으로의 유물반출을 금지할 수 있는 법이 없었던 상황 하에서 (1916년 7월에 제정된 총 8조항의 「고적및유물보존규칙」은 유물반출국지에 관한 법률이 아니었

• 동경인류학회에서 소풍(아유회) 겸 하층독교 패총 조사(『인류학잡지』 20, 1886년 2월)

다) 일본을 비롯하여 미국, 영국, 프랑스, 독일, 중국, 심지어 대만으로까지 유물이 반출되었다. 필자가 알고 싶은 것은 일제의 조선 강점 상황에서 진행된 고적발굴에 종사한 일본인들은 일본 국내의 어떠한 학적 토양 위에서 영향 또는 교육을 받은 사람들이었는가. 필자에게 던지는 이 질문은 일제에 의한 식민지고고학의 역사적 성격을 구명하기 위해서이다. 또 그 구명은 해방 후 한국 고고학의 성격을 일정하게 규정한 역사적 요인을 밝히는 것이기도 하다.

그 고적발굴사업에 종사한 일본인들 가운데에는 일본의 제국대학 출신자들 외에도 정규교육을 받지 않은 사람들도 일부 포함되어 있었다. 1884년에 동경인류학회, 1895년에 고고학회가 각각 창립되었지만 회원들은 여전히 서구에서 시작된 인류학과 고고학이 무엇인지를 분명하게 인식하지 못하고 있었다. 그래서 이 학회의 창립에 핵심적인 역할을 수행한 츠보이 쇼고로坪井正五郎는 회원들에게 "고고학이 무엇인지를 모르는 사람이거나 고고학에 관해서 자신의 의견을 가지고 있지 않은 사람은 손도 내밀 수 없고 말도 해서는 안 된다"(필자 졸저, 『일제의 조선 「식민지고고학」과 식민지 이후』, 서강대학교출판부, 2015 참조)라는 좀 강압적이고 권위적인 주문을 하기도 하였고 고고학의 성격과 정의에 대해 강연이나 잡지를 통해 알리는 일에 노력하였다. 1890년대 그것도 형질인류학으로부터 출발한 일본인류학과 함께 토속학, 고고학, 지방학, 향토학, 민속학이라는 이름으로 조사와 연구가 시작되었지만 각 학문의 경계와 속성은 뚜렷하게 구분되지 않아 논의가 거듭되고 있었다. 그 초창기 학문들은 일본의 역사와 문화에 대한 조사와 연구를 통해 '일본민족'을 창출하고 '일본인'의 '기준'과 '역사적 성격'을 구명하는 데에 그 궁극적 목적이 있었다. 이와 같이 조선에서 식민지고고학이 시작된 1900년 초, 일본 국내의 인문학적 학문 환경은 아직 정돈되지 않은 '모색' 단계에 있었다.

일본에서 제국대학에 고고학 관련 학과로서는 동경제국대학에 사학과(1887년)와 국사과(1889년)가 설치되었고 고고학이 정규교과과정에 설치된 것은 1916년 경도제국대학이었다. 따라서 일제의 조선 강점 초기 고적발굴에 종사한 사람들은 대학에서 건축학, 사학, 국사학 등을 전공한 사람들 이외에 대학의 정규적인 교육과정을 밟지 않고 대학의 교수들을 찾아다니며 사사를 하거나 독학을 한 사람들이었다. 거기에다가 명치정부는 패총조사에 대해서는 허용을 하고 있었지만 고분 발굴은 금지하고 있었던 상황 하에서 실질적으로 발굴 경험을 쌓는 것이 현실적으로 쉽지 않았다. 에도시대의 국학의 전통을 잇고 있었던 상황 하에 있었고 고고학 훈련과 정규교육이 충분하지 못하다고 하여 고적발굴을 할 수 없다는 것은 물론 아니다. 문제는 발굴과정에서 미숙으로 인하여 고적에 치명적인 훼손을 끼칠 확률이 높다는 데에 있다.

실제로 1924년도 평양에서의 고적발굴에 동경제국대학의 국사과 출신으로 그 대학교수 구로이타 가츠미黑板勝美의 추천으로 조선총독부박물관 주임으로 오게 된 후지타 료사쿠藤田亮策, 동경미술학교 도안과 출신으로 고구려 고분벽화를 모사하였고 그 후 조선총독부 사무촉탁을 맡은 오바츠네기치小場恒吉, 중학교 교육과정을 마친 후 유적 등에 관심을 가지면서 경도제국대학 교수 기다 사다기치喜田貞吉 등의 가르침을 받던 중 앞의 구

• 동경제국대학 이학부 인류학교실(① 1913년부터 1934년 5월까지 인류학교실의 모습. ② 관동대지진 이후 1934년에 준공된 이학부 2호관 안으로 옮긴 인류학교실. 현재 이학부 건물 안에는 동판으로 새겨진 「인류학교실」 현판이 벽에 걸려 있다)

로이타 가츠미의 추천으로 조선으로 오게 된 고이즈미 아키오小泉顯夫 외에 경성고공京城高工의 요업과窯業科 출신으로서 조선총독부박물관 수리실에서 토기의 접합수리를 담당하고 있던 후지타 세이스케藤田整助가 참여하였다. 후지타 료사쿠가 석암리 제52호분을 발굴하면서 석암리 제194호분을 발굴하고 있던 후지타 세이스케를 감독하던 중 총감독의 역할을 하던 오바가 부고소식을 접하고 일본으로 돌아가면서 그 뒷일을 후지타 세이스케에게 맡긴 후 문제가 발생했다. 발굴경험이 없었던 후지타 세이스케의 난잡한 발굴로 인하여 출토유물들 가운데 일부가 발굴을 구경하던 마을 사람들의 손으로 넘어갔고 후에 그들에게 사정을 해서 겨우 되돌려 받긴 하였다고 한다(이에 대해서는 필자의 『일제의 조선 「식민지고고학」과 식민지 이후』 참조).

일제의 조선 강점 이전의 일본 국내 고고학 상황과 함께 일제가 남긴 고적발굴조사보고서를 면밀하게 분석·고찰할 필요성이 바로 이 점에 있다. 일제에 의한 고적발굴에 관여한 일본인 가운데 정규교육과정을 밟지 않은 사람들을 예로 들면 대만과 조선에서 고고학, 토속학 조사에 종사한 동경제국대학 인류학교실의 도리이 류죠鳥居龍藏라든가 마찬가지로 대만과 조선에서 유적을 조사한 같은 인류학교실의 야기 쇼자부로八木奘三郎, 앞서 언급한 평양부립박물관장을 지낸 고이즈미 아키오小泉顯夫 등이 있었다.

일본에 의한 식민지고고학이 시작되기 이전, 적어도 19세기 후엽에 이르기까지 일본의 '고고학적' 인식수준은 어떠하였는가, 그리고 그 인식에 토대하여 학적 훈련 기반은 어떠하였는가. 이러한 것들은 일본의 식민지고고학 초기의 성격을 규정하는 역사적 상황이 된다. 궁극적으로 일제에 의한 식민지고고학이 초창기부터 일본 패전까지 어떤 변화를 겪었는가를 보기 위해서는 일본고고학의 '전사前史'와 함께 식민지고고학이 진행된 시기의 일본 국내 고고학사와 서구의 고고학사를 시야에 놓고 접근해야 할 것이다. 여기에서 근대일본이 서구의 고고학사를 어떻게 수용했을까 하는 문제 또한 중요한데 명치정부에 의하여 고용된 외국인교사를 주목할 필요가 있다. 그들 가운데 근대일본의 고고학과 인류학에 영향을 크게 끼친 에드워드 모스(Edward Sylvester Morse, 1838~1925)를 들 수 있다. 적어도 일본 근대 초기에 그의 존재의 영향력은 컸으며 그 후 고고학 전공의 일본인의 서구 유학은 일본 고고학에 영향을 주었다. 이 책에서는 이에 대한 언급이 없기 때문에 이 자리에서 조금 상세하게 서술해 두고자 한다.

하버드대학에서 동물학에 관심을 가지고 공부하던 에드워드 모스는 일본 동경제국대학의 초청으로 일본의 학계와 인연을 맺게 된다. 그는 오모리大森패총 발굴로 유명하게 되는데 그는 이미 미국의 패총 등을 발굴한 경험을 가지고 있었다. 일본 근대인류학과 고고학의 초기에 영향을 끼친 사람은 바로 모스라고 말할 수 있다. 그러나 당시 일본 인류학과 고고학에서 핵심적 존재였던 츠보이 쇼고로는 그와는 일정하게 거리를 두고 있었

• 츠보이 쇼고로(坪井正五郎, 1863~1913)

다. 동경제국대학에서 동물학과 대학원에서 인류학을 전공한 츠보이는 일본 인류학이 외부로부터의 영향보다는 '자기 토양적' 환경을 보다 강하게 의식하고 있었다. 그가 프랑스, 영국 등 유럽 유학 기간 중에도 '독학'의 방식으로 유학생활을 한 것도 그러한 사고방식이 표현된 한 형태라고 말할 수 있다. 그리고 당시 근대 일본의 학계, 특히 인류학이나 고

고학이 처한 상황 하에서 그의 '창시적인' 역할에 대한 강한 의식이 표출된 사고 유형으로서 일종의 자기방어적 측면이라고 볼 수 있다. 모스 이외에도 당시 일본의 여기저기에서 활동하던 외국인 교사들로서 츠보이 쇼고로와 함께 동경인류학회 창립에 노력한 어니스트 사토우(Ernest Satow, 1843~1929), 시볼트(H.V. Siebold) 부자, 존 미른(John Milne, 1850~1913), 윌리엄 고우랜드(William Gowland, 1843~1922)가 있었다. 이런 점을 통해 볼 때 근대일본의 인류학이나 고고학에 끼친 서구의 영향에서 이들 정부 고용 외국인 교사의 역할을 간과할 수 없다.

이런 책을 기획한 의도와 궁극적 목적은 일제에 의한 식민지박물관 경영과 밀접한 관련이 있었던 일제에 의한 식민지고고학 활동의 역사적 성격을 구명하는 데 식민지고고학이 시작되기 이전의 일본 국내의 고고학적 인식 수준과 식민지고고학이 시작된 이후 일본 국내의 고고학계의 활동상을 함께 참조하는 데에 있다. 일본고고학사의 '그림자'가 바로 식민지고고학이었다.

한국의 대학원 시절부터 귀중한 자료정보를 제공해 주시면서 맺게된 그 인연을 소중히 여기고 계시는 김선경 사장께 보다 의미있는 원고를 건네드릴 날이 언제가 될 지 모르겠다. 이번 출판에 감사드린다. 또한 겉표지부터 편집에 이르기까지 수고를 아끼지 않은 편집 담당자께도 고마운 마음을 전한다.

수원 광교 호수공원에서
2017년을 보내면서 씀

목차

제1권

사이또 타다시齋藤 忠의 『일본고고학사』를 만나다

• 읽고 쓴 이의 시작하는 글

　제국과 그들의 식민지에서 차별적인 고적 발굴 및 '보존'(오늘날의 보존개념
과는 거리가 있음) 사업을 각각 전개하기 위해 제국 내 대학에 고고학과를 설
치하여 식민지에도 파견하고 제국 내 고고학의 발전을 도모하면서 '근대
고고학'은 시작되었다. 이와 같이 근대고고학은 그 시대의 역사적 산물이
었고 식민지주의(colonialism)와 불가분의 관계에 있었다. 그것은 다른 한
편으로 '식민지고고학(colonial archaeology)'의 속성을 띠면서 식민지 문화
에 대한 새로운 맥락·해석의 창출이라는 "엄청난 잠재력"을 가지고 있
었다(J. Daniel Rogers, 2005, p.354). 또한 그 발굴 및 보존사업이 식민지
에서 박물관 개관의 필요성을 크게 제기했고 그 박물관은 '식민지박물관
(colonial museum)'의 역할을 수행했다. 박물관에서의 '표상'을 통해서 "(제국
의 : 인용자 주) 관련 프로젝트는 식민지에 대한 지식의 영역 확대를 넘어 그
것을 소유하게 되었고 그들의 예술, 법률, 언어와 문학의 발전적인 틀 안
에서 식민지의 과거 유산들을 자리매김해 갔다"(Claire L. Lyons & John K.
Papadopoulos, 2002, p.2). 그 자리매김은 지배와 피지배라는 정치구도와
권력 안에서 "종족성과 불평등, 그리고 원시적 사회와 발전적 사회에 대한
어떤 선입감을 물질문화에 투과"(Claire L. Lyons & John K. Papadopoulos,

2002, p.5)하여 현실적으로 지배의 명분을 세우는 데 영향을 끼쳤다. 따라서 고고학과 박물관은 식민지주의 창출에 '동전의 양면'과 같은 역할을 했다. 여기에 덧붙여서 제국의 대학들은 제국의 식민지 지배에 적극적인 역할과 관여를 통해 제국의 식민지 지배에 '시녀' 노릇을 하였다는 점도 간과할 수 없다. 이렇게 본다면 고고학과 박물관은 학문이라는 명분을 내세워 제국의 식민지 지배의 '대행자(agency)'였다고 말할 수 있다.

일제의 조선 통치의 역사에서도 조선에서의 고적조사·발굴이 진행되면서 제국 내 대학에 근대학문의 개념과 방법으로서 고고학이 출현했다. 일제는 조선을 강점하기 전부터 한반도의 역사와 문화에 지대한 관심을 가지고 있었다. 에도江戶시대의 조선통신사朝鮮通信使를 통해 일본의 조선에 대한 '상호이해'가 시작된 이래 일본의 한반도에 대한 관심은 정치계와 학계 사이에서 지속적으로 있었다.

그러나 19세기 중엽 서구의 동양에 대한 '외압外壓'이라는 국제정세의 급변하는 소용돌이에 휘말리게 된 동아시아의 한 국가로서 일본은 명치유신 이후 근대화에 박차를 가하였고 국제무대에서 생존하기 위해 정치군사적인 대내외 정책을 취하게 되었다. 유럽문명을 접하면서 '탈脫아시아'를 지향하는 근대화의 기본방향은 야마토大和정신에다가 서구 문물을 토대로 하자는 "화혼양재和魂洋才"를 지향하는 것이었다. 당연히 서구의 학문을 흡수하여 근대화에 착수한 일본은 과감하게 서양의 학자들을 초빙·고용하여 학문 각 분야의 토대를 구축하기 시작하였다(梅溪 昇, 2007). 일본은 이러한 여건 하에서 이국異國문화를 조사·연구하여 표상(representation)하는 인류학의 토대를 일찍이 구축했을 뿐만 아니라 고고학적 기초도 마련하는 데 노력하였다. 1892년 동경제국대학 이학부 인류학교실人類學敎室의 창립과 특히 청일전쟁 승리 후 1895년 일본고고학회日本考古學會의 창립이 그것이다(최석영, 2012).

1900년에 동경제국대학 인류학교실의 야기 쇼자부로八木奘三郎를 한반도에 파견하여 석기시대와 민속문화 등을 조사하였고 1902년에는 동경제국대학의 세끼노 타다시關野貞를 파견하여 고古건축을 포함한 고적을 조사하기 시작하였다. 이것이 공적으로 이루어진 한반도 문화재 전반에 걸친 본격적인 서베이(survey)조사였다. 1909년에는 고적발굴 등으로 발전했고 1910년 강점 이후에는 보다 본격적으로 고적조사 5개년 계획을 세워 식민지정책의 변화 속에서 그 범주를 가야지역과 평양지역 등 전국으로 확대해 갔다.

그 과정에서 식민지박물관의 거점으로서 조선총독부박물관이 1915년 12월 1일에 개관하였다. 당연히 그 박물관의 미션(mission)은 고고학과 고고유물에 대한 미술사美術史로 정해졌다. 조선총독부박물관과 함께 지방분관으로서 경주분관과 부여분관이 일제의 식민지통치 기조의 변화에 따라서 개관하여 일제에 의한 고적발굴과 박물관의 역할은 불가분의 관계에 있었다. 필자는 한국박물관 역사를 고찰하는 과정에서(졸저, 「한국박물관 역사 100년 : 진단과 대안」, 민속원, 2008) 자연스럽게 일제의 고고학사에 관심을 가지게 되었고(졸저, 「9장 일제의 조선고적조사 및 발굴사업」, 「일제의 조선연구와 식민지적 지식 생산」, 민속원, 2012) 이는 우선 일제 하 조선의 식민지고고학에 대한 역사적 성격을 규정했을 당시까지의 일본 국내 고고학사에 대한 관심으로 옮겨졌다.

일제 하 「조선」 고고학사를 정리하기 위해 일본고고학사에 관한 책을 찾다가 사이또 타다시齋藤忠의 「일본고고학사日本考古學史」(吉川弘文館, 1974)가 눈에 들어왔다. 주된 이유는 아니지만 필자에게 사이또 타다시라는 이름이 익숙하다는 점도 책의 선정에 작용했다. 그는 한국 근대박물관 역사에서 동경제국대학 국사학과 출신으로서 1930년대 이후 경주분관과 조선총독부박물관에 재직하면서 신라와 백제고분 연구에 힘을 기울였던 인물이다. 1940년에 일본으로 돌아가서는 박사학위 취득 후 동경대학 교수, 다이쇼大正대학 교수를 거쳐 재단법인 시즈오카静岡매장문화재조사연구소 소장 등을 역임했다. 그 책의 저자 이력 란에는 조선에서의 활동은 적혀 있지 않다. 그것을 굳이 밝힐 필요가 없다고 판단한 이유는 필자에게 궁금한 것이었다. 그러나 그는 1908년에 태어나 2013년 세상을 뜨기 이전 2002년에 발간한『고고학과 함께 75년』(학생사, 2002)이라는 자서전으로 일본의 외지 조선의 식민지고고학사를 대신하였는지 모른다. 이 외에도 그는『일본고고학사연표』, 『일본고고학용어사전』, 『일본고고학문헌총람』, 『사이또타다시저작선집』 등 일본고고학사 연구에 지침이 될 만한 연표, 사전, 문헌총람 등을 발간하여 일본 패전 후 일본고고학연구 발전에 큰 기여를 하고 있다.

1. 저자 사이또 타다시(1908~2013)에 대해

이 책의 저자 사이또 타다시에 대해 그의 자서전『고고학과 함께 75년』(學生社, 2002)을 토대로 정리하되 이『일본고고학사日本考古學史』가 발간된 1974년까지 그가 걸어온 길을 간략하게 소개하고자 한다.

사이또는 제2고등학교第二高等學校 문화갑류文化甲類 재학 중에 나라제실박물관奈良帝室博物館의 감사관으로서 조선에서 고적발굴사업에 관여했던 다카하시 켄지高橋健自의『고고학考古學』을 탐독하기도 하였고『중앙사단中央史壇』에는 「리쿠젠쿠니陸前國 다이키카코이大木圍패총에 대해」라는 글을 발표하였으며, 고향 센다이仙臺 주변의 유적을 답사하는 순적회巡蹟會의 간사로 활동할 정도로 주변의 '고고학적 유적'에 대한 관심이 특히 높았다. 이는 그가 남긴 사진 등을 보면 당시 고등학생으로서는 유일하지 않았나 생각한다. 고등학생으로서 주변 패총에 대한 글을 공적公的으로 발표하려는 시도 자체가 유적, 더 나아가 역사에 대한 남다른 관심과 의식을 보여주었다고 말할 수 있다. 개인적인 호기심에서 시작하여 보다 적극적으로 선배학자들과 교류하면서 그의 학구적 활동을 넓혀갔다.

사이또는 순적회 주최의 강연을 부탁하기 위해 동북제국대학 의학부 해부학교실의 야마노우치 스가오山內淸男(1902~1970)를 찾았을 때 다이키카코이大木圍패총에 대한 사이또의 글이 계기가 되어 그와 함께 그 패총을 발굴하게 되는 영광을 얻었다. 이 유적발굴은 표면채집의 경험밖에 없던 그에게 "최초의 (발굴 : 인용자 주) 경험"(사이또, 2002, 21쪽)이 되었던 한편 야마노우치에게는 그 조사가 "다이키大木 각 형식의 동북지방의 죠몬繩文토기 편년의 기초자료"(사이또, 2002, 22쪽)를 만들어 준 계기가 되었다.

그는 동경제국대학 이학부 인류학교실의 해부학자 하세베 코똔도長谷部言人(1882~1969)나 동북제국대학 문학부 강사로 오쿠하사료조사부奧羽史料調査部를 설립한 기다 사다기치喜田貞吉(1871~1939)와도 교류를 하였다. 또다른 한편 당시 민속자료에도 관심이 많아 '일본 민속학의 아버지' 야나기다 쿠니오柳田國男(1875~1962)가 주간主幹으로 있던 『민족民族』을 구독하기도 했다. 이 때는 그가 고등학교 2학년 때였다. 그가 패총 조사를 위해 들렀던 미야기현宮城縣의 미야또지마宮戶島의 반대편 무로하마室濱 사람들로부터 전해들은 전승이나 연중행사 등을 기록한 「리쿠젠 미야또지마陸前宮戶島기사」라는 글을 『민족民族』(2-4, 1927년 5월) 외에도 「야마가타현山形縣 산사촌山寺村행사」라는 글을 『민족民族』(3-1, 1928년 1월)에, 「마츠우라 고야히메 이야기松浦小夜姬物語」를 『민족民族』(3-3)에 발표하였다. 여기에 그치지 않고 그는 1931년 5월에는 동북제국대학 문예회가 주최한 강연을 듣기도 하고 야나기다 쿠니오를 직접 만나 이야기를 나눌 정도로 민속학에 깊은 관심을 보였는데 그의 민속학적 수준은 당시 마을에 전해져 내려오는 이야기를 기록하는 정도였다. 그 당시 민족학자 오카 마사오岡正雄(1898~1982)가 번역한

『민속학개론民俗學槪論』을 접하기도 하였다.

이와 같이 그는 고고학뿐만 아니라 민속학에도 관심이 많아서 장래 고고학을 할 것인가 민속학을 할 것인가를 놓고 결심을 내리지 못하고 있었다. 이럴 때 "밥을 먹을 수 있는 학문을 해라"(사이또, 2002, 26쪽)라는 야나기다 쿠니오의 말에 따라 일본사를 전공하기로 결심한 사이또는 졸업 후 학교교사를 '생계수단'으로 생각하고 동경제국대학 문학부 국사학과에 입학했다. 그는 『일본서기』, 『고사기』는 물론이고 중국의 사서도 참조하고 영문으로 발표된 남양제도의 장제葬制에 관한 민속자료도 탐색하여 「일본고대에 있어서 장제의 연구」로 졸업논문을 제출하였다. 그는 주임교수였던 구로이타 가츠미黑板勝美(1874~1946)의 추천에 따라 경도제국대학의 하마다 코사쿠濱田耕作(1881~1938)의 지도 하에서 조수助手로 임명을 받아(1932년 10월) 경도제국대학 고고학교실에서 근무를 하게 되었다. 이것이 그에게 고고학의 길로 들어서게 만든 중요한 계기가 되었다고 생각한다.

1933년 6월부터는 나라현奈良縣 사적조사 촉탁으로서 주 1회 경도에서 출근하면서 "현내에서 발견된 유적유물의 정보가 전달되면 현지로 급행해서 조사하기도 하고 현의 사적 가운데 고고학과 관계가 있는 것을 조사하고 의안議案을 만들어 위원회에서 설명"(사이또, 2002, 49쪽)하기도 하였다. 그 조사기록은 1936년 10월에 발간된 『나라현사적명승천연기념물조사회초록』(1)에 「최근발견 유적유물조사보고」로 게재되었다.

사이또는 경도제국대학에 근무하는 동안 크게 다음과 같은 조사 성과가 있었다. 하나는 시시카키유구猪垣遺構로 전국적으로 멧돼지로부터의 피해를 막기 위한 시설로서의 그 유구를 조사하여 1934년 4월에 간행된 『역사지리』(62-4)에 「시시카키유적고」로 발표하였다. 두 번째는 대학의 스승이었던 구로이타 가츠미의 인솔로 수학여행을 갔을 때 경도시의 다이고시醍醐寺의 정석町石(일정一丁마다 도로변에 세워서 거리를 표시한 돌 : 필자 주)을 조사하고 그 결과를 1938년 3월에 간행된 『경도부府사적명승천연기념물조사보고』(18)에 발표하였다. 세 번째는 사이또가 나라현 아스카촌明日香村의 이시부타이石舞臺고분 조사 때 가졌던 의문, 즉 "이러한 거대한 석재를 어떠한 수단으로 운반하였을까"(사이또, 2002, 55쪽)에 대해 "거석운반의 원시적 원리는 거석을 실은 「수라修羅」라고도 이야기되는 것 같은 일종의 소리[橇] 밑에 둥근 막대봉을 나란히 놓고 한 사람 지휘자의 선창에 따라 호흡을 하나로 하여 일제히 그것을 끌어당기는 여러 명의 협력이 큰 요소"(사이또, 2002, 56쪽)라는 점을 알았다.

사이또는 구로이타 가즈미와 경도제국대학의 하마다 코사쿠 그리고 후지타 료사쿠藤田亮策(1892~1960)의 배려로 1934년 2월 경도를 떠나 일제 지배하의 조선 경주로 직장을 옮기게 되었다. 1934년이라면 만주사변 이후 국민총동원령 상황 하 조선에서는 우가키 가즈시게宇垣一成(1868~1956) 총독에 의해 심전개발心田開發운동이 주창되던 시기였다. 또 조선의 박물관 경영과 관련해서는 1933년 명치절明治節을 계기로 정해진 11월 1일부터 7일까지의 "박물관주간博物館週間"에는 입장료 할인, 강연회 및 영화회 개최 등을 통해 정책홍보 역할을 하고 있었다(최석영, 2008, 101쪽). 이는 그 당시 박물관도 식민지정책에 호응하고 있었다는 것을 말해준다.

사이또는 일본의 외지外地에서 1940년까지 약 6년 동안 생활하였다. 그가 조선에 와 있던 1930년대는 만주사변과 중일전쟁 등이 전개되어 '전쟁과 고고학의 역할'을 생각하게 하는 시기이기도 했다. 경주에 와서는 경주분관 근처의 시바타柴田여관에서 하숙생활을 시작하였다. 필자가 시바타여관이 어디였는가에 대해 경주현지조사를 한 결과 일본식여관으로서 현재 계명대학교 부설 경주동산병원 부지 안에 있었는데 역시 분관(현재는 경주문화원으로 사용하고 있다)으로부터 가까운 곳에 있었다. 분관에서의 정식 직함은 "진열주임"(사이또, 2002, 58쪽)이었는데 대외적으로는 분관장이었다. 사

- ① 시바타여관(출처 : 조선총독부, 『生活狀態調査(慶州)』, 1934)
  ② 구 시바타여관 터(현재 계명대학교 부속병원이 들어서 있다. 필자 촬영)

이또 외에 최순봉(해방 후 초대 경주분관장), 와타나베 시게이치로渡辺繁一郎가 근무하고 있었다. 또한 1931년 일제의 대륙침략으로 중지하게 된 고적발굴사업을 지속적으로 수행하기 위해 구로이타 가츠미의 노력으로 조직된 조선고적연구회朝鮮古蹟研究會(이사장 : 정무총감)로부터는 사이또의 조수로서 이

성우李盛雨가 와 있었다. 그리고 경주분관 안에 경주고적보존회(1913년 발족 이후 1921년 재단법인이 되고 회장은 경상북도 도지자 : 필자 주)의 사무소를 두고 있었는데 거기에는 "보통학교의 교장을 지내기도 하고 내(사이또 : 인용자 주)가 부임하기 이전 박물관의 관장도 지낸 오사카 긴타로大坂金太郎가 관계하였고 최남주崔南柱씨가 업무"(사이또, 2002, 59쪽)를 보고 있었다. 경주고적보존회의 최남주는 "(사이또와 : 인용자 주) 거의 매일 얼굴을 보며 교제하였고 … (중략 : 인용자 주) 스스로 고적을 둘러보기도 하고 많은 손님을 정력적으로 안내하는 수고를 했다"(사이또, 2007, 217쪽)고 회고한다. 그러나 사이또가 초대 경주분관장 모로가 히데오諸鹿央雄(1926~1933년 재직)가 장물방매 혐의로 관장직에서 물러나고 그 후 제2대 분관장으로 사이또 타다시가 취임하였기 때문에(최석영, 2008, 128쪽) 그 전에 오사카 긴타로가 분관장이었다는 것은 잘못된 기술이다. 아마도 모로가 히데오 사퇴 이후 오사카가 분관장 '직무대

• 경주고적보존회 진열관 전시

리'를 하고 있던 것이 아닌가 생각한다.

　그리고 1913년에 발족되어 1921년에 재단법인이 된 경주고적보존회의 사무실은 경주분관 안에 두었고 양자는 상호보완적 관계에 있었다. 사이또의 서술에서도 알 수 있듯이 경주고적보존회에는 오사카 긴타로, 최남주가 근무를 하고 있었고 오사카 긴타로가 제3대 경주분관장으로 취임한 것은 사이또가 1937년 12월에 조선총독부박물관으로 자리를 옮기게 되었기 때문이다. 따라서 사이또가 1934년부터 1937년까지 제2대 관장직에 있었던 것이다. 오사카 긴타로는 일본 패전까지 제3대 경주분관장으로 재직했다.

　사이또가 경주분관장으로 재직하고 있었을 때 경주분관을 소개하는 『경주분관약안내慶州分館略案內』라는 소책자를 편집·발간하였을 뿐만 아니라 황기 2600년 바로 직전 1939년에는 부여분관이 개관하였는데 경주분관

• 모로가 히데오(諸鹿央雄)　　• 오사카 긴타로(大坂金太郎)

과 마찬가지로『부여분관약안내扶餘分館略案內』라는 소책자를 만들었다. 오사카 긴타로에 대한 보다 구체적인「생애사」에 대해서는 제2권을 참고하기 바란다.

경주고적보존회慶州古蹟保存會가 수행한 고분발굴조사에서 평지에 산처럼 솟은 "쌍원분雙圓墳"이 발견되었다. 사이또는 이에 대해 "옆에서 보면 전방후원분前方後圓墳"같이 보이기도 한 것으로 "왜 이런 형태가 생겼는가"에 의문을 가지게 되었다. "현재와 같이 트랜시트 그 외 측량기구는 구비되지 않았던"(사이또, 2002, 62쪽) 당시의 발굴상황에서 사이또는 "분구墳丘로부터 몇 줄의 선선線을 내리고 그것에 따라 뽈(pole : 인용자 주)과 접자와 수준기水準器를 이용"(사이또, 2002, 62쪽)하여 등고선의 수치를 얻었다. 당시는 쌍원분의 내부구조는 알 수 없었다. 그러나 1934년 가을에 발굴된 황오리皇吾里 14호분이 적석식목곽의 구조라는 점이 밝혀졌다. 그 점과 함께 그 주변에 밖으로 나간 별도의 외호열석外護列石이 "안경과 같이" 인접의 밭을 에워싸듯이 드러났다. 이 밭 가운데에도 또 하나의 내부주체가 있어 그것을 조사해 들어가니 같은 적석식목곽의 주체부가 나타났다. 다만 쌍원분 중 하나의 분구는 이미 파괴되어 없어져 버린 상태였다. 사이또는 부장품으로 보아 이 쌍원분을 "부부총夫婦塚"으로 보았다. 이전에 발굴된 보문리普門里 부부총에 대해서는 "부부합장夫婦合葬을 보여주는 쌍원분의 실태와 함께 적석식목곽積石式木槨에서 횡혈식석실橫穴式石室 쪽으로 내부의 주체부가 이행하는 과정"(사이또, 2002, 64쪽)을 보여주는 중요한 자료로 이해했다.

1937년 5월에는 경주시 동남쪽 약 4킬로 지점에서 말 조각상이 있는 판석板石이 발견되었다는 정보에 따라 그 해 8월에 조사에 착수하였다. "단축段築으로 주변은 석재로 둘러싸여져" 있고 "12지상支像을 각 변에 3개씩 배열한 것"으로 사이또는 이를 "왕의 화장터 등의 특수한 것"(사이또, 2002, 66쪽), 즉 "보리菩提를 조문하기 위해 축조된 단"으로 추정하였다.

사이또에 의하면 1937년 6월에 북천北川의 제방공사 때 초석과 같은 것이 발견되었다는 정보에 따라 현장에 가보니 "통일신라시대의 와편도 흩어져 있고 몇 개의 초석이 드러나 있었"(사이또, 2002, 66쪽)는데 사이또는 이에 대해 처음에는 절터라고 생각했다가 "얕은 흙 속에 초석이 묻혀 있고 더욱이 보존상태도 좋으며 일정한 간격을 어림짐작하여 봉棒을 찌르니 반드시 석면石面에 닿는다"는 점에 착안하여 그것을 "5동의 전당殿堂터, 6동의 긴 회랑長廊터, 그 외 건물터 등"(사이또, 2002, 66쪽)으로 추정하였다. 이 터는 현재 경주중학교 뒷편 성동동 전량지로 사적 제88호로 지정되어 있다.

사이또는 신라 경주터에 관심을 갖고 군청에서 지적도를 복사하여 옛 경주 내 논두렁 길이나 좁은 길 등을 조사하여 조방條坊을 복원하려고 시도하였다. 이에 따라 그는 "성동동城東洞 유적은 마치 궁전터로 되어 있는 월성의 바로 북쪽에 해당"(사이또, 2002, 66쪽)된다는 결론을 내고 "이 유적이 왕궁의 별궁이 아니었을까"(사이또, 2002, 66~67쪽)라는 설을 그 후에 내놓기도 했다. 그는 "월성·임해전臨海殿을 중심으로 하는 궁성宮城은 위치상 북쪽을 접하고 있다. 아마 궁성을 남쪽으로 향하게 한다는 동아시아 고대 도제都制의 상식에 따라 별도로 북천北川 근처에 이궁離宮을 설치하여 그 상식에 합치시키려 했던 것"(사이또, 2002, 67쪽)이 아닌가 추정하였다.

그는 경주분관에 진열되어 있는 유물들에 대한 실측도를 그렸고 『고고학』(8-7, 1937)에 「경주부근발견 마제석기 –취성도聚成圖를 중심으로」라는 글을 발표했다. 그리고 화려한 장식문양을 보여주고 있는 통일신라의 화장골호火葬骨壺를 실측하고 그것을 담은 정원의 석궤石櫃도 조사하여 1935년 「신라화장골호고」(『고고학논총』 2-0)를 발표하기도 했다. 이뿐만 아니라 그는 경주분관에 진열되어 있던 봉덕사의 성덕왕신종神鐘을 직접 실측하여 총 높이 3m 90cm, 구경 2m 30cm, 상정부上頂部의 깃 꽂는 부분의 높이 60cm 등의 도면을 『신라문화논고』(1973)에 소개하였다(사이또, 2002, 69쪽).

사이또는 유물은 박물관으로 옮겨져 관리되어야 한다는 신념으로 경주 역에 통일신라시대의 석조물이 전시되어 있는 것을 목격하고 역장과 담판을 지어 그 석조물을 박물관으로 가져오게 하였다. 석조물을 등록된 유물로서 박물관 정원 등 밖이 아니라 수장고에 격납하여 관리해야 함에도 당시 경주분관에는 수장고로서 1926년에 지은 금관고金冠庫가 있었지만 부피 있는 석조물들을 수장하기에는 매우 좁았다.

　사이또는 경주뿐만 아니라 백제의 부여에도 관심을 가졌다. 그는 나라奈良제실박물관의 이시다 모사쿠石田茂作(1894~1977)와 함께 부여 군수리軍守里 폐사터를 2년에 걸쳐서 가을마다 조사를 했다고 한다. 그는 앞서 보았듯이 고대 장제葬制에 관심을 갖고 부여에서 발견된 화장골호火葬骨壺에 주목했다. 그는 1939년 12월에 중국 수나라 오수전五銖錢이 들어간 화장골호가 부여면 쌍북리에서 발견되었다는 정보에 따라 조사한 결과를 「부여발견의 호壺의 한 형식」(『고고학잡지』 32-1, 1942)으로 발표하였다.

　사이또는 1939년 부여분관이 개관되기 이전에는 "이전의 객사客舍를 이용한, 현재와는 다른 작은 목조 건물"(사이또, 2002, 74쪽)이 있었다고 말한다. 그 곳에 스기 미츠로杉三郎가 근무하고 있었는데 사이또는 그를 "온후한 신사"라고 표현했다.

　사이또는 1937년 12월에 조선총독부박물관으로 자리를 옮겼다. 당시 조선총독부박물관 관장은 공식적으로 없었는데 경성제국대학 교수로 있던 후지타 료사쿠藤田亮策가 그 '관장' 역할을 겸하고 있었다. 조

• 이시다 모사쿠

선총독부박물관에는 노모리 다께시野守健, 오가와 케이기치小川敬吉, 사와 순이치澤俊一, 아리미츠 쿄이치有光敎一(1907~2011), 스기야마 노부죠杉山信三(1906~1997), 요네다 미요찌米田美代治 등이 근무하고 있었다. 그에게 주어진 주요 업무는 "박물관의 진열에 관한 일이나 고적보물 등 지정"이었는데 이 외에도 부여군수리 폐사터 2차 조사라든가 평양 교외에 있는 상오리上五里 폐사터를 조사하기도 하였고 1938년 4월에는 후지타 료사쿠와 함께 압록강을 건너 통구通溝에 있는 장군총 주변의 배총陪塚 등을 실측조사하기도 했다.

사이또는 1939년 가을에 조선고적연구회 업무로 상오리 폐사터를 조사했는데 다음 해 문부성으로 자리를 옮기게 됨에 따라 보고서는 제출하지 못했다. 그러나 다행스럽게도 동경 공습 때 집이 전소되지 않아서 『일본고대유적의 연구·논고편』을 발표할 때 「아스카시대 사원의 원류로서의 고구려 사원의 한 형식」이라는 제목으로 정리해서 실었다.

1940년은 황기皇紀 2600년에 해당하여 일본 본국뿐만 아니라 식민지에서도 그 기념사업이 활발하게 전개되었다. 사이또는 그의 대학 선배이면서 은사 구로이타 가츠미의 양사자養嗣子이기도 했던 구로이타 다카오黑板昌夫로부터 일본 문부성文部省 사적조사 업무의 청탁을 받고 1940년 5월 10일에 문부성의 사료조사촉탁으로서 종교국 보존과의 사적조사실에서 근무를 하게 되었다. 그 조사실에는 『사적을 찾아 30여년』, 『일본사적의 연구』의 저자 우에다 상헤이上田三平(1881~1950)와 도치기현栃木県의 사적조사의 업적을 가진 후루야 기요시古谷淸가 근무를 하고 있었다. 사이또는 "역사시대의 일반 사적의 지정"(사이또, 2002, 81쪽)에 관한 업무를 맡았다. 당시 각 현청에는 사적조사 업무는 한 사람이 맡고 있었기 때문에 사이또 자신이 건판용 카메라와 탁본 도구를 준비하고 출장 지역에서 측량기구를 빌어 스스로 고분이나 절터, 탑 흔적 등을 실측하였다.

태평양전쟁이 시작된 1941년부터는 일본 국내의 문화재 관계 부서에 변화가 생겼다. "행정간소화"의 일환으로 종교국 보존과에서 교화국敎化局 총무과로, 그 다음에는 교학국敎學局 문화과로 부서명이 변하였다. 여기에다가 업무상으로도 사적 외의 지정사업은 중지되었다. 여기에서 사적의 경우에는 지정이 계속 진행되었던 이유에 대해 사이또는 "지정사적의 대상으로서 명치천황의 성적聖蹟이 있고 그 외 국민사상의 고양高揚"(사이또, 2002, 83쪽)을 위해 필요했고 여기에다가 "사적 가운데에는 군사시설 등을 위한 해제, 혹은 일부 현상 변경 등"을 위한 목적이 있었다.

1949년에 법륭사法隆寺의 금당벽화가 화재로 소실되는 사건이 일어났고 이를 계기로 참의원입법에 의해 문화재보호법文化財保護法이 제정되기에 이르렀다. 사이또는 그 법에 대해 "매장문화재로서 이러한 것들의 보존을 위한 조치나 출토품의 보존, 귀속 등에 대해서도 규정된 것으로 획기"(사이또, 2002, 89쪽)라고 평한다. 1950년 문화재보호법 제정 이후 사이또는 문화재보호위원회 보존부 기념물과에 소속되어 도우카이도東海道 신칸센, 도우메이東名고속도로 공사와 함께 "고고학상 도로에 대한 사전事前조사"(사이또, 2002, 91쪽) 등에 종사하였다.

사이또는 1955년 5월에 동경대학 문학부로부터 「신라문화의 고고학적 연구」로 문학박사학위를 취득했다. 1962년부터 문화재조사관의 업무를 수행하면서 매장문화재 주사主査로서 동경대학 상근강사로 임용되었다. 그 다음 해에는 나라국립문화재연구소奈良國立文化財硏究所 평성궁平城宮터 발굴조사부장도 겸하였다. 1965년부터 정식으로 동경대학 문학부 교수가 되면서 그 다음 해 3월에 문화재조사관 겸임에서 벗어나게 됨으로써 본격적으로 학문과 교육의 길로 들어서게 되었다. 그는 동경대학에서 인류학교실人類學敎室의 강사도 겸하면서 "역사고고학의 제諸문제", "일본고고학연습"을 강의하였다. 한편 동경대학 문학부가 홋카이도 동북해안 일대의 오츠크 문화 관련 유적에 착목하여 도코로常呂의 사카에우라榮浦의 찰문식擦文式토기가 함께 나오는 유적을 1959년부터 조사를 해왔고 1963년과 1964년에『오츠크해 연안, 시레도꼬반도知床半島유적, 상하』로서 그 성과를 발간하였다.

그는 1963년에 문화재보호법에 토대하여 야마구치현 구마게군熊毛郡 야마토쵸大和町 이와키산石城山 신롱석神籠石 조사의 발굴시행책임자로 있었고 그 외 도치기현 시모노下野 약사사藥師寺, 고쿠분니사國分尼寺, 나가노현 신노쿠니信濃國 고쿠분사國分寺터, 아키다현 와키모토脇本 매몰가옥 등에 대한 조사에도 종사하였다. 그리고 후에 철검에 명문이 있다는 정보에 토대하여 사이타마현 유키다시行田市 이나리산稻荷山고분의 경우 고고학과 건축사 양면에서 발굴성과를 냈다고 한다.

1969년 61세로 동경대학 교수를 정년퇴임하고 그 다음 해 1970년 4월부터 다이쇼大正대학으로 자리를 옮겨 1982년까지 재직했다. 사이또는 재직 중에 문학부장, 출판부장도 겸하면서 학부장에 취임하기 전에는 "대학에 박물관학강좌의 필요성을 역설"(사이또, 2002, 109쪽)하여 강좌를 개설한 뒤 박물관학과 박물관학연습을 강의하기도 했다. 또 사이또에게 기억에 남은 것으로 1970년 7월 8일에 천황 앞에서「수이닌垂仁천황의 사적事蹟」을 주제로 "고고학의 입장에서 하니와埴輪의 문제나 고대의 조선과의 관계"(사이또, 2002, 110쪽) 등에 대한 강의를 뽑았다.

이 책은 사이또가 다이쇼대학에 재직하고 있는 동안 간행한 것이다.

2. 이 책의 구성상 특징

고고학사(history of archaeology)의 기술범위는 연구 편의 또는 학술적 특징 등에 의한 시기구분에 의하여 어떻게 설정할 것인가. 필자는 어느 한 국가의 고고학사를 서술하는 범주는 고고학적 기초가 구축되는 시기부터 그 국가의 학자들이 고고학적 연구활동과 그 성과를 지성사적으로 접근하는 것이라고 생각한다. 근대에 시작된 고고학은 당연히 제국의 식민지 지배와 밀접한 관련이 있었고 그에 따라서 제국뿐만 아니라 식민지에서 이루어진 고적발굴의 역사 등도 포함되어야 할 것이다. 일본고고학사에서도 근대에 고고학적 기초가 구축된 이래 그들의 외지外地로서 대만과 조선 및 만주와 남양제도 등에서 일본인에 의해 이루어진 고적발굴의 역사도 당연히 포함시켜야 한다. 그럼에도 불구하고 이 책에서는 일본의 외지外地에서 이루어진 고적발굴 등의 고고학적 활동과 그 성과는 제외하고 자국 중심의 고고학사만을 다루었다. 의식적으로 일제의 식민지 지배라는 상황 이전 1902년부터 일본인에 의해 이루어진 조선에서의 고적발굴을 굳이 일본고고학사 범주 안으로 끌어들이는 것에 대해 일종의 '거부감'이 작용했던 것일까. 그렇다면 그 거부감은 무엇인가. 일본인이 일본 국내뿐만 아니라 해외 또는 그들의 식민지에서 고고학적 활동을 했다는 것을 의도적으로 다루고 싶지 않는, 정치적으로 '눈치'를 본 결과가 아닐까. 이는 식민지 통치에 대한 정치적 '후유증'과 함께 문화재 약탈과도 관련이 되는 것이기 때문에 식민지 통치에 고고학이 협력한 부분을 의도적으로 피하려는 당대 고고학에 관여한 일본인들의 전후戰後 의식이 표출된 결과가 아닐까. 이러한 의식이 작용하여 〈일본고고학사〉라고 하면 '일본' 이외의 지역에서 고적발굴을 아무리 일본인이 했다고 하더라도 그것은 '그 국가'의 고고학사가 되는 것이라고 생각한 결과가 아닐까. 그러나 이것은 어디까지나 추정에 불과할 뿐이고 저자로부터 직접 답을 듣는 것이 가장 손쉬운 방법이기는 하다.

본격적인 고고학 경력을 일제 식민지 상황 하의 조선 경주에서 쌓기 시작한 사이또 타다시는 일본 고고학에 대한 역사와 사전, 관련 문헌 등을 가장 많이 저술한 학자이다. 물론 이는 104세로 장수를 누린 점도 작용했으리라고 생각한다. 이 책은 1974년 비교적 일찍부터 일본 국내에서 일본 고고학사에 대한 연구 성과로서 주목을 받았다.

사이또가 〈일본고고학사〉를 정리하려고 마음먹은 것은 대학생 때였다고 한다. 그렇다면 1960년대까지의 일본고고학을 정리하여 아마도 자신의 고고학 연구방향을 설정하고자 하였을 것이다. 연구자는 적어도 연구 주제의 학사를 우선 정리하는 것은 맞다. 학사 정리에 관심을 가지고 사이또는 관련 자료들을 수집해 왔다고 한다. 이를 토대로 이 책 발간 이후의 계획으로서 『일본고고학사연표』의 편찬과 학사 관계 자료를 도보적圖譜的으로 정리하는 것이었다(이 책의 〈시작하기〉).

그는 다음과 같이 일본고고학사에 대한 시기를 에도江戶시대 이전을 "고고학 전사前史"로 설정한 후 에도시대의 고고학적 연구(초기, 중기, 말기)-메이지明治시대의 고고학(초기, 중기, 말기)-다이쇼大正시대의 고고학-쇼와昭和 전기의 고고학-현대의 고고학과 같이 구분한다. 에도시대에 대해서는 "고고학적"이라는 표현으로 진정한 의미의 고고학은 아니었고 근대 메이지시대에 이르러 고고학이 시작되었다는 점을 전제로 하고 있다. 또 하나의 특징으로서 쇼와시대의 고고학을 그 전기와 1941년 태평양전쟁 이후의 현대 고고학으로 구분하고 있다는 점이다. 다시 말하면 쇼와시대의 고고학을 1945년 일본의 패전을 또 하나의 시기구분의 기준으로 설정하지 않고 그 패전과 관계없이 현대 고고학이 '지속'하고 있다는 뉘앙스를 주고 있다. 이에 대해 사이또는 "쇼와昭和의 고고학에 대해 일단 1940년까지 즉 태평양전쟁에 돌입하기까지의 기간을 「쇼와전기의 고고학」으로 하고 특히 태평양전쟁 중 고고학이 침체한 여러 해의 기간을 거쳐 1945년경부터 오늘에 이르기까지를 「현대의 고고학」이라는 것으로 취급"(243쪽)하고자 생각했다. 물론 이 책이 발간된 1974년은 아직 쇼와昭和에 해당되었기 때문에 쇼와 말기를 설정하는 데에는 어려움이 있었을 것이지만 적어도 쇼와 중기는 1940년부터보다는 1945년부터 설정하는 것이 보다 합리적이지 않았을까 생각한다.

이하에서는 저자의 시기구분에 따라서 이 책의 내용 전반을 검토하되 일본 고고학계가 식민지고고학에 관여하기 시작한 명치 중기 이후의 일본 고고학계 동향에 보다 큰 관심을 가지고 보고자 한다. 이를 통해 식민지고고학사를 포함한 한국고고학사의 기술에 약간의 참조가 되었으면 한다.

참고문헌 ───────────────────────────────

Claire L. Lyons & John K. Papadopoulos, 'Archaeology and Colonialism', Claire L. Lyons & John K. Papadopoulos eds., 2002, *The Archaeology of Colonialism*, the Getty Research Institute.

J. Daniel Rogers, 'Archaeology and the Interpretation of Colonial Encounters', Gil J. Stein eds., 2005, *The Archaeology of Colonial Encounter*, School of American Research Press.

梅溪 昇, 2007, 『お雇い外國人：明治日本の脇役たち』, 講談社 學術文庫.

齋藤 忠, 2002, 『考古學とともに七十五年』, 學生社.

齋藤 忠, 2007, 『古都慶州と新羅文化』, 第一書房.

최석영, 2008, 『한국박물관역사 100년 : 진단 & 대안』, 민속원.

최석영, 2012, 『일제의 조선연구와 식민지적 지식생산』, 민속원.

최석영, 2015, 『일제의 조선「식민지 고고학」과 식민지 이후』, 서강대출판부.

제1장
고고학 전사前史에서 유적유물에 대한 관점

1. 유물에 대한 신비적 반응

저자에게 고고학의 "전사前史"는 무엇보다도 고고학이 하나의 과학으로서 성립되기 이전에 주변에 노출되어 있던 유물이나 주위의 유적에 대해 일반인들은 어떠한 관점이나 사고를 가지고 있었을까와 관련되는 주제이다. 이것은 달리 말하면 고고학의 출현에 끼친 '내적 연속성'이 무엇인가에 대한 문제의식이다. 필자도 한국고고학사 연구에 이러한 질문은 중요하다고 생각한다. 한국의 고고학사에서 일제의 강점에 의한 영향을 부인할 수 없지만 일제의 강점 이전, 즉 조선시대 후기 역사의식의 변화 속에서 주변의 유적과 유물에 대해 적어도 관료지식층의 인식은 무엇이었는가, 보다 거슬러 올라가 고려시대에도 그러한 인식은 있었는가 등을 '고고학의 전사前史'로서 살피는 작업은 필요하다. 뒤에서 언급할 지건길(2016)의 연구성과는 이 점을 놓치지 않고 있다. 결과적으로 '전사'에 대한 고찰은 그 후의 변화와 어떠한 유기적 관련성 또는 연속성을 가지고 있는가, 그렇게 된 역사적 배경은 무엇인가를 살피는 작업이 된다.

이 책에서는 돌화살촉, 작은 돌도끼, 돌봉, 동탁銅鐸과 동모銅鉾, 고분에 대해 그것들이 고고학 연구대상이 되기 이전의 사고방식을 살펴보고 있다는 점에서 문제의식과 방법상 의의를 찾을 수 있지만 관련 기록이나 자료들이 15세기까지의 것들이기 때문에 저자가 "고고학 전사"로 17세기 후반 이전까지를 설정한 역사적 근거가 취약하다. 또한 고고학 전사의 사고방식에서 벗어나 그러한 유물들을 학문대상으로 생각하게 된 내외적 계기에 대해서는 분명하게 언급하고 있지는 않다.

1) 석기石器에 대한 신비스런 태도

저자는 "일본에서 고고학상 유적유물이 학문의 대상"(1쪽)이 되어 이론까지 구비한 진정한 의미의 고고학이 출현한 시점을 에도江戶시대 중 17세기 후반으로 설정하고 있다. 그가 그렇게 시기구분을 한 계기가 무엇일까.

이 책에서는 17세기 후반 이전에는 주변의 유물이나 유적에 대해 "신비적인 전승과 연결"시키거나 "이변異變의 전조前兆"로 생각하여 해코지를 없애기 위해 신불神佛에게 빌기도 하였고 "유물 가운데 유옥遺玉이 숨겨져 있다"고 생각하여 도굴을 하거나 그것들을 다른 것으로 전용하거나 애완용愛玩用으로 이용하기도 했다(1쪽)는 예를 통하여 고고학 '전사'의 현상으로서 주목하고 있다.

그렇다면 저자는 17세기 후반에 이르러 그러한 현상에서 벗어나 고고학적 싹이 움트기 시작하였다는 것을 염두에 두고 있는 것 같다. 유물과 유적에 대한 '비非학문적인' 태도에 대한 조사는 고고학 출현 이전의 상황이 고고학의 여건 형성에 어떠한 영향을 끼쳤는가를 고찰할 때 필요한 작업이다.

저자는 일본역사에서 일찍부터 일반적으로 석촉石鏃을 "화살의 근석根石"(2쪽)이라고 상상했지 먼 시기의 사람들이 실제 사용했을 것이라고는 생각하지 않았을 뿐만 아니라, 그것을 하늘의 신군神軍이 쏜 것이 땅으로 떨어진 것이라는 "신비적인 설화說話"와도 연결을 지었다는 점에 착목했다. 그는 『속일본후기續日本後紀』(권8)와 『삼대실록三代實錄』에서 석촉이 발견되어 보고된 기록에 주목했다. 저자가 제시하고 있는 그 기록의 대강은 다음과 같은 것이었다.

헤이안平安시대 839년 8월 29일, 이즈하쿠니出羽國 다가와군田川郡의 니시하마西濱의 해변 일대에 10일 동안 심한 번개와 함께 장마가 계속 된 후 청색 혹은 적색의 화살鏃 같기도 하고 창鉾 같기도 한 돌이 발견되었다. 노인도 이를 처음 본 것이라 하고 국사國司는 이를 조정에 바쳤는데 조정에서는 이변異變이 일어날 것을 염려하여 불법佛法을 열고 신에게 폐물을 바칠 것을 명령했다. 그 후에도 조정에서는 이와 같은 일이 있을 때마다 음양료陰陽寮에게 점을 치게 하였고 흉적凶狄·음모·병란兵亂을 염려하여 국사國司로 하여금 여러 신에게 제사를 지내게 하고 또 굳게 지킬 것을 엄히 명했다.

또 저자는 아키다秋田 성내에도 번개와 비 때문에 천지가 어둡게 되었을 때 석촉 2, 3매가 내려왔고 이 사건이 이즈하국사出羽國司로부터 조정으로 보고되었다(『삼대실록三代實錄』, 원경元慶 8년(884) 9월 29일)는 기록을 찾았다. 그런데 아키다 성내에도 작은 패총이 있었고 이것 또한 석촉이 그 장소에서 발견되었는지는 분명하지 않지만 우연은 아니라 하여 양자의 관련성에 저자는 주목한다.

이러한 기록을 통해 저자는 "이와 같은 석촉에 대한 태도는 에도시대까지도 장기간 이어져 왔고 전승 이야기 속에 과대하게 분식粉飾되거나 석촉을 부적 주머니에 넣어 알약"(2~3쪽)처럼 취급하기도 했으며 이 외 다른 석기에 대해서도 이렇게 신비적인 것으로 생각을 했다고 하면서 예를 들면 작은 돌칼[石小刀]을 천구天狗의 젓가락, 돌도끼를 번개 돌도끼, 돌봉[石棒]을 번개의 채라고도 각각 이야기해 왔다(3쪽)는 점을 보여주고 있다.

그런데 저자는 유물에 대한 이러한 인식이 일본역사에서만 '특수하게' 나타난 것이 아니라 세계적으로 보편적인 현상이었다는 점을 강조한다. 예를 들면 덴마크, 스웨덴 외에 네덜란드, 스페인, 이탈리아의 일부에서도 번개가 칠 때 그것을 하늘에서 떨어진 것이라고 생각하고 있었다. 또 인도의 북부지방에서는 석기는 불씨를 포함하여 하늘의 신과 관계가 있다고 생각하고 있었다든가 아프리카의 일부에서도 석기는 하계下界에 살고 있는 악인을 벌하기 위해 천신이 내린 것이라고 전해져 왔다든가 고대 중국에서 돌도끼를 "벽력부霹靂斧"라는 문자로 표현하고 있었던 것 등을 그러한 예로 들고 있다. 어떻든 저자는 석기는 과거의 먼 사람들이 사용한 도구로서 이해되지 않고 번개와 결부되기도 하고 천신天神과 관계를 짓기도 한 것은 동서를 불문하고 널리 존재한 사고·이해방식이었다(4쪽)고 말한다.

또 저자는 석기들에 대해 이와는 약간 다른 사고방식으로서 "신비적인 영능靈能도 있다 하여 일종의 악마 퇴치적인 주구呪具로서도 취급되고 있었다"(4쪽)든가 보르네오 지방의 예이긴 하지만 투계鬪鷄할 때 석기로 그 발톱을 문지르면 상대의 닭에게 심한 상처를 입혀 승리한다는 풍습이 있고 또 석기를 물에 담아 두고 이것을 마시면 일종의 약효의 대체가 된다고 하는 미신도 널리 찾아 볼 수 있었다(齋藤 忠, 「석기에 부가된 주술적 의의」, 「人類學雜誌」 47-12, 1932)고 한다.

이와 같이 고고학적 지식이 없었던 시기에는 당연히 주위에서 우연히 발견된 석기 등에 대해 고고학적 시각·사고가 아니라 자연현상에 대한 상상적 해석에 동원되거나 현실적인 문제해결을 위해 활용되기도 했다는 사례들은 아마도 세계적으로 수없이 있었을 것이다. 한국고고학사에서도 1902년경부터 일제에 의한 전국에 걸친 고적조사 발굴 이전 고고학 연구 대상이 되는 유물에 대한 인식의 변화를 시기 구분하여 고찰할 필요가 있다. 지건길(현재 국외소재문화재재단 이사장)은 최근 『한국고고학 백년사 : 연대기

로 본 발굴의 역사 1880~1980』(열화당, 2016)라는 저술에서 〈여명기(1880
~1900)〉, 〈맹아기(1901~1915)〉 이전에 〈한국고고학의 전야와 태동〉을 설
정했다. 그는 한국역사상 "원초적 고고행위"(17쪽)가 처음 나타난 것은 『동
국이상국집』에 나오는 고인돌에 대한 기술이며 그 외에도 돌도끼와 돌칼
을 조각품으로 생각했다(『청파극담靑坡劇談』)는 기록이라든가 돌화살촉을 싸
리나무나 신우대에 끼워 사용했다(『오주연문장전산고五洲衍文長箋散稿』)는 기록뿐
만 아니라 홍양호의 금석문에 대한 고증학적 태도라든가 김정희의 진흥왕
순수비에 대한 조사 등에서 한국고고학적 태도의 태동을 찾고 있다. 이와
같은 한국인에 의한 고고학적 관심과 조사의 태동적 움직임은 일제의 강점
이전과 이후 일본인에 의한 고적조사와 발굴사업의 독점으로 인해 지속되
지 못하고 말았다.

2) 동탁銅鐸 · 동모銅鉾 등의 발견과 그 반응

저자는 7~8세기 일본의 아스카飛鳥시대, 나라奈良시대에 걸친 시기에
형태도 클 뿐만 아니라 더욱이 기이한 형태의 동탁이 일찍이 일반인들의
관심을 받았음을 기록에서 다음과 같이 확인하였다.

① 오우미노쿠니[近江國] 시가[滋賀]군에 숭복사崇福寺를 짓기 위해 땅 고
르기를 할 때 높이 5척 5촌의 기이한 동탁 한 개가 발굴되었다(『부상
약기扶桑略記』의 천지천황天智天皇 7년(668) 정월 17일)는 것이다(4~5쪽).

② 야마토쿠니大和國 아자 다이군大字太郡 나미사카향波坂鄉의 사람이 동
탁을 나가오카長岡 들판에서 얻어 그것을 바쳤는데 "높이 3척 구멍
크기 1척"이었다(『속일본기續日本紀』(권8)의 원명천황元明天皇 화동和銅 6년(713)
7월 6일).

③ 사가천황嵯峨天皇 홍인弘仁 12년(821) 5월에도 하리마노쿠니播磨國의 사람이 땅을 파서 하나의 동탁을 얻었는데 "높이 3척 8촌, 구경口徑 1척 2촌"이고 아육왕阿育王 탑탁塔鐸이라고 전해졌다(『일본기략日本紀略』 전편 14).

④ 와카사노쿠니若狭國에서 동기銅器가 진상되었는데 "그 몸체가 매우 종과 닮았다. 그것을 땅 속에서 파 얻었다"(『속일본후기續日本後紀』 권11 승화承和 9년(842) 6월 8일).

⑤ 미카쿠니三河國에서 동탁 1개가 헌상되었는데 높이 3척 4촌, 악미군 渥美郡 무라마츠村松 산중에서 얻은 것으로 "아육왕의 옥탁"이라고 이 야기되었다(『삼대실록三代實錄』 권4, 정관貞觀 2년(860) 8월 14일)(이상 5쪽).

다른 한편 저자는 동모銅鉾의 발견에 관해서 "7월 16일, 대신 아뢰기를 안락사安樂寺 서쪽 고개에서 동모 10개가 나온 것을 제도諸道에게 조사"(『백 련초百練抄』 안원安元 원년(1175)조)하도록 하였다는 기록에 주목하였다. 또 구옥 勾玉에 대한 신비적인 생각이 장기간 지속되어 온 예로서 시즈오카현 하마 나군濱名郡 니이쿄쵸新居町의 니노미야신사二宮神社의 신옥神玉의 오채五彩의 구옥이 뜻밖에 날아 흩어지거나 모이기도 한다는 이야기라든가 또 나가노 켄 하니카군埴科郡 도죠촌東條村의 다마요리히메신사玉依比賣神社에서는 신옥 神玉의 구옥을 매년 정월 7일에 내놓고 길흉을 점치는 제사를 오래 전부터 행하고 있다는 것을 들고 있다(6쪽).

이 책에서는 유물에 대한 비학문적 태도가 17세기 후반 이전까지 있었 다고는 언급하고 있지만 그러한 예들 가운데 가장 늦은 것이 12세기이다. 아마도 그 사이에도 유물에 대한 비학문적인 태도와 취급의 예들이 있었을 것으로 생각되지만 그에 대한 언급은 보이지 않는다.

2. 유적에 대한 관념

1) 패총과 고분에 대한 취급

　일본역사에서는 유적 중 패총이나 고분에 대해 일찍부터 관심이 있었는데 그 가운데 일반적으로 패총을 "거인巨人이나 신과 결부"(6쪽)시켜 생각하려는 경향이 있었다. 이 책에서는 그러한 예들을 다음과 같이 들고 있다.

　현재도 이바라키현 히가시이바라기군東茨城郡 츠네즈미촌常澄村에 남아 있는 오쿠시패총大串貝塚에 대해 "상고에 몸이 매우 거대한 사람이 구릉 위에 산다. 큰 조개를 따서 그것을 먹는다. 그 먹은 곳에 조개가 쌓여 고개를 이룬다"(『히타치노쿠니풍토기常陸國風土記』)와 같은 전승이 에도시대에도 계속 되었다고 말한다. 또한 이와키노쿠니 니이츠찌촌磐城國新地村의 테나가메이진手長明神에 관한 기록으로서 가이츠카야시키貝塚居라는 곳에 손이 긴 신이 살고 있으며 동해에서 조개를 잡고 그 껍질을 여기에 버렸는데 이러한 조개껍질이 쌓여 구릉이 되었는데 그 지역사람들은 이것을 테나가이메이진으로서 숭배하였다(『오쿠하관적문노지奧羽觀蹟聞老志』)는 전승을 확인하고 있다. 저자에 의하면 이 패총은 현재의 후쿠시마현 소우마군相馬郡 니이츠치촌新土村 오아자 고카와大字小川에 있는 것으로 유적에는 테나가메이진을 제사한 사사社祠터도 남아 있다(7쪽)고 한다. 패총을 이와 같이 거인이나 신과 결부시킨 예들은 이 외의 지방에서도 적지 않다고는 말하면서 더 이상 그 예는 들지 않는다.

　또 이 책에서는 각지에 남아 있는 고분도 과거 장기간 여러 가지로 취급을 받았다는 예들을 제시한다.

　① "카와치노쿠니河內國의 아스카베군飛鳥戶郡 사람 다나베田辺史伯孫가 딸

의 출산을 듣고 축하하러 갔다 돌아오는 길에 마침 달이 떠있는 밤이었는데 응신천황의 능 옆에 빨간 준마를 탄 사람을 만났다. 그 준마와 그의 말을 바꾸고 좋아서 집에 돌아와 이것을 마굿간에 들여보냈더니 다음 날 아침 토종말로 변해 있었다. 이상하게 생각하여 능으로 돌아와 보니 자신의 말이 토종말 사이에 있었다"(『일본서기日本書紀』(권14)의 웅락천황雄略天皇 9년 7월))(7쪽)는 기록에 대해 저자는 그 토종말은 하니와埴輪의 말이었을 것이고 아마도 이 산릉 주변에 노정되어 있던 하니와의 말로 연상하여 이와 같은 이상한 전승이 나타났을 지도 모른다고 해석했다(7쪽).

② 일부 사람들 사이에 지상에 가로질러 있는 원형 또는 전방후원형前方後圓形의 고총高塚을 먼 조상의 묘라고도 일찍부터 생각하고 있었으며(『續日本紀』권4), 평성궁平城宮을 지을 때 조평성경사造平城京司에게 칙勅을 내려 발굴된 묘를 다시 메우어 제사를 지내고 혼을 달랠 것을 명령하고 있는 예(앞과 같음. 화동和銅 2년(709) 10월 11일)에서 저자는 묘에 대한 취급방식을 제시하고 있다.

한편 이 책에 의하면 고총에 대한 명칭도 그 형상에 따라 거총車塚, 선총船塚, 비파총琵琶塚, 발복총鉢伏塚, 반성총飯盛塚과 같이 다양하게 표기되고 있었다는 것을 알 수 있다. 거총에 대해서는 귀족의 여성 가마를 묻은 것, 선총에 대해서는 배를 연결한 것, 비파총에 대해서는 법사가 비파를 가지고 죽음에 임하였다 등 전승도 각각 부여되어 왔다는 것이다. 또 강총糠塚, 미총米塚과 같은 이름도 사용되기도 하여 장자長子가 사용한 겨[糠]를 묻었다든가 전쟁 때 쌀을 묻었다 등의 전승으로도 발전했다고 한다. 그런데 "이와 같은 전승에 만족하지 않고 강총이 이마를 땅에 대고 공손히 절을 하는 무덤이며 사람들이 이 무덤에 엎드려 공손히 절을 하였다는 것에 토대를 두고 있다든가 쌀총이 사자死者가 머물고 있는 무덤에서 유래하는 것"

(8~9쪽)에 대해 저자는 "학문적으로 고증"까지 언급하는 것은 무리가 있다는 입장이다.

2) 고분 등의 도굴과 '해코지'의 역사

저자의 고분에 대한 장기간 도굴 역사에 대한 주목은 크게 보아 일본역사상 '죽음의 문화사'를 연상케 한다. 11세기부터 천황릉에 대한 훼손과 도굴이 있었던 몇 가지 예를 소개는 하고 있지만 특히 천황릉에 대한 도굴이유는 무엇이었을까에 대한 언급은 보이지 않는다. 근대에는 유물 소유가 '재물財物' 축적으로 연결되었지만 그 시기에 천황릉의 유물들에 대해 비밀리에 매매가 이루어지고 있었기 때문인가. 아니면 그 능을 훼손시킴으로써 상대방에게 정치적으로 '타격'을 입히기 위함이었는가.

이 책에서 들고 있는 고분에 대한 발굴의 예는 다음과 같다. 1060년(강평康平) 6월에는 도둑이 카와치노쿠니河內國의 스이코천황릉推古天皇陵을, 1063년에는 남도흥복사南都興福寺의 승 정범靜範 등 16명이 야마토쿠니 쇼무천황릉聖武天皇陵을, 1149년에도 흥복사의 승려는 성무천황릉을 파헤쳤다. 또 1235년 3월 비 오는 밤에 여러 명의 도둑은 텐무天武·지또持統천황합장능을 침범하였다(『明日記』). 1288년에는 섭진국 시마죠島上의 케이타이천황릉繼體天皇陵 도굴의 범인이 체포되기도 하였다. 필자는 저자의 이러한 기술을 접하면서 한 가지 궁금한 점은 고분에 대한 도굴범 가운데 특히 사찰의 승려들이 많았던 이유에 대한 것이었는데 그것은 고분발굴을 통해 사찰의 경제적 축제를 확보하려는 것이 아니었을까 추측해 본다.

한편 난세의 상황에서 산릉山陵을 이용하여 성채를 지었다는 예로서 카와치노쿠니河內國의 시로야마城山고분도 명응明應 연간(1492~1500), 다께야마상순에 의해 성이 지어졌다고 하며 안칸천황릉安閑天皇陵이나 이마시로츠

카슈城塚고분 그 이외도 같은 재료를 이용했다(『大日本史料』제11편 5)고 한다.

이 책에서는 이와 같은 고분의 도굴이나 파괴뿐만 아니라 사원의 초석 등의 이동을 언급하면서 "해코지"(10쪽) 신앙에 주목한다. 필자는 이 책을 접하기 전에 한국고고학사에 대한 기술을 생각하면서 머리에 떠오른 것 가운데 하나는 고고학이 출현하기 이전뿐만 아니라 그 후에도 일본이나 조선에서 고분에 대한 전통적인 태도에 비추어서 고분 발굴을 꺼려했을 것이고 발굴이 결정되었다면 발굴 전에 적어도 사자死者에 대한 제사를 지냈을 것이라고 추측하였다. 왜냐 하면 한국의 전통문화 중 묘지를 둘러싼 풍수 사상을 통해 볼 때 묘를 잘못 건드리거나 묘를 잘못 쓰면 '해코지'를 한다는 미신이 자리를 잡고 있었기 때문이다. 이 책이 고분발굴과 함께 해코지 신앙을 다루고 있는 것에 필자는 큰 관심을 가지게 되었다.

저자는 평성궁平城宮을 조영할 때 그 지역의 고분을 정중히 취급하여 제사를 지낸 이유는 "해코지를 두려워했기 때문"(10쪽)이라고 해석한다. 즉 텐지천황 산릉天智天皇山陵 등과 관련하여 "이 때 천하를 뒷받침하고 있는 신하로 사시, 충종, 아겸, 사준 등 4명이 있었는데 그 가운데 충종이 죽을 날이 가까운데 그 이유는 충종은 산계山階에 있고 그 부근에는 텐지천황릉이 있어 자연히 무례無禮를 범하고 있기 때문이라는 것이다. 그리고 그 전례로서 다이고천황릉醍醐天皇陵 옆에 살고 있던 고노小野齊尊僧都도, 고마츠小松산릉을 더럽힌 인화사仁和寺 카쿠교우친왕覺行親王도 모두 일찍이 죽게 되었다"(『장추기長秋記』의 1133년 장승長承 2년 9월 5일 조, 10쪽)는 것이다. 고마츠 산릉의 건에 대해서도 즉 "방사房舍를 지었을 때 그 축담이 산릉의 사지四至 안에 들어가고 산릉의 일부를 파서 헤쳤다. 이 때 산릉이 빈번히 울어대고 조묘의 해코지라 하여 두려워하였다"(『중우기中右記』 가승嘉承 원년(1106) 2월 19일 조, 10쪽)는 점에 주목하였다.

또 저자는 사원의 초석을 움직여 해코지를 당한 기록에도 주목했다. 그것은 사이다이사西大寺의 동탑 심초心礎를 파괴하였는데 그 후 몇 개월 후에 천황은 병에 걸렸고 그것을 점치니 돌의 해코지이기 때문에 정지淨地에 주워 인마人馬로 하여금 그것을 밟게 하지 않았다고 한다(『속일본기』 권30에는 쇼우 도쿠천황称德天皇의 보귀寶龜 원년(770) 2월, 11쪽)는 것이다.

저자는 이러한 "해코지의 신앙은 단속의 한 포고보다는 강한 무언의 힘이 되어 유적의 도굴이나 파괴를 방지하였던 것"(11쪽)이었다고 해석한다.

이상 17세기 후반 이전에 유적과 유물에 대한 일반적인 사고방식 또는 태도를 여러 자료에서 관련 기록을 찾아 '고고학의 전사前史'를 고찰하려는 저자의 방법에 문제는 없다고 생각하지만 그것이 과연 '전사'였는가 하는 의문이 든다. 왜냐 하면 위에 든 모든 예들의 시기가 가장 늦은 것이 15세기의 것들이기 때문이다. 따라서 16세기부터 17세기 전반에 걸친 예들까지를 포함하여 그가 주장하려고 하는 고고학사의 '내적 연속성'을 확인했어야 했다. 저자가 그것을 느꼈는지 몰라도 다음 장을 '고고학'이 아니라 "고고학적"이라는 용어로 표현하면서 엄밀한 의미에서 '고고학의 전사前史'를 보여주려고 했던 것이 아닌가 생각하면서 다음 장으로 시선을 옮기고자 한다.

제2장
에도江戶시대의 고고학적 연구

저자는 에도시대의 고고학을 한 마디로 "학문적으로 성숙하지 않았다"라고 잘라 말한다. 다만 그 시대에는 "여러 학문이 융창하고 고증의 풍조도 왕성하게 되어 호고好古사상"이 유행하였고 유적과 유물에 대한 관심은 높아져서 그것들에 관한 자료들이 수집되기 시작하였다. 그에 따라서 그 시대는 고고학사에서 "고고학적인 연구에 노력하고 학문의 기초를 구축"한 시기였기 때문에 "일본 고고학의 발달을 거슬러 올라갈 때 그 싹으로서 우선 에도시대에서 시작하지 않으면 안 되는 이유"(13쪽)라고 말한다.

저자는 에도시대를 "유적유물에 대한 관심도나 그 연구적인 태도의 몇 가지 변화"를 기준으로 편의상 초기·중기 및 말기로 구분하여 초기를 17세기 후반부터 18세기 전반까지, 중기를 18세기 전반부터 19세기 전반까지, 말기를 19세기 중엽 전후로 막부 말경까지로 각각 설정하였다.

필자가 생각하기에는 17세기 후반부터 막부 말경까지에 나타난 특징에 대한 저자의 이와 같은 입장에서 본다면 이 기간을 오히려 고고학의 '전사'로 보아야 할 것 같다.

1. 에도시대 초기

1) 학문의 경향과 유적·유물에 대한 관심

저자가 파악한 에도시대 초기의 두드러진 특징은 주자학의 연구와 함께 『고사기』나 『일본서기』의 연구가 진행되면서 국사國史나 지지地誌들이 편집되는 경향에 있었다. 이를 봉건체제의 에도막부에게 '일국사—國史'에 대한 개념이 서서히 출현하고 있었던 것과 맞물려 나온 현상으로 이해한 저자는 유학이나 중국의 고전에 대한 연구와 함께 국학이 발흥되는 현상에 주목하였다. 저자는 이러한 국학의 발흥에 영향을 끼쳤다고 생각한 에도시대의 쇼군將軍들의 큰 관심과 활동의 예를 제시한다.

도쿠가와 이에미츠德川家光는 주자학을 창도한 하야시라잔林羅山에게 국사를 편찬하도록 명령하였고 『본조통감本朝通鑑』도 완성되었다. 도쿠가와 미츠쿠니德川光圀도 수사修史에 관심을 가지고 사사무네 아츠시佐々宗惇 등에게 기내지방畿內地方의 고문서, 고기록 등을 수집하도록 하고 『대일본사大日本史』를 편수編修하도록 하였다. 이와 같은 풍토 가운데 니이햐쿠세끼新井白石는 저술한 『고사통古史通』에서 고대의 것은 모두 사람의 일로서 해석할 만한 것이라고 기술하였는데 저자는 이에 대해 신대神代에 대한 대담하고 더욱이 참신한 사고방식이었다고 평한다.

한편 편찬되기 시작한 지지地誌의 예를 다음과 같이 들고 있다. 즉 『산역명소기山域名所記』(야마모토山本泰順, 1658), 『옹주부지雍州府志』(구로카와 도유우黑川道祐, 1684), 『작양지作陽志』(에무라江村宗普, 1691), 『섭양군담攝陽郡談』(오카다岡田係志, 1684), 1700년에는 이시하시 나오유키石橋直之의 『천주지泉州志』, 1702년에는 승려 백혜白慧의 『산주명적지山州名跡志』, 1703년에는 구하라 마스노키貝原益軒의 『축전속풍토기筑前續風土記』 등이 그것이다. 지지 편찬의 역사적 의의는 "각지의 명소구적名所舊蹟도 채집되고 고분 등에도 주의를 하고 또 고물에도 관심"(15쪽)을 가짐으로써 각 번(후에 현) 중심의 사고에서 벗어나 '일본'이라는 것을 상상하는 계기의 기초가 마련되고 있었다고 말할 수 있다. 이를 통해 베네딕트 앤더슨(B. Anderson)의 근대의 "상상공동체" 이미지의 창출과정을 생각케 한다.

2) 고분 조사

저자는 에도시대 초기 현저한 '고고학적' 활동의 하나로 원록元祿 연간(1688~1703)에 이루어졌던 고분 조사의 예로서 도쿠가와 미츠쿠니에 의한 히타치쿠니常陸國 니이하리군新治郡 다마사또촌玉里村(현재 이바라기현 이시오카시)의 고분 발굴이나 시모츠케군下野郡 나스쿠니那須郡 유츠우에촌湯津上村의 거총車塚 발굴 등에 주목했다. 그런데 저자는 이 가운데 유츠우에촌湯津上村의 거총車塚을 "하나의 학문적인 의도" 하에서 발굴이 된 이유로서 당시 기록을 보존하고 있을 뿐만 아니라 그 고분도 현존한다는 점을 들었다(18쪽). 1692년에 발굴이 된 이 고분은 2기基로 전방후원분前方後圓墳이라는 특이한 형식이었고 시총侍塚이라고도 이야기되는데 당시의 기록에는 거총이라 적혀 있으며 각각 상거총·하거총으로 구분되고 있다(18쪽).

이 책에서는 1676년에 발견·발굴된 나스쿠니那須國 조비造碑에 대해 다음과 같이 기술하고 있다. 이 시기 여승旅僧 원순圓順이라는 사람이 가끔 이곳을 지나다가 큰 돌이 넘어져 있는 것을 보았고 그 주변을 더럽히게 되면 해코지가 있을 것이라는 이야기를 듣고 그 돌을 실견實見해 보니 오래된 문자가 있다는 것을 확인하고 이것을 바또우쵸馬頭町의 오카네大金重貞에게 전했다고 한다(18쪽). 향토역사가이기도 한 오카네는 현지를 방문하여 상당히 마모되어 훼손된 문자를 밝히고 "나수국조운운那須國云云"이라는 문자도 확인했다. 가끔 미츠쿠니가 바또우쵸를 방문하였을 때 그 탁본을 보여주

있는데 미츠쿠니는 이 문장 가운데 "나수국조직위제那須國造直韋提"의 "직위제"에 대해 나의 성姓이라고 생각하고 국조의 이름은 나타나 있지 않지만 가깝게 있는 거총이 그 국조의 묘일 것이고 이것을 발굴하면 국조의 이름을 기록한 묘지도 나타나 의문이 풀릴 수 있을 것으로 생각하였다(19쪽).

이에 대해 저자는 적어도 단순한 기이한 물건을 발굴하여 수집한다는 것을 넘어서서 "하나의 학문적인 목적"을 가진 "일종의 학술적인 조사 태도"(19쪽)를 보여준 것이라고 평한다. 저자가 이렇게 평가한 이유는 다음과 같다. 첫째로, 발굴에 착수하기 전에 두 개의 고분을 측량하여 도면을 제작하였다는 점이다. 도면에는 전방후원분 형태의 각 부분의 크기를 간間으로 표시하고 있는데 이것은 현재의 실측도와 비교해서도 큰 차이는 없고 매우 정확한 것이라고 한다. 발굴은 1676년 2월 13일부터 후방부의 중심을 정상부頂上部부터 파내려갔는데 상거총으로부터는 거울, 석훈石釧, 관옥管玉, 철촉 등, 하거총으로부터는 거울, 철제 도신잔결刀身殘缺, 토사기土師器 등이 출토되었던 것 같으나 특별한 내부 구조부는 검출되지 않았다고 한다(20쪽).

둘째로, 구체적인 발굴과정은 알 수 없으나 필자가 생각하기에는 출토품에 대한 복사행위라든가 발굴 후 처리과정 등으로 보아 고고학적 발굴의 과정을 보여주고 있다고 말할 수 있다. 발굴은 대체로 상거총은 7일 정도, 하거총은 10일 정도 걸렸지만 미츠쿠니가 찾으려고 했던 국조의 이름을 기록한 묘지는 없었고 출토품을 화공에게 베끼게 한 후 이것들을 나무상자에 넣고 다시 묻었다(20쪽). 또 2개의 고분에 대해 토사를 주변에 조금도 흩어지지 않도록 복구하고 아울러 기념으로 소나무를 심었고 출토유물을 개인적으로 소장하지 않고 그것도 발굴 후의 처리를 완전히 수행한 점을 들어 저자는 "일본발굴역사상 기념할 만한 것"이라고 평가한다.

저자는 원록 연간에 또 하나의 중요한 고분조사로서 비젠쿠니備前國 오쿠군邑久郡 후쿠사또촌福里村(현재 오카야마켄 히사군 나가후네쵸 岡山縣 邑久郡 長船町) 구미아이組合 여러 촌 안의 고분 약 200기에 대해 각각 도면이 만들어지고 촌법寸法 등도 상세히 기록한 일에 주목했다. 이것은 『원록연간총혈회도장元祿年間塚穴繪圖帳』이라는 원록 17년(이 해 3월 13일부터 옥영 원년이 되었다) 2월 3일이라는 간기가 기록되어 남겨진 이것은 "아마 인멸되려는 고분을 서둘러 조사하려는 의도도 있었던 것이 틀림없는데 현재 고분의 지명표 또는 고분의 기본대장의 선구"(21쪽)였으며 저자에 의하면 그것은 더욱이 단순한 지명표에 머물지 않고 하나하나 촌법 등을 기입한 도면으로 구성되어 있는 점에 특색을 가지고 있었다.

  3) 능묘 탐색

  에도시대 초기 고고학사에서 또 하나의 특징은 "일찍이 고대 산릉의 탐색과 그 현창顯彰에 일부 사람들의 열의"(22쪽)가 나타났다는 점이다. 왜 그러한 현상이 나타났을까에 대해 저자는 "근왕勤王사상의 발달에 따라 황릉의 조상 능묘의 소재를 모른 채 황폐되어 가는 것에 대한 조치"에서 능묘에 대한 실지조사도 이루어졌고 더 나아가 고분에 대한 이해를 깊게 해 주었다고 설명한다. 이에 따라서 그는 원록 10년(1697) 전후에 "산릉에 대한 탐색, 고증의 기운이 왕성"(22쪽)하게 일어났다.

  이러한 현상이 나타나는 가운데 주목할 만한 것은 마츠시타 켄린松下見林, 카이바라 에키켄貝原益軒의 개인적인 공적과 호소이 또시나細井知名·또시知愼(光澤) 형제의 산릉 조사에 대한 진력 등이었다. 저자는 유학자로서 『이칭일본전異稱日本傳』을 저술한 마츠시타(1637~1703)에 주목한다. 그는 젊은 시기부터 산릉의 황폐를 한탄스럽게 생각하여 스스로 산릉을 찾아다니며 고로故老에게 직접 묻기도 하고 실지조사를 하며 1696년, 60세에 저술한 『전왕묘릉기前王廟陵記』에서 소재지를 고증하고 『일본서기』와 『고사기』에서 관련 기록을 뽑아 정리하였다. 이와 같이 그는 단순히 문헌 조사에 그치지 않고 스스로 그 지역 조사를 수행한 점에서 저자는 "기내畿內지방의 고분조사의 맹아"(22쪽)로 평하였다.

그러나 이 책에서는 마츠시타나 카이바라의 산릉조사는 개인적인 업적이었다면 호소이 두 형제의 활동은 막부의 공적인 입장에 의한 산릉 탐색과 수복사업이었던 것으로 양자를 구분한다(23쪽). 후자에 대해 구체적으로 보면 동생 호소이 또시신知愼은 에도江戸에서 쇼군將軍 츠나기츠綱吉의 측용인側用人 야나자와柳澤吉保를 섬기고 있었는데 형 호소이 또시나細井知名는 야마토大和에 있었던 관계로 산릉의 황폐한 상태를 1697년 동생에게 글을 보내 그 탐색수복을 의뢰(23쪽)한 결과 능묘를 밝히고 그 주변에 담을 쳐서 보존을 도모하게 되었다고 한다. 다만, 담은 매우 단기간에 걸쳐서 산릉 주변 전체가 아니라 전방후원분의 후원부 정상 주변에 쳤을 뿐이었고 능묘의 결정 등도 대관代官(막부 직할지 외의 직할지에서 직접 민정 담당-필자 주)이나 영주에게 의뢰하면 그들도 또 쇼우아壓屋(에도시대 마을의 정사를 맡아보던 사람-필자 주)나 고로들에게 사전조사를 시킨 것이었다. 저자는 이에 대해 "학문적인 신중한 검토는 없었던 것"(24쪽)으로 평가하였다. 이러한 산릉 조사 성과는 『제능주원성취기諸陵周垣成就記』로서 남겨졌고 또 별도로 동생 호소이 또시신은 『역대묘릉고歷代廟陵考』를 정리하여 조정 및 막부에 바쳤지만 조사사업을 조용히 추진하던 형 호소이 또시나는 1697년 그 완성을 보지 못하고 세상을 떴다고 한다.

단 원록 수릉修陵 시 나라봉행奈良奉行 우치다內田云左衛守政가 관하의 야마토의 산릉에 대해 약식도를 그리게 하여 이것을 상사上司에게 『원록어릉도설元祿御陵圖說』로 제출했는데 이것이 "그 후 산릉도의 하나의 기준"(24쪽)이 되었다.

4) 석촉에 대한 인공설

석촉을 신군神軍이 사용한 것으로 번개와 천둥을 동반한 폭풍우가 내릴 때 하늘에서 떨어진 것이라는 사고방식이 장기간 사람들 사이에 퍼져 있었다는 것에 대해서는 앞서 본 바와 같다. 이것은 돌도끼를 번개의 발목이라고 생각하기도 하고 석시石匙(석제의 작은 칼)를 천구天狗의 식사용 숟가락이라고 생각한 것과 공통적인 것으로 저자는 뿌리 깊은 전통으로 계속 이어져 온 것으로 보았다. 저자는 이러한 전통적인 사고방식으로 "신비 가운데 갇혀 있던 것"을 벗어나게 하여 학문세계로 이끄는 일은 그렇게 쉬운 것은 아니었다고 말한다.

저자는 에도 초기가 "이와 같은 문제에 대해서도 학문적인 맹아" 단계에 있었다는 점을 인정하면서 그 맹아단계로부터 다음 단계로 나아가게 하는 데 중요한 역할을 한 사람으로 이자와 나가히데井澤長秀·마츠오카 겐타츠松岡玄達, 특히 니이이 햐쿠세끼新井白石를 뽑는다.

석촉에 대한 전통적인 사고방식으로부터 벗어나려는 움직임이 18세기 전반에 나타나기 시작했다고 보고 있는 저자는 1715년에 히고肥後의 이자와井澤長秀의『광익속설변廣益俗說辯』에 주목한다. 그 저술의 "가고시마 사신社神의 설, 부신전附神箭의 설"이라는 항목에서 제시한 석촉에 대한 관점, 즉 천연자연의 것으로 모래 안에 있는 돌이 장마 때 씻겨 나왔다는 설에 대해 저자는 "천연자연의 것이라는 사고방식은 졸렬하지만 어떻든 종래의 신군천강설 또는 신군인공설을 부정한 것은 일보 전진"한 것으로 보았다. 특히 저자는 마츠오카 겐타츠의 사고방식에 주목하였는데 "에조蝦夷가 사용한 것이며 에조는 석촉으로 기러기를 쏜다고 하기 때문에 그 기러기 털에 붙어 낙하한 것"(25쪽)이라는 마츠오카의 설에 주목하였다.

일부 사람들 사이에서 이미 "석촉인공설"(25쪽)도 제기되고 있는 가운데 저자가 주목한 또 한 사람은 니이이 햐쿠세끼新井白石였다. 그는 "고대에 숙신국肅愼國 사람이 사도佐渡나 에조지에 침입한 기사가 있고 또 그들은 동오, 상륙, 월후 등에 기반을 잡았기 때문에 석촉과 같은 것을 군기로서 매장하거나 하여 고분 등으로 하였다. 이러한 것들이 번개와 천둥을 동반한 폭풍우가 있을 때 나타난 것이고 하늘에서 내려왔다고 부회附會된 것"(25쪽)이라고 생각했다. 그러나 이 시기에 "석촉인공설"이 제기되었다고 하더라도 이것은 아주 일부에서 이러한 관점이 나타나고 있었던 것이고 정설로 자리 잡은 것은 아니었다. 저자는 여전히 석촉은 신비적인 것으로 취급되어 "신군천강설神軍天降說"과 같은 사고방식이 존속하는 데에서 "전승의 강인함"을 보았다.

3. 에도시대 중기

1) 학문의 경향과 호고好古사상

저자는 학문발전에 쇼군의 역할에 주목하였다. 즉 도쿠가와 요시무네德川吉宗에 이어서 도쿠가와 이에나리德川家齊 쇼군에 이르는 시기에 본초학이나 천문이나 역법에 대한 관심이 높아지는 가운데 외국으로부터 서적도 수입되는 등 학문이 크게 장려되었다. 저자는 18세기 말부터 19세기 전반까지를 "가장 문운文運이 꽃피운 때이기도 하고 학문도 현저하게 향상하고 교통사정도 발달하여 지방과의 학문교류도 활발"(28쪽)하였던 시기로 보기 때문이다. 필자가 생각하기에는 이 시기의 이러한 변화를 일본에만 국한시켜 볼 것이 아니라 적어도 동아시아 3국(한국, 중국, 일본)을 함께 놓고 그 학문수용과정을 살펴볼 필요가 있을 것이다. 한국의 실학, 청나라의 고증학 등도 함께 시야에 넣고 학문교류의 역사도 본다면 공통점과 차이점을 함께 논할 수 있을 것이다.

저자는 이 시기에 들어서서 본초학뿐만 아니라 난학蘭學, 과학이 진전되어 "의학, 화학, 천문, 역법, 지리 등에 새로운 시야"(28쪽)가 생겼는데 이는 에도 시대 초기의 경향으로부터 영향을 받았던 것으로 보았다. 그 결과 "사사寺社 등에 소장 고고학적 자료의 수집정리", "도보적圖譜的인 것 발행", "산릉의 탐색과 고증"의 움직임이 나타났을 뿐만 아니라 특히 지지地誌가 편찬됨으로써 "각지의 명소구적名所舊蹟도 방문하고 고분이나 그 외 유적에도 관심"(28쪽)을 가지게 되었고 산릉을 탐색함으로써 "고분에 대한 실지조사와 연구"(28쪽)도 나타났다.

이러한 변화 속에서 조직된 관련 모임들 가운데 대표적인 것은 경도에 문화 연간에서 천보天保·가영嘉永 연간까지 지속된 문인이나 의사 중심으로 조직된 "호고好古" 모임 "이문회以文會"였다. 이들 활동 가운데에는 탁본의 풍조가 있었는데 석비 면을 손상시키는 예도 많았다고 저자는 말한다. 이로 보아서는 여전히 주변의 유적이나 유물에 대한 관심과 관점은 전과 다르게 크게 달라지면서 관련 모임들도 생겼고 그것들에 대한 보존방법의 미숙함은 보이고 있었지만 변화의 조짐이 서서히 나타나고 있었음은 분명했다고 보아 지장이 없을 것이다.

2) 애석가愛石家 그 외 단체

관정寬政 연간을 중심으로 형화亨和까지에 걸쳐서 키우치 세끼테이木內石亭를 중심으로 공경公卿, 무가武家, 승려 등 여러 계층의 사람들이 참여한 애석가 모임으로서 "기석회奇石會"가 조직되어 활동을 전개하였다. 활동의 내용을 보면 상호 편지를 통해 정보를 교환하기도 하고 그림을 그려 보내기도 하고 그 도보圖譜를 선물로 주기도 하였다(31쪽). 여기에서 저자가 주목한 것은 "그 가운데에는 석촉, 석부, 독고석獨鈷石(양 끝에 날이 없으며 그것에 가까운 형상의 죠몬시대 후기의 마제석기, 『日本考古學事典』, 三省堂, 2002, 필자 참조), 차바퀴 모양의 돌[車輪石], 가래 모양의 돌[鍬型石] 등 고고학상의 유물이 포함되어 있었다"(31쪽)는 점이다. 그러나 저자가 여전히 문제라고 생각한 것은 각종 석기류에 대한 그들의 관점이었다. 즉 그것을 "천공天工"이라고도 그렇다고 "인공人工"이라고도 생각하지 않고 "신대神代에 신들이 만든 것"(32쪽)으로 생각했다. 저자는 이러한 석기들에 대해 관찰(크기 측정, 특색 제시 등)이나 묘사들이 "고고도보考古圖譜의 선구적인 것"(32쪽)이 되었다고 보고 있다.

다른 한편 주목할 만한 움직임으로서 물산회物産會를 들 수 있다. 이는 본래 본초학에서 출발하여 동·식·광물 등에 관한 표본 전시를 목적으로 에도나 경도나 오사카大坂 등에서 열렸다. 이 가운데 에도에서는 호고好古를 지향하는 사람들 중심으로 1824년부터 그 다음 해까지 고서화나 고물, 석비 등의 탁본 등을 전시·비평하는 자리를 가졌으며 그 결과를 『탐기만록眈奇漫錄』으로 정리하기도 하였다. 그 외에 이와 같은 물산회의 개최 성과로서 『토원소설兎園小說』, 『이문회필기以文會筆記』를 언급하고 있다. 또 관정寬政 시기부터 나고야名古屋에서도 "각종 재옹齋瓮, 편종編鐘(동탁), 곡옥호曲玉壺, 신대석神代石, 하니埴류, 고와古瓦 등"(34쪽)을 전시하는 물산회와 같은 모임이 열렸다.

3) 도보圖譜 그 외 간행

저자는 이 시기 고고학적 활동으로서 주목한 것으로 유물의 집성과 기록, 도보적인 것의 제작, 그리고 고고학적 고증이나 글의 발표를 든다. 그 가운데에서도 마츠다이라 사다노부松平定信가 편찬한 『집고십종集古十種』을 학문적인 업적으로서도 높이 평가(34쪽)하였다.

그렇다면 『집고십종集古十種』을 편한 마츠다이라 사다노부松平定信(1758~1829)는 누구인가. 저자에 의하면 그는 도쿠가와 무네다케德川宗武의 셋째 아들이며 도쿠가와 요시무네吉宗의 손자이다. 1758년에 태어나 어린 시절부터 학문에 관심이 많았고 17세 때 오우슈奧州 시라카와白河의 성주 마츠다이라가家의 양자 사위가 된 이래 1738년에 가독家督으로서 상속을 받았고 30세에 료쥬老中(에도 막부에서 쇼군에 직속하여 정무 총괄과 다이묘 감독자 : 필자 주)가 되었다. 그가 1792년에는 경도의 사사寺社에 있는 보물 등을 탐방하도록 하고 히로세廣瀨蒙齋와 함께 편찬하였다고 하는 『집고십종集古十種』에 대해서 저자는 비록 마츠다이라의 명령으로 이루어진 것이긴 하지만 "자료 집성으로서 큰 업적"(35쪽)이었다고 평한다. 그가 그렇게 평가한 이유를 방법적으로 오래된 시골집이나 폐사廢寺, 고묘古廟 등에 남아있는 것을 탁본 또는 모사模寫를 하도록 한 후 자료상으로도 의문이 있으면 다시 그 곳을 찾도록 하여 조회하는(35쪽) 등에서 찾았다. 그런데 이 책에는 역사시대의 자료가 많은 가운데 "고고학의 자료로서 중요한 것"(36쪽), 예를 들면 동검, 동모, 동탁, 동경銅鏡, 동제도銅製刀, 마구馬具 등이, 금석문과 관련해서는 비명, 종명鐘銘, 동기銅器 등이 기록·소개되어 있다.

저자는 이 시기 또 다른 특징의 하나로 유물 집성 도보圖譜가 간행되었다는 점에 주목하고 그 대표적인 예로서 또우 테이칸藤貞幹의 『칠종도고七種圖考』, 『집고도集古圖』, 『고와보古瓦譜』 등을 들었다. 관정寬政 연간에 나카이中井俊顯에 의하여 편집된 『집고군류集古群類』에는 "석기나 파형巴形 동기銅器나 철도끼나 유리 완塊, 기와, 도기陶器, 범종, 비명碑銘, 묘지 등"(38쪽)에 관한 자료들이 소개되고 있었다. 요시다吉田濤의 『영도각첩聆濤閣帖』에는 "하니와埴輪, 환두대도環頭大刀" 등이 소개되었으며 나고야의 와력사瓦礫舍 주인은 『고와보古瓦譜』를 정리했다.

또한 "고고학과 관계가 있는 고증이나 그 자료의 소개에 노력한 사람"
(39쪽)들이 많았는데 저자는 그 예로서 타니카와 고또스가谷川士淸의 『구옥
고勾玉考』(1774)와 이세 사다다께伊勢貞丈의 『무기고증武器考證』(21권)을 들었
다. 전자는 실물에 대한 고증과 함께 석검 종류 등을 고찰했으며 저자에
의하여 "역사고고학 방면에서는 잊을 수 없는 인물"(40쪽)로 평가를 받은 이
세는 고전을 통해 "활, 도검刀劍, 갑옷, 안장 등"을 고증하였다.

4) 키우치 세끼테이木內石亭의 업적

저자는 이 시기 학문의 발달과 함께 "고고학에도 관심을 기울여 … (중략
: 인용자 주) 일본고고학사에 있어서도 중요한 인물"(41쪽)로 키우치 세끼테이
木內石亭와 또우 테이칸藤貞幹을 뽑는다.
저자에 의하여 정리된 키우치의 생애와 그의 저술의 대강을 들어보면 다
음과 같다.
오우미쿠니近江國 시가군滋賀郡 사카모토坂本에서 태어난 키우치(1724~
1808)는 특히 기이한 돌에 관심이 많아 30여 쿠니國를 돌아다니며 2,000
여 개의 돌을 수집했다. 그는 풍족한 생활로 "전국의 애석가愛石家 단체의
중심적 인물"로서 활동할 수 있었고 고고학상 중요한 존재가 된 것은 단순
하게 애석가 또는 수집가에 머물지 않고 "그 자료 가운데 고고학상의 유물
에 대해 정리 관찰을 넘어 그것을 고증하고 고고학에도 관련이 있는 저술
을 발표"(42쪽)하였다. 그가 남긴 저술 『운근지雲根志』, 『기석산소기奇石産所
記』, 『곡옥문답曲玉問答』, 『족석전기鏃石傳記』, 『용골기龍骨記』, 『사리변舍利弁』,
『신대석지도神代石之圖』 가운데 『운근지雲根志』, 『곡옥문답曲玉問答』, 『족석전기
鏃石傳記』는 "고고학상으로도 중요한 문헌"(42쪽)이었다라고 저자는 평가한
다. 저자는 그 이유를 다음과 같이 제시한다.

①『운근지』는 기석류가 많은데 그 가운데에서도 석촉, 곡옥, 천구반시天狗飯匙, 신대석神代石, 거륜석車輪石, 가래형식의 석[鍬形石], 석도, 호포狐鉋, 호착석狐鑿石과 같은 것이 기록되어 있었다.

② 그의 구옥에 대한 생각을 적은 『곡옥문답』(1783)은 "장구葬具와 같은 부정不淨의 것이 아니라 생전에 사용한 것을 땅 속에 묻은 부장품"(43쪽)으로 생각하였다. 또 그는 "류큐琉球의 토속에서도 사용되고 있는데 이것은 우리나라(일본 : 인용자 주)의 고속古俗이 끊인 것이 종종 류큐나 에조蝦夷의 시골에는 오래된 습속으로서 잔존한 것"(43~44쪽)으로 생각했다는 점이다. 특히 "남도사원의 불상 천장 장식의 연옥連玉의 한 쪽에 구옥이 있는 것을 전해진 구옥으로써 천장의 장식으로 사용한 것"(44쪽)으로 생각했다.

③『족석전기鏃石傳記』에서 '신군神軍사용설'은 이제는 믿지 않게 되었고 "숙신족이 사용하였다는 점을 생각하면서도 에조도 가라후토라는, 에조로부터 상당히 먼 동쪽 국가의 사람도 신라 사람도 석촉을 사용하고 있다는 점"(45쪽)을 기술하고 있다.

결론적으로 저자는 키우치에 대해 수집태도라든가 고찰, 기술자세 등을 통해 볼 때 "학자로서의 면모"(46쪽)를 구비한 사람으로 평가하였다.

5) 또우 테이칸藤貞幹의 학문

또우 테이칸(1732~1797)은 앞의 키우치와는 다른 환경 하에서 태어났는데 즉 승적을 가진 아버지 밑에서 11세 때 승려가 되었지만 맞지 않아 환속하여 유학 공부를 하게 되었다. 그가 남긴 고고학 관계의 저서에는 『육종도고六種圖考』, 『칠종도고七種圖考』, 『집고도集古圖』, 『고와보古瓦譜』, 『불찰고와보佛刹古瓦譜』 외에 『호고목록好古目錄』, 『호고소록好古小錄』이 있었다(48쪽).

이 뿐만 아니라 그는 화천貨泉, 금석문, 인보印譜, 능묘 분야의 저술도 남기고 있다.

이 가운데『육종도고六種圖考』(1778)는 여지輿地, 평안도성平安都城, 음찬飮饌, 전폐錢弊, 도량, 새장璽章, 비지碑誌로 나누어 소개 및 고증을 하였고『칠종도고七種圖考』(1780)는 예복禮服을 새롭게 설정하고 있으며『집고도集古圖』(1807)에는 동기銅器, 도검, 옥기玉器, 석기, 와기瓦器, 자기磁器, 식기, 목기, 비명碑銘 등 고고학 자료가 많이 게재되어 있었다(48쪽).『고와보古瓦譜』(1776)는 일종의 고와표본집으로 출토지를 제시하고 있다.

6) 또우 테이칸藤貞幹의 고대사연구

"황통皇統, 언어, 성씨, 국호, 신새神璽, 연호, 용식容飾, 의복, 상장喪葬, 제사, 박수拍手, 화가和歌, 시부詩賦, 국사, 제도로 나누어 고증"한 그의『충구발衝口發』(1781)에 대해 저자는 "당시로서는 그야말로 대담한 설"(50쪽)이었다고 평가하면서 이와 같은 일본고대문화가 "한韓의 영향"(51쪽)이라고 주장한 점에 주목한다. 그러나 저자에 의하면 이와 같은 그의 주장에 대해 당시 반론이 컸다고 하는데, 예를 들면 저명한 국학자 모토오리 노리나가本居宣長는『겸광인鉗狂人』에서 그를 "미친 사람"(52쪽)으로 혹평하였다고 한다.

결론적으로 저자는 키우치 세끼테이와 또우 테이칸 두 사람에 대해 "연구태도나 업적상으로도 당대 뛰어난 고고학자라고 해도 좋다. 이른 바 일본 고고학상 선구자"(54쪽)로 자리 매김을 하였다. 필자는 저자의 이 두 사람에 대한 역사적 평가에 비추어 보면 일본 에도시대의 이러한 고고학적 사상과 태도는 엄밀한 의미에서 고고학의 전사 단계에서의 현상으로 보는 것이 옳지 않은가 생각한다. 즉 저자가 17세기 후반 이전까지 주변 유적과 유물에 대한 태도와 자세, 사고방식에 대해 고고학의 전사로 보는 시각에 대한 수정이 필요하다고 생각한다.

7) 유적유물 조사의 성황盛況

이 시기에 들어서서 많은 유적과 유물의 발견과 함께 그것에 대한 조사와 기록이 늘어갔는데 그것을 보다 촉진한 것은 교통편이었다. 저자는 이러한 변화로 인하여 "고고학적 조사"(54쪽)가 활발하게 전개되어 갔다고 보았다. 여기에서 필자는 저자가 표현한 "고고학적"에 주목한다. 고고학이 아니라 굳이 고고학적이라고 표현한 것은 그만큼 이 시기의 조사활동이 고고학 전사로서의 의미가 강하였다는 것을 암묵적으로 인정하고 있다는 것을 보여주는 것이라고 생각한다.

저자는 이 시기에 활동한 사람 가운데 아오야기 다네노부青柳種信(1766~1835)에 주목한다. 1784년(천명 4) 치쿠젠쿠니筑田國 나카군那珂郡 시가시마촌志賀島村에서 금인金印이 나왔는데 이를 상세하게 조사하여 『후한금인고後漢金印考』라는 저술을 남긴 사람이 다름 아니라 구로다번黑田藩에 근무하고 있던 아오야기 다네노부였다. 그는 1766년에 후쿠오카성하福岡城下에서 태어나 모토오리 노리나가 밑에서 국학을 배웠고 『치쿠젠쿠니통풍토기습유筑田國統風土記拾遺』의 대저 외에 『유원고기약고柳園古器略考』, 『종상석경명고宗像石經銘考』, 『삼기약설三器略說』 등의 저술도 남겼다(55쪽).

또한 치쿠젠筑田, 치쿠고筑後지방에서 여전히 동검, 동모 및 거울도 많이 발견되는 가운데 1835년(문정 5) 2월 2일에 치쿠젠쿠니 태토군怠土郡 미쿠모촌三雲村에서 옹관이 발견되었고 크고 작은 거울 35면, 동모 2구, 구옥 1개, 관옥 1개가 검출되었다(55쪽). 이를 조사하고 상세한 기록과 도면을 남긴 아오야기가 이와 관련한 저술을 『치쿠젠쿠니대토군삼운촌소굴출토기도고筑田國怠土郡三雲村所掘出土器圖考』로 발표하였는데 저자는 이를 "고고학적 보고서로서도 역사에 남을 만한 것"(55쪽)으로 자리 매김을 하였다.

또 그는 여기에 그치지 않고 나카군 이시리촌井尻村의 오츠카大塚라는 곳을 개척하던 중 발견된 동모의 용범溶范에 대해서도 『유원고기약고柳園古器略考』에서 소개고증하였다. 그는 동모에 대해 한漢의 것으로 다른 나라에서 온 것이라고 생각하였다가 용범溶范이 발견된 점을 들어 이 곳에서 창鉾을 주조하였을 것으로 생각하였다(56쪽). 또 석모石鉾(마제석검)에 대해 언급하고 동조銅造는 제사 의례에 사용되었고 석조石造는 귀인貴人의 장매葬埋에 사용한 것으로 보았다(56쪽).

저자가 주목한 또 한 사람 가고시마鹿島九平次(1795~1864)도 치쿠젠 미츠카이찌촌二日市村 출신이었는데 옹관에서 발견된 거울과 동검을 조사하여 『모지기鉾之記』를 저술했다(56쪽).

이 시기에 나타난 특징 가운데 하나로 각지의 개척이라든가 도굴로 인하여 고분남굴濫掘 현상이 있는 가운데 "학자가 현지를 조사하기도 하고 출토유물을 조사 기록"(57쪽)하는 일이 나타났는데 이를 저자는 "유적유물 조사보고서의 선진先陣"(57쪽)이라고 평가한다. 이렇게 해서 이 시기에 학자에 의하여 이루어진 고분발굴의 몇 가지 예를 이 책에서는 제시하고 있다. 즉 1785년 스오우쿠니周防國 미타지리三田尻 쿠와야마桑山에서 번주가 작은 정자를 건축하려다 발견된 고분에서 많은 출토품이 나왔는데 이를 상세히 조사한 사이또齋藤貞宜가 위치도도 넣고 출토유물을 도사圖寫하고 자세한 설명을 붙여 『쿠와야마고분사고桑山古墳私考』를 남겼다(57쪽).

또 종래 알려져 있던 고분이나 횡혈橫穴에 대해서도 실지에서 조사하고 엄밀하게 기록을 하였는데(58쪽), 예로서 구루메久留米 출신의 야노矢野一貞는 34세 때 구루메번의 야노家에 들어가 학자로서 번내의 고분 그 외 유적 대부분을 조사하고 이에 대해 그림을 그리고 기록을 남겼다. 그의 대표적 저술『치쿠고장사군담筑後將士軍談』은 성관城館, 제택第宅 외에 부도附圖를 제시하고 있는 분묘, 비명 등의 자료들이 실려 있다는 점에서 고고학적 자료로서 귀중할 뿐만 아니라 "현재도 유적으로 중요시되고 있는 츠키노오카月ノ岡고분, 시게사다重定고분, 잇죠세끼히토야마一條石人山고분, 이와베야마岩戸山고분 또는 나베타鍋田횡혈, 나가이와長岩횡혈 등도 기술하고 있으며 거기에다가 벽화고분이나 벽화횡혈에서는 그 도면을 상세하게 그려놓고 있다. 고분의 고증에서도 뛰어난 것"이 많은 것으로 저자는 이를 반정磐井분묘 및 하니와고, 능묘고, 혈거고를 다루고 있는 그의『삼사도고三事圖考』라는 저술과 함께 "뛰어난 고고학의 연구서"(60쪽)로 평한다.

또 히타치쿠니常陸國의 나카야마 노부나中山信名(1787~1836)는 23세에 나카야마 아리무라中山有村의 양자가 되었는데 그가 편찬한『신편히타치쿠니풍토기新編常陸國風土記』에는 고적故蹟으로서 고성故城, 관적館跡 외에 각지의 고분을 풍부하게 소개한 분묘를 실었다(60쪽). 저자는 그의『분묘고墳墓考』에 대해 "일본묘제사개설日本墓制史槪說이라고도 말할 만한 명저"(61쪽)로 자리 매김을 하였다.

8) 산릉 조사

이 시기에는 고분에 대한 높은 관심과 함께 산릉 조사도 활발하게 전개되었다. 저자는 그 활동에서 주목할 만한 인물로 모토오리 노리나가(1730~1801)를 뽑는다. 그는 1772년(명화 9) 3월 5일에 야마토大和 지방의 산릉뿐만 아니라 고분에 대한 실견實見의 결과라든가 사찰에 대해서 기술한『관립일기菅笠日記』를 저술하였다(61쪽). 또 전방후원분에 대해 그의 "앞은 네모 뒤는 둥근"이라는 표현에 대해 저자는 "아마 전방후원이라고 이름을 붙인 최초의 착상"(62쪽)이 아닌가 생각했다.

저자는 기나이畿内의 산릉을 스스로 현지조사하며 "고분의 편년 등도 고찰한 것으로 일본 고분연구에서도 중요"(62쪽)한 『산릉지山陵志』를 저술한 가모 쿤헤이蒲生君平에 주목한다. 1768년(명화 5) 우찌노미야宇都宮에서 태어난 그는 미또水戸 학자 다찌하라立原翠軒 등으로부터 영향을 받았고 황폐된 능묘를 찾아 기나이를 3회 발로 돌아다녔다(63쪽). 저자는 이 『산릉지』가 고고학적으로 중요한 의미를 가지는 이유로서 "산릉의 형식상 변천에 입각하여 산릉의 신빙성을 논한 점에 있었다. 예를 들면 야마토의 관자산鑵子山을 코안천황릉孝安天皇陵으로 보는 설에 대해 이 고분은 궁차宮車의 형식을 가진 전방후원분이다. 그런데도 효령孝靈, 효원孝元 두 능은 아직 궁차의 형제形制를 따르고 있지 않은데 그것보다 먼저 코안천황릉이 이 형식일 수는 없다"(63쪽)는 논리를 제시하고 있다는 점을 들었다. 또 헤이죠천황릉平城天皇陵에 대해서도 "겐쇼천황릉元正天皇陵의 서북에 있는 큰 고분을 이것과 결부시키고 있는데 실지에서 보면 이 큰 고분의 형식은 궁차의 모양을 하고 남쪽으로 면하고 있으며 이중의 수로[堀]가 있다. 진도쿠천황릉仁德天皇陵 외에 이와 같이 굉장한 것은 볼 수 없다. 코닌光仁, 간무桓武, 진메이仁明천황의 여러 능이 모두 작은데 헤이죠천황릉만이 이렇게 클 리가 없다"(63쪽)는 논리를 제시하고 있다.

9) 묘지의 발견과 금석문 연구

저자는 이 시기 특징으로서 나라奈良시대를 중심으로 묘의 발견에 따라 묘지에 대한 기술이나 고증을 바탕으로 묘지류墓誌類가 등장하였으며 금석문 연구도 활발하게 이루어졌다(64쪽)는 점을 든다. 대표적인 금석문 연구로서 또우 테이칸藤貞幹의 『금석유문金石遺文』과 『육종도고六種圖考』와 『본방도량권형고本邦度量權衡考』, 『성덕법왕제설주聖德法王帝說注』, 『일본영이기고증

日本靈異記考證』 등을 저술한 가리야 에끼사이狩谷棭齋(1775~1835)의 『고경유 문古京遺文』(1823)에 주목하였다. 저자는 이러한 연구성과야말로 "당시까지 알려져 있던 전국의 금석문 관계 자료 130종의 집대성이었다"(65쪽)고 자 리 매김을 한다.

또 저자가 보기에 "새로운 기획"(66쪽)으로서 고명古銘 자료까지를 연표형 식으로 정리한 니시다四田直養의 『금석연표金石年表』(1614), 미토水戸의 사사 무네佐々宗惇 등이 정리한 것을 원본으로 하여 4권으로 구성한, 기나이畿内 의 종명鐘銘자료 및 170건을 집명集銘한 이찌카와 칸사이市川寬齋의 『금석사 지金石私志』 외에 오카자키 노부요시岡崎信好의 『부상종명집扶桑鐘名集』(안영 7) 이 있었다.

또 석비의 명문 등에 대한 고증도 활발하였다. 특히 우에노삼비上野三碑 중 다호비多胡碑에 대한 고증은 활발하여 여러 문제들을 제시하였다고 하 는데, 이 책에 의하면 다호비는 현재 군마현 다야군 요시이쵸群馬縣多野郡吉 井町에 있으며 가나이자와비金井澤碑, 야마노우에비山ノ上碑와 함께 우에노삼 비上野三碑로 유명하다고 한다(66쪽). 이것은 새롭게 다호군이 설치된 711 년(화동 4)의 변관부辯官符를 기록한 것으로 에도시대의 학자들은 탁본 등에 의거하여 그 명문을 고증하였다고 한다.

10) 여행기의 간행

저자는 이 시기에 들어서 교통이 편리하게 됨에 따라서 각지의 유적들을 조사·기록하는 활동이 활발하게 되었다는 점에 주목한다.

키우치木内石亭도 열렬한 여행가였으며 스스로 전국 가운데 30여 쿠니 國를 걸어서 실제로 돌을 접했다(70쪽)는 점에 대해서는 앞서 보았다. 그는 "그 장소에 지금도 가지 않은 농석가들"이라고 말할 정도로 현지에 가지 않고 책상 위에서 공론空論을 주창하는 사람을 경멸하였을 정도였다(70쪽).
모토오리 노리나가本居宣長도 『관립일기管笠日記』에서 산릉이나 고적의 역방歷訪에 관한 기사를 정리했다. 가모 쿤페이蒲生君平도 스스로 기나이畿內의 고분을 둘러보았다.

저자에 의하면 "고고학의 기록이 많은 점에서 특색이 있는" 『산취일기山吹日記』를 저술한 이나사 쇼우고奈佐勝皐는 "도쿠가와 막부에서 근무하고 있었는데 1786년 4월 16일 제자 타다지켄多田自健과 함께 에도를 떠나 후츄우府中, 카와코시川越, 후지오카藤岡로부터 진명榛明, 묘의妙義, 적성赤城을 지나 5월 20일 시모노 아시카下野足利학교에 가서 돌아오는 길에 관림館林, 홍노소鴻ノ巢, 대궁大宮을 거쳐 돌아와"(71쪽) 적은 여행기가 바로 『산취일기山吹日記』라는 것이다. 저자는 이 여행기에 대해 "고비古碑를 찾아 경통經筒 등을 탁본하고 고분이나 그 출토품도 주의하여 정성껏 기록한 일종의 고고학적 여행"(71쪽)으로 평한다. 일찍이 29세에 고향 미카쿠니三河國를 떠나 반평생을 도호쿠東北지방의 여러 지역을 걸어 수많은 여행일기를 남긴 것으로 유명한 스가에 마스미菅江直澄 즉 시라이 히데오白井秀雄는 이러한 일기에 고분출토의 구옥勾玉, 혹은 경통을 소개하거나 매물 가옥의 기사를 정성껏 적는 등 현재의 고고학연구의 자료로서 참고가 될 것이 적지 않다(71~72쪽).

3. 에도시대 말기

1) 시볼트(F.von Siebold)의 『일본』과 이또 케이스케伊藤圭介

19세기 중엽 전후에 외국에 일본의 고고학에 관한 것이 소개되고 있었는데 그 대표적인 것이 시볼트의 『일본』이며 거기에 고고학 관계의 자료를 제공한 사람은 그의 제자 이또 케이스케伊藤圭介였다(73쪽).

시볼트(F. von Siebold, 1796~1866)는 1796년에 남부 독일에서 태어나 대학에서 의학을 전공하고 1821년 그의 나이 29세에 일본에 와서 많은 제자를 양성했다. 저자는 그를 "일본근대과학사의 시작"을 연 사람으로 자리매김을 하면서 그의 지도를 받은 제자들이 명치의 과학진흥에 공헌한 것으로 평가(73쪽)하고 있다.

국민 및 국가, 신화, 역사 및 고고학, 미술, 종교, 농상공업, 에조蝦夷 등의 항목을 설정하여 일본을 소개한 『일본』에서는 인류문화의 발달에 석石시대, 청동시대, 철鐵시대가 있고 일본에도 석기시대가 있었다는 점을 석기 등의 자료를 통해 기술하고 있다. 시볼트는 여러 제자에게 과제를 내주고 이를 제출하도록 하였는데 고고학 관계는 이또 케이스케가 제출하였다고 한다(74쪽).

이또는 1803년에 나고야에서 태어나 본초학에 노력을 기울였으며 1829년 저술한 『서양본초명소泰西本草名疏』를 통하여 일찍이 일본의 석기시대에 관한 것을 해외에 알렸다. 또한 시볼트가 그의 저술 『구옥고』에서 4매의 그림을 싣고 일본의 구옥을 소개할 때 관련 자료는 이또 케이스케가 제출한 리포트에 토대한 것이었다(74~75쪽).

이또 케이스케는 구옥을 고찰할 때 『운근지雲根志』를 비롯해 『곡옥문답曲玉問答』, 타니카와 코토스가谷川士淸(1709~1776)의 『구옥고』도 참고를 하는 방법을 동원하였다(75쪽). 이렇게 볼 때 『일본』의 자료가 된 『운근지雲根志』와 함께 키우치 세끼테이木內石亭나 타니카와 등 선학의 노력이 중요한 역할을 하였다(75쪽). 1861년 막부에 임용된 이또 케이스케는 물산국物産局 교수와 동경대학 이학부 교수가 되었고 고세끼카와小石川식물원에도 관여하였다. 1873년에 편집한 『일본물산지日本物産志』에서도 석기에 관해 기록

하고 있다.

2) 능묘 연구

저자는 이 시기 근왕勤王사상과 함께 능묘에 대한 관심도 높아졌다는 점에 주목하였다. 그 결과 능묘에 대한 도굴도 나타났는데 1844년부터 1848년에 걸쳐서 세이무成務천황능, 스이닌垂仁천황능 등을 도굴하고 세이무천황능으로부터는 구옥 50개, 관옥管玉 다수가 도굴되는 사건이 일어났고 범인들은 발각되어 1852년에 체포되었다(75쪽).

이러한 사건으로 능묘가 훼손되자 1834년 미토가水戸家 9대 번주 도쿠가와 나리아끼齊昭는 산릉에 대한 수리를 막부에 신청하였고 1862년에는 우츠노미야宇都宮 번주 도다 타다히로戸田忠恕가 능의 수리 신청을 하였다. 이렇게 하여 우츠노미야번에서는 신릉수복의 허락을 받은 도다가 일문—門의 가로家老(다이묘, 쇼우묘 등 중신 : 필자 주) 마세와사부로우間瀬和三郎 즉 후의 도다 타다유키戸田忠至를 산릉봉사로 하여 경도의 공경公卿 등과 협의하여 1863년부터 진무神武천황릉의 수복을 비롯하여 산릉수복에 착수하였다(76쪽).

저자는 이러한 산릉 수복이 고고학의 역사와는 관계가 없을 지도 모르지만 능묘에 대한 실지조사와 고증을 하는 과정에서 고고학적 지식을 동원하여 그 능묘를 해석한다는 점에서 산릉조사와 수복의 학사적 의의를 제시하고 있다(76쪽). 저자는 이 시기 산릉 연구자로서 타니모리 요시오미谷森善臣(1818~1911), 히라츠카平塚瓢齋, 기타우라 사다마사北浦定政를 들고 있다. 이들 가운데 타니모리는 반노부또모伴信友의 문인, 국학·고전 연구자로서 일찍이 산릉을 연구하여 『연희제능식증주고延喜諸陵式證註稿』이외에 『산릉고山陵考』, 『제능징諸陵徵』, 『제능설諸陵說』 등의 편저를 남긴 인물로 소개되고 있다. 기타우라는 1817년 야마토쿠니 소에우라군添上郡 후루이치촌古市村 태생으로「평성궁대내리적평할도平城宮大内裏跡坪割圖」를 제작하고 일종의 측량차測量車를 발명하였으며『진무천황어릉고神武天皇御陵考』,『카시라하라릉고柏原陵考』,『내보산이릉고奈保山二陵考』를 남겼다. 1848년에는『타묵승打墨縄』에서 도면상 야마토 능묘의 위치를 표시하기도 했다. 히라츠카는 1794년에 야마시로국山城國 카츠야군葛野郡 주작촌朱雀村에서 태어나 대대로 경도쵸봉행京都町奉行의 여력與力이었기 때문에 마을의 봉행奉行(막부의 직할지의 행정사법을 담당 : 필자 주)으로 근무했다고 한다. 1854년『능묘일우초陵墓一隅抄』를 탈고했는데 이것은 요시야吉野에서 얻은 하나의 원고에 토대를 한 것이라고 한다. 친구들과 "산릉회山陵會"를 만들어 그 고증에 힘을 기울였는데『성적도지聖蹟圖志』를 저술하기도 했다(이상 78쪽).

에도에서 반노부모의 가르침을 받은 또모바야시 미즈히라伴林光平(1813~1864)는 1841년『카와찌국河内國능묘도陵墓圖』를 제작했으며 야마토의 능묘를 조사하여『야마토국능묘검고大和國陵墓檢考』를 저술하였다. 이 외에 카와지川路聖謨(1801~1868)는 1849년에『진무어능고神武御陵考』를 저술했다(78~79쪽).

이와 같이 막부 말기에는 특히 고고학 연구상 현저한 것은 없었다고 하더라도 산릉의 실지조사는 고분연구에도 연결되고 또 그들의 산릉에 대한 고증성과가 현재의 고대 산릉의 통제의 기초가 되었다는 점에서 학사상 잊을 수 없는 하나의 지위를 가진 것이었다고 저자는 그 역사적 의의를 말한다.

이상 에도시대 이전 일본 고고학사의 '전사前史'와 에도시대(초·중·말기)의 '고고학적' 경향에 대해 저자의 언급과 서술내용을 살펴보았다. 에도시대 이전에는 주변의 석기들을 인공물이 아니라 신 또는 번개와 같은 자연현상과 연결시켜 신비롭게 생각하거나 현실적인 문제를 해결하기 위하여 이용하였다. 그리고 주변의 패총에 대해서는 거인巨人이나 신神과 결부시키기도 하였고 고분에 대해서는 도굴 성행을 막기 위한 것이었다고 생각되는데 '해코지' 신앙과 결부시켜 보기도 하였다. 그럼에도 불구하고 저자는 이러한 관점 안에서 "학문적" 태도가 전혀 없었던 것은 아니라고 주장한다. 이러한 연속선상에서 에도시대에 호고好古사상과 국학 진흥에 따라서 지지地誌들이 편찬되기 시작하였다. 여기에 교통편의 발달로 지방문화를 조사하는 과정에서 고고학적 유적과 유물들에 대한 기술과 해석이 "일종의 학술적인 조사"의 형식으로 이루어졌고 도보圖譜들과 여행기들이 크게 간행되는 특질을 보였다. 저자가 기술한 에도시기의 '고고학적 유적과 유물'로서는 고분, 패총, 능묘, 석촉 등 석기류, 기와, 청동기, 석비石碑, 용범溶范, 횡혈, 금석문, 구옥勾玉 등이었다. 지역 주변의 이와 같은 고고학적 유적이나 유물에 대한 관심이 나타난 것은 이 시기 역사관이 이전과 달리 크게 달라지고 있었다는 것을 보여주는 것이다. 해당 지역의 역사를 국학의 영향으로 역사적 기록이 없었던 시기도 포함시켜 생각하려는 움직임이 나타나기 시작했다는 것을 보여주는 것이다. 이러한 움직임이 명치시기 서구학문의 영향을 받으면서 역사관에 또 한 번 큰 변화가 일어나게 되었다. 그러한 역사관의 변화는 고고학에 대한 관심을 크게 높여 하나의 학문으로서 고고학의 탄생까지 보게 되었다.

제3장

메이지明治시대의 고고학

1. 메이지시대 초기

1) 고고학의 일반 동향(1) : 문화재 보존과 박물관 건설

저자는 일본고고학사에서 고고학 "연구가 과학적인 궤도"(80쪽)에 올라 "학문적으로 하나의 독립적인 학과로서 처음으로 취급을 받아 발전한 중요한 시기"를 명치시기로 설정했다. 저자의 이와 같은 관점을 받아들이고 필자가 생각하기에는 '내적 유기적 연속성'이 인정될 수 있는 17세기 후반 이후부터 에도시대 말기까지를 고고학의 '전사'로 설정하는 것이 어떨까 생각한다. 저자는 명치시기를 초·중·말기로 세분한 후 아래와 같이 그 특징을 간략하게 기술하고 있다.

1868년부터 1885년까지를 명치 초기로 설정하고 미국의 에드워드 모스의 오모리大森패총 발굴 혹은『고물학古物學』의 간행 등으로 "이 학문(고고학 : 인용자 주)이 인식되고 얼마 안 있어 명치 중기 말기의 고고학계의 추진자이기도 했던 츠보이 쇼고로坪井正五郎가 동경대학 대학원에 입학하여 학문적으로 시작한 시기"(80쪽)로 보았다. 이 책에서 이 시기 일본 고고학의 토대구축에 중요한 역할을 한 인물로 모스와 츠보이 쇼고로를 들고 있다. 그 다음 1886년부터 1899년까지를 명치 중기로 설정하고 "이른 바 19세기 말기 츠보이의 동경인류학회東京人類學會 활동, 그리고 고고학회考古學會도 탄생하고 고고학이 인문과학의 하나로서 일반적으로 인식"된 시기로 파악했다. 그런데 명치 초기와 중기, 중기와 말기의 각 획기로서 1886년과 1900년을 설정한 이유는 분명하지 않다. 아마도 1894년 고고학회의 발족이 중요한 계기가 되었을 것으로 생각한다면 명치 말기는 1895년부터로 설정해야 하지 않을까 생각한다. 어떻든 저자는 1900년부터 1912년까지를 명치 말기로 설정하고 "러일전쟁이라는 큰 역사적 사건도 있었는데 고고학은 한층 과학적으로 연구되었고 그 성과도 차제에 정리되고 얼마 안 있어 다이쇼大正시기로의 발전 준비기"였다고 말한다.

명치정부는 "화혼양재"에 입각하여 서구의 학술제도와 사상을 도입하는데 적극적이었다. 국가신도를 수립하려는 명치정부는 지역 중심의 신사들도 포함하여 신사체계를 구축하고자 불교탄압에 나섰고 이를 위해 신불분리神佛分離와 폐불훼석廢佛毀釋 정책을 추진하였다. 그 결과 "고사古寺나 명찰名刹 그 외 보물 등이 분실되었다"(81쪽). 이에 정부는 이러한 정책의 궤도를 변경하여 1871년 5월 23일에 "고금古今의 시세時勢의 변천, 제도, 풍속의 연혁을 고증하고 … (중략 : 인용자 주) 유실훼손에 미쳐서는 애석한 일이니 각 지방에서 역세장저치거고기구물류歷世藏貯致居古器舊物類 품목세목은 물론 보전保全"하라는 태정관포고太政官布告를 냈다. 이로써 "고옥古玉, 보물의 부部로서 곡옥, 관옥 등, 석노石砮, 뇌부雷斧의 부로서 석노, 뇌부, 벽력침霹靂碪, 석검, 천구天狗의 반시飯匙, 고경, 고령古鈴의 부로서 고경, 고와古瓦 등을 포함하여 그 보존"(81쪽)에 힘을 기울이는 방향으로 나아갔다.

한편 1871년에 문부성에 박물국博物局이 설치되었고 그 다음 1872년에는 유시마성당湯島聖堂의 대성전大成殿에서 박람회가 개최되어 그 후 박물관 건설에 대한 논의가 전개되었다. 참고적으로 후쿠자와 유기치福澤諭吉에 의하여 그의『서양사정西洋事情』에서 서구의 museum이 "박물관(하쿠부츠칸)"으로 번역된 후 이 용어가 일반화되기 시작하였다. 그 후 유시마성당의 대성전에서 열린 박람회가 상설이 되었고 박물관 관련 행정도 이 박람회사무국에서 이루어졌다. 당시 이 사무국에 재직한 마치다 히사나리町田久成, 니나카와 노리타네蜷川式胤 등은 대영박물관과 같이 도서관을 포함한 대박물관 건설을 구상하고 1873년에는 박람회사무국에서 태정관 앞으로 보낸 서류에는 우에노공원上野公園이 최적임을 건의하였다.

한편 1875년에는 박람회사무국을 박물관이라 개칭하여 내무성 소속으로 하였고 1877년부터 우치야마시타內山下의 박물관을 연일 개관하였으며 같은 해에 내국권업박람회內國勸業博覽會가 개최되었다. 1878년부터는 이 박람회의 건물터에 박물관을 건설하고 1881년에 준공했다. 이것과 함께 농상무성農商務省으로 이관되어 1882년 3월 20일에 개관식이 이루어졌다 (이상 82쪽). 이 책에서 일본 근대박물관의 역사에 대한 기술은 고찰이 미흡한 결과인지 소략하다는 느낌을 받는다. 이에 대한 보다 상세한 것에 대해서는 필자가 번역한『일본근대 국립박물관 탄생의 드라마』(민속원, 2008)를 참조하기를 바란다.

개인적으로 지지가 간행되었다는 것에 대해서는 앞 장 에도시대 부분에서 언급하였는데 명치시기에 들어서서는 공적인 기관에서 그것에 대한 편찬사업이 이루어졌다(82쪽)는 점이 양자 간 차이라고 말할 수 있을 것이다. 1872년에는 태정관정원太政官正院에 역사과歷史課와 함께 지지과地誌課도 생겼는데 1874년에 내무성지리국內務省地理局으로 옮겨져 전국의 고분묘나 옛 터 등의 자료도 수집되었다(82쪽).

또 1876년에는 태정관포고로 제정된 "유실물법취급규칙遺失物法取扱規則"

가운데 특히 "대체로 관사官私의 땅 안에 매장물을 발굴해 얻은 자는 이를 관官으로 보내고 지주地主와 이야기를 해야 한다. 단 주인이 분명한 경우나 도난에 관계된 것은 이에 해당되지 않는다"(제6조)라고 규정하고 특히 내무성훈령內務省訓令으로 박물관으로의 귀속에 대한 규정을 분명히 했다(83쪽). 이로써 정부가 매장물의 발굴과 소속 등 처리에 대해 관여함으로써 국가가 문화재에 대해 적어도 관리권을 소유하게 되었다고 말할 수 있다.

유물과 유적에 대한 정부의 관여는 근대국가의 한 특징으로 볼 수 있는데 일본역사에서 그것은 제정된 관련 법령을 통해서 엿볼 수 있다. 그런데 이 책에서는 이 부분에 대한 기술은 소략한 편이다. 따라서 필자 나름대로 일제가 조선을 강점한 1910년 8월 이전과 그 직후 일본 국내의 자국문화의 보존을 위한 법적 체계 구축현황을 간략하나마 요약 정리해 보면 다음과 같다. 일제가 조선에서 식민지고고학을 운용하면서 제정한 관련 법령은 1916년 7월의 「고적 및 유물보존규칙」(전체 8조)과 1933년 8월의 「조선보물고적명승천연기념물보존령」 뿐이었다. 그것도 전자의 경우는 유물반출금지에 관한 것이 아니었고 후자의 경우에서도 보물에 한해서 반출을 금지하고 있었을 뿐이었다. 결국 발굴에 의한 출토유물의 반출을 금지하는 법은 운용되지 않았다. 이를 통해 '일본 국내의 고고학과 식민지고고학의 차별적 운용'을 확인할 수 있다.

① 「고기구물보존방古器舊物保存方」(태정관포고, 1871년)
② 「태정관달太政官達 제59호」(1874년 4월 27일)
③ 「유실물취급규칙遺失物取扱規則」(태정관포고 제56호, 1876년 4월)
④ 「태정관포달갑太政官布達甲 20호」(1877년 9월 27일)
⑤ 「인민 사유지내 고분 등 발견 시 신고방법人民私有地内古墳等發見 / 節届出方」
   (궁내성달을宮内省達乙 제3호, 1880년 11월)

⑥「유실물법遺失物法」(법률 제87호, 1899년)

⑦「학술기예 혹은 고고자료가 될 만한 매장물취급에 관한 훈령學術技藝
若ハ考古資料トナルヘキ埋藏物取扱ニ關スル付訓令」(내무성훈령 제985호, 1899년)

⑧「매장물 발굴 시 동경제국대학 직원 휴대 귀학歸學의 건 훈령」(내무성훈
령 제655호, 1908년)

⑨「사적명승천연기념물보존협회」, 남규문고南葵文庫에서 설립(1911년 12월)

2) 고고학의 일반 동향(2) : 도록 간행과 구로카와 마요리黑川眞賴

역사관의 변천에 따라 역사학은 발전되어 간다. 에도시기의 유물과 유
적에 대한 조사와 연구의 전통을 이어받고 명치 초년의 "복고적復古的 정
신"(83쪽)에도 부합하면서 역사학 연구가 활발하였다고 본 저자는 특히 명
치천황이 1869년에 육국사六國史 이래의 수사修史 사업 추진 명령에 따른
국사편집국의 설치, 1875년 수사국修史局으로 그 확대에 주목하였다. 국
가가 주도한 역사편찬의 기반 구축을 통해서 정부의 입장이 반영된 역사서
발간이 기대되었다. 한편 1877년에 동경대학 법리문학부가 개성학교開成
學校를 모태로 창설되면서 문학부에 사학, 철학, 정치학이 제1과에 설치되
었다. 이렇게 됨으로써 명치정부와 동경대학 간 역사편찬의 방침과 실천
즉 정부의 정치이념이 대학의 역사연구를 통해 구현된 결과가 역사서 편찬
으로 이어지고 국민을 대상으로 역사교육이 전개되는 구조가 만들어지고
있었다.

이 시기 유적 및 유물에 비추어서 일본 역사를 고찰하려는 기운이 여전
히 "사학계에서도 면 감"(83쪽)이 있었고 "이 사이 도록적인 것이 3종 정도
발행"되었다는 점에 저자는 주목할 만하다고 말한다. 그 3종의 도록을 간
략히 소개하면 다음과 같다. ① 토우, 죠몬식繩文式토기, 대도환두大刀環

頭, 환령環鈴, 토우, 구옥, 거울 등을 목판인쇄와 함께 출토처를 간단하게 언급하고 있는 요코야마横山由淸의 『상고도록上古圖錄』(1,2편. 1871년) ② 같은 체재의 대형판으로 석봉, 구옥, 칼의 환금구鐶金具, 궐수도蕨手刀, 하니와, 장식 붙은 스에키須惠器(고분~헤이안시대의 청회색을 띠는 높은 온도에서 구워낸 도자기, 『日本考古學事典』, 三省堂, 2002, 필자 참조), 마령馬鈴, 거륜석車輪石(시야린세키-고분시대 벽옥제의 팔찌의 일종, 『日本考古學事典』, 三省堂, 2002, 필자 참조), 토탑土塔 등도 소개하고 있는 마츠우라松浦武四郞의 『발운여흥撥雲餘興』(1집은 1877년, 2집은 1882년 간행). 저자는 이 도록에 대해 "모두 자신이 수집한 것"이지만 체재를 보면 "1828년의 『매원기상梅園奇賞』 등의 계통을 잇는 것으로 특별히 신선미는 없었다"(84쪽)고 평가한다. 그러나 ③ 고대의 토사기土師器나 스에키須惠器에 대해서도 멋진 목판인쇄로 저술하고 토기의 제작기술을 서술하며 신라, 고구려, 백제의 도기에 대해서도 실물에 토대하여 설명하고 있는 니나카와蜷川式胤의 『관고도설觀古圖說 도기지부陶器之部』(1876년 3월부터 동 10년 12월에 걸쳐 간행)(83쪽). 특히 1877년에는 이 도록에 대한 프랑스어의 해설서가 간행되어 일본의 고대 토사기土師器, 도기를 널리 해외에 소개하는 데 역할을 했다고 저자는 평한다.

저자는 명치 초기의 고고학적 업적으로 구로카와의 『상대석기고上代石器考』(1879)를 뽑는 이유로 우선 제목부터 "고고학적"이며 거기에 박물국 장판藏版이며 "박물총서"라는 총서명이었다는 점을 든다. 이를 구체적으로 보면 석검, 석첨石鑯(실은 거륜석) 석소도石小刀, 석촉, 석부, 석착石鑿, 석참石砧(실은 석봉), 석시수石匙首 등에 대해 석검에서 석촉에 이르기까지의 것을 병기兵器, 석부로부터 석시수石匙首까지의 것을 일용의 기재로 분류하였다(84~85쪽). 그리고 태고에서 상고까지 일반적으로 사용한 석기재는 이러한 것들이라고 설명하고 있는데 저자는 "그 가운데 석소도라는 것은 실은 현재 말하는 독고석獨鈷石"이라고 부가설명을 하고 있다.

또한 이 책은 고증에 있어서 "그 용례에 대해 외국의 것과 비교"하는 방법을 취하는 등 발전한 모습을 볼 수 있다고 하면서 종래 석검두 또는 검두劍頭라고 생각되고 있던 고모치구옥子持勾玉(비교적 큰 구옥에 작은 구옥을 붙인 것-필자 주)을 구옥류로 간주한 것은 당시로서 탁견이었다고 저자는 주장한다. 그러나 방법에 있어서 "궁극적으로 『고사기』나 『일본서기』 등 문헌의 예를 풍부하게 사용하고 오히려 고전을 주된 내용으로 한 것"이었지만 전체적으로 보면 "에도시대의 일부 학풍으로부터 탈각하지 못하였다"(85쪽)는 방법상의 문제를 안고 있다고 저자는 본다.

또 저자는 같은 시기 『박물총서』의 하나로서 구로카와의 『혈거고穴居考』에 주목하면서 제목도 고고학에 비추어 "매력적"(85쪽)이라고 말한다. 그러나 이 책은 유적을 중점적으로 다룬 것이 아니라 고전에 나타난 "소서혈주巢棲穴住"나 "토지주土蜘住"나 "국소國巢" 등에서 고대의 혈거를 고증한 것(85쪽)이었다. 저자는 이 책이 일본고고학사에서 "얼마 안 있어 명치 중기 초반 츠보이 쇼고로에 의하여 요시미吉見百穴의 요코다테橫穴의 종류를 혈거터로 자리 매김하는 데 영향을 끼친 것"으로 보았다. 또 1877년에 저술한 『공예지료工藝志料』에서도 석공石工, 도공陶工 등을 기술하고 석공 부분에서는 석관, 석곽에 대해서도 언급하였는데 "역시 고전에 의존한 것에 지나지 않고 직접 (고고학 : 필자 주) 자료를 이용하지 않았다"(86쪽). 한 가지 필자에게 눈에 띄는 것은 아마도 "공예"라는 용어가 일본이 1871년 오스트리아 빈 만국박람회에 출품한 이후 책 제목에 처음 사용된 것이 아닌가 생각되며 이 때 그 공예의 의미에 대해 일본미술사 관련 연구 성과를 살펴보니 구로카와의 『공예지료工藝志料』가 일본미술사적인 측면에서 "각지의 가마터 조사 등 실증적인 현지조사를 한 점"(『美術の日本近現代史-制度·言說·造型』, 동경미술, 2014, 97쪽)에서 주목을 받고 있다.

그렇다면 고증에 고고학 자료를 이용한 것은 언제부터인가라는 의문에 저자는 「일본풍속설」을 뽑고 있다. 그 이유는 그 발표연월이 분명하지 않지만 고대의 풍속에 대해 하니와를 재료로서 고증하고 있기 때문이라고 한다.

그러나 저자는 명치 초기의 고고학 동향에 대해 츠보이 쇼고로에 의해 1886년 2월 초기에 간행된 『인류학회보고』 제1호에 실린 시라이 미츠타로白井光太郎의 글을 인용하여 당시 이른 바 호고학자好古學者들의 고찰 방법이 "오로지 서적과 사전師傳에 의존"하고 "실지실물에 대한 고찰이 매우 희박하다"(87쪽)고 보았다. 따라서 결론적으로 명치 초기에는 "에도시대의 뿌리 깊은 전통"(87쪽)으로부터 크게 벗어날 수 없었다.

그렇지만 저자는 이러한 경향에 변화의 계기가 된 것으로 1877년 『고물학古物學』의 간행을 든다. 그것을 계기로 "고고학이 하나의 학문으로서 과학적인 궤도"(87쪽)에 오르기 시작하였다고 주장한다. 그러면 저자가 언급한 『고물학古物學』은 무엇인가. 필자가 생각하기에는 서구의 archaeology를 "고물학"으로 번역하였고 고고학이라는 용어가 나타나기 전까지에는 고물학으로 통용되고 있었던 것으로 생각된다.

3) 『고물학古物學』과 『일본대고석기고日本大古石器考』 간행

저자가 "일본의 학문전반에 있어서도 고고학상으로도 잊을 수 없는 해"(87쪽)로서 1877년에 주목하는 이유는 바로 이 해에 동경대학이 개성학교와 의학교의 합병으로 창설되어 전자가 법학부, 이학부, 문학부로 후자가 의학부로 발족하였을 뿐만 아니라 명치정부는 서구의 학문을 적극적으로 도입하여 과학진흥에 힘을 기울이고자 천문학, 지질학, 물리학, 화학, 건축학, 농학 등에 걸친 것을 번역한 『백과전서』가 문부성에서 발행되었기 때문이다(이상 88쪽). 한편 1877년 2월 간행된 『고물학』이 1871년 독일에 유학하고 1874년에 귀국한 유기화학자 시바다柴田承桂에 의하여 번역되었

다. 이 때 이 archaeology를 "오래 전의 유적유물에 근거하여 상고上古의 연혁, 역사적 기록을 연역演繹"(89쪽)하는 학문을 칭하여 처음으로 고물학으로 번역되었다.

저자는 본래 Notes on Ancient Stone Implements of Japan으로 된 것을 1884년에 간다 코헤이神田孝平에 의하여 간행된『일본대고석기고日本大古石器考』에 주목한다. 1886년에 이것은 다시 그림을 제외하고 일문으로 간행되었다(90쪽). 1838년에 미노쿠니美濃國에서 태어난 간다 코헤이는 네덜란드학을 배우고 1862년 33세 때 막부의 번서조소蕃書調所에 들어가 번역 등에 관여하였던 인물이다. 그 책에서는 "석판 인쇄의 도판圖版을 주로 하여 석촉, 천구 반시飯匙, 뇌부雷斧, 석검, 석검두石劍頭(실은 고모치구옥) 등을 설명하고 특히 곡옥, 관옥 등도 서술하며 각각 형식, 특징, 재질을 설명"(91쪽)한 것이다. 또 간다는 "고물 가운데 가장 오래된 것은 석기이며 석기 중에서도 가장 오래된 것은 벽성劈成류(Chipped Stone Implements)라고 보고 다음은 마제류(Polished Stone Implements)라고 보았다. 또 고분에서 발견된 석기는 두 종류가 있다고 보았는데 하나는 정량품精良品, 또 하나는 장의품葬儀品이다. 전자는 곡옥, 관옥, 초형석鍬形石, 거륜석 등으로 그 사람 생전에 사용하였거나 혹은 애완한 것을 매장 시 관 안에 넣은 것이고 후자 즉 장의품은 석부, 착석鑿石류로 매장 시 돌로써 임시로 만들어 장의를 정리하는 데 사용한 것으로 생각"(91쪽)하였다.

이 책에 대해 "일본 석기시대유물도圖가 아니라 양화洋化된 혹은 서양취미를 다분히 받아들인 일본 신대석도보日本神代石圖譜"(91~92쪽)라는 기요노清野謙次의 평가에 대해 저자는 "혹평"이라고 보고 다음과 같이 평가한다.

명치 초기에 모스의 오모리패총 조사나 보고서, 번역된『고물학(古物學)』또는 외국인에 의한『고고설략(考古說略)』그 외 외국인 학자의 활동이 왕성한 때 그가 감히 영문에 의한 일본석기 해설서를 발표한 것은 일본인의 업적으로서 의의가 있었다. 확실히 그의 석기에 대한 취급은 여전히 에도시대의 연구학풍도 있었다. 그런데 이것은 이 시기 일본 고고학의 전반적인 유치함에 원인이 있는 것이다. (92쪽)

4) 모스의 오모리패총 발굴

저자는 "명치 초기의 일본 고고학사에서 가장 중요한 하나의 일"(92쪽)로서 모스의 오모리패총 발굴을 뽑는다. 그가 일본에 오기 전까지의 경력을 보면 1938년에 미국 메인주의 포트랜드에서 태어나 보통교육을 받은 후 지역의 철도회사에서 제도원이 되었는데 얼마 후 하버드대학에서 동물학자 아가시즈(L. Agassiz) 밑에서 논문에 필요한 도면 등도 도우면서 동물학을 배웠다(92쪽). 특히 완족류腕足類에 관심이 있던 그는 1877년 6월 17일에 그 연구를 위해 요코하마에 상륙한 후 동경으로 가는 도중 기차 안에서 오모리패총을 발견하였다. 그에게는 이미 메인주나 매세츠세츠주에서 패총을 발굴한 경험을 가지고 있었다. 이 해에 마침 동경대학에 이학부와 생물학과가 설치되었고 모스에게 강사의뢰가 왔고 이에 9월부터 강의를 시작하였다(93쪽). 오모리패총의 발굴상황을 보다 구체적으로 보면 9월 16일 일요일에 조수 마츠무라松村任三 및 마츠우라松浦佐用彦 등과 함께 선로를 따라 오모리패총을 방문한 지 얼마 후 10월, 11월에 수시로 발굴을 하였는데 당시 지주에게 50엔의 사례금을 지불한 데에서 매우 넓은 면적이었을 것이고 완전 토기가 50개나 발견되었다(93~94쪽).

저자에게 비친 모스는 단순한 동물학자가 아니라 시야가 넓은 학자로 더욱이 도기에도 흥미를 가지고 있던 사람이었다. 후에 도기 수집을 목적으로 일본에 온 것도 그것을 말해 주는데 이렇게 된 것은 패총을 발굴해도 패총의 수집에만 집중하지 않고 토기, 석기 등 모든 출토품에도 세심한 주의를 기울였기 때문이다.

그는 1878년 6월 2일에는 동경대학에서 일본의 고물애호자들을 대상으로 오모리패총에 대한 강연을 하는 자리에서 구석기시대, 석기시대, 청동시대, 철기시대의 각 시대도 언급하여 청중에게 고고학의 새로운 지식을 제공하였다(94쪽).

단지 패총을 발굴하여 유물을 채취한 것뿐만 아니라 이것에 관한 그의 성과가 1879년 동경대학 법리문학부 이과회집理科會輯 제1질로서 영문으로 정리되었다. 같은 해 12월에는 야다베矢田部良吉가 구역口譯하고 테라우치寺内章明가 필기하여 일본문장으로 『대삼개허고물편大森介墟古物編』으로 간행되었다. 저자는 이러한 그의 업적에 대해 "토기, 골각기, 석기, 조개류 등의 출토품은 하나하나 세세히 묘사되어 있고 현재도 자료로서 유용하다. 일본에서 고고학의 정리된 보고서로서는 최초"이며 "그 후 보고서의 기준을 보여줌과 동시에 패총연구 더 나아가 일본의 죠몬시대 연구에 크게 기여"(95~96쪽)를 한 것으로 평가한다.

그러나 이 보고서에서 인골편의 발견과 관련하여 "식인食人의 풍습이 있었다"(96쪽)는 모스의 언급에 대해 비판이 있었다. 저자는 이러한 비판에 대해 "영국 선교사가 선동한 것 같다. 특히 그 배경에는 동경대학에서 외국인 계통의 파벌이나 모스 진화론에 대해 불쾌한 생각을 가지고 있었던 것 같다. 여전히 모스의 진화론에 대해 당시 일부 사람들 사이에 일본인적 사상으로 반대론자가 있었다"(96쪽)라고 생각한다.

또 모스는 1885년에 『일본의 주택 및 그 환경(Japanese Homes and their surroundings)』을 간행하였는데 "이것은 의외로 알려지지 않았지만 당시 일본인의 생활을 아는 데 귀중한 것"(96쪽)이었다.

5) 외국인 학자의 활동

앞서 언급하였듯이 저자는 일본의 고고학이 학문으로서 인정받기 시작한 것은 1877년 이후이며 거기에는『고물학』의 간행이라든가 모스의 오모리패총의 발굴 등이 영향을 끼쳤다(97쪽)라는 점에서『고물학』의 원서는 분명하지 않지만 외국인 학자가 저술한 것과 같이 일본 고고학의 과학적 발달에 외국의 영향이 있었다는 것을 솔직히 인정하지 않으면 안 된다고 말한다.

(1) 어니스트 사토우(Ernest Satow, 1843~1929)

츠보이 쇼고로와 더불어 동경인류학회 창립 등 일본 인류학의 토대 구축에 노력한 시라이白井光太郞는, 츠보이와 함께 동경인류학회의 창립에 노력한 영국의 외교관이기도 하였던 어니스트 사토우에 대해 그의 "우에노쿠니上野國 세다군勢多郡 오무로촌大室村 고분(1878년 후타고야마二子山에서 발견)에 대한 기록을 검토하며 읽어보니 그 도설圖說이 자세하고 우리나라(일본 : 인용자 주)의 고전을 인용하여 그 설을 증명"하고 있으며 "외국인의 우리나라(일본 : 인용자 주) 사실에 대한 탐구가 자세"하다고 평하였을 뿐만 아니라 그의 자극을 받아 "일본의 젊은 학생들이 분발하려고 했다"(97~98쪽)고 저자는 말한다. 그의 글은 그 고분에 대한 실지조사 결과를 아시아협회 기관지에 발표한 "우에노쿠니上野國에 있어서 고대 다카츠카高塚분묘"였다(103쪽).

(2) 시볼트(H.V. Siebold, 1852~1908)

저자는 또한 외국인 학자 가운데 시볼트의 차남 시볼트(H.V. Siebold)가 남긴『고고설략考古說略』을 "고고학 일반을 기술함과 동시에 일본 고고학이 나아가야할 방향"(98쪽)도 제시한 것으로 말한다. 또 그는 1879년에 영문으로 발표한『일본고고학(NOTES ON JAPANESE ARCHAEOLOGY WITH SPECIAL REFERENCE TO THE STONE AGE)』의 각 장을 석기 및 석제 무기 일본의 고분, 동굴, 고대토기 패총, 돌로 만든 장식품 및 청동기, 토우 등으로 나누고 출토 토기문양은 아이누 문양과 관계가 있으며 패총을 남긴 사람은 아이누의 조상이라고 생각했으며 "일본의 석기시대 사람을 아이누 조상이라고 간주"(99쪽)한 오래된 문헌(98~99쪽)으로 주목했다. 참고로 그의 아버지 시볼트는 『일본』에서 일본의 석기시대를 처음으로 외국에 소개하였고 그의 아들은 처음으로 일본고고학의 체계를 처음으로 해외에 소개하였다(100쪽).

(3) 존 미룬(John Milne, 1850~1913)

저자는 영국의 지질학자로 1876년 일본 공학료工學寮(공부工部대학교)의 초빙을 받아 지질광산학을 가르친 존 미룬을 고고학상으로 북방문화의 해명에 노력한 인물로 평가한다. 에모토 다케아키榎本武揚는 1878년에 홋카이도 오타루시小樽市 테미야手宮 동굴 조각을 보고 동경대학에 보고했는데 미룬은 그 곳을 방문하여 모사도模寫圖를 제작하고 아울러 부근의 패총을 찾아 이를 발굴하여 「오타루 및 하코다테 발견의 석기-일본에서 선사유적에 대한 2~3가지 기술과 함께」라는 글을 아시아협회의 기관지 Transactions of the Asiatic Society of Japan에 발표하였다(100~101쪽).

저자에 의하면 미룬은 그 글에서 "그 조각은 중국의 고자古字와 유사하다는 생각, 승려의 전기傳記가 아닌가 하는 생각, 음경陰莖의 형태를 하고 있다는 생각, 사람 및 동물의 형태를 하고 있다는 생각, 고고가考古家에 대한 오늘날 사람들의 악희惡戲라는 생각 등이다. 더욱이 이 조각은 이 지방의 패총 및 여러 종류의 석기를 남긴 인민의 소유가 아닐까 하는 생각이 들고 과연 그렇다면 이것을 만든 사람은 아이누일 수도 있을 것"(101쪽)이라고 생각했다는 것이다. 그는 또 이 조각을 다음과 같이 해석하기도 했다고 한다.

이것은 아마도 석기시대의 사람들에 의한 것이었을 것이다. 조각은 한편에서 시작하여 다른 쪽으로 읽어가는 듯한 성질의 것이 아니라 전체로써 어느 사물을 기념한 것이라고 생각할 수 있다. 많은 경우 머리가 없는 사람의 모습으로 즉 많은 사람들이 죽은 것을 나타내고 많은 인골들이 발견된 점에서 혹은 전사하기도 한 사람들을 합장한 것인지 모른다. (101쪽)

이와 같은 그의 해석에 대해 일본인 학자에 의해서 "투르크문자"라는 설과 위작설이 제기되기도 하였는데 "현재는 후곳뼈 동굴이 발견되어 위작설은 일축"되었고 "상징적이고 주술적인 조각"으로 보는 방향으로 기울었다. 저자는 이 점에서 "일찍이 어느 사물을 기념하기 위해 조각한 것"이라는 미룬의 설은 "탁견"(101~102쪽)이었다고 평가했다.

저자는 미룬의 두 번째 일본 고고학상 업적으로서 "오모리패총의 논쟁이나 그 사용자에 대한 고찰"(102쪽)을 뽑는다. 모스는 이 패총의 사용자로 아이누 거주 이전 이른 바 "프레(pre)아이누"라고 생각하였는데 그는 아이누라고 보았고 모스는 패총의 연대에 대해 언급을 하지 않았지만, 미룬은 에도江戶의 고지도를 참조하여 1년간의 평균 융기 기수基數를 산출하여 반半 마일의 해안선 융기에 필요한 연수를 생각해 "지금부터 2,640년 이전"이라고 보았다(102쪽).

또 그는 1881년에 영국의 The Journal of the Institute of Great Britain and Ireland(Vol. X. 4)에 발표한 "STONE AGE IN JAPAN"에서 "큐슈의 패총출토의 토기에 대해 언급하고 일본에서는 남쪽에서 북쪽까지 동일 종류의 석기시대 유적이 있다는 점도 기술"하고 있다(103쪽).

(4) 윌리엄 고우랜드(William Gowland, 1843~1922)

윌리엄 고우랜드는 영국의 화학자로 화폐사업의 고문으로서 1872년에 일본의 초빙을 받아 1888년까지 체류하면서 일본의 고분에도 관심을 보여 오사카, 나라奈良지방은 물론 각지를 돌아다니며 고분의 외형이나 출토품을 자세히 관찰하였다(103쪽). 그는 귀국 후 영국에서 그 동안 조사한 고분에 대해 발표했다. 특히 그는 일본 체류 중 1884년에 조선을 방문하여 중부 및 남부를 여행하고 지석묘나 고분출토의 토기, 석기유적 등을 조사한 성과를 "Dolmens and Antiquities of Korea"(The Journal of the Institute of Great Britain and Ireland Vol. 3, 1895)에 발표하였다. 저자는 그를 "직접 일본고고학사와 관계없지만 조선 고문화古文化 연구에 가장 이른 시기의 학자 가운데 한 사람"(104쪽)으로 평가한다.

다만 필자는 저자의 위와 같은 접근방법이 지성사적으로 보완할 필요가 있다고 생각한다. 일본 국내의 일본인 학자들에 대한 기술에서는 해당되는 그 사람에게 영향을 끼친 사람에 대해서도 언급을 하면서 외국인의 경우에는 그와 같은 기술방법이 아니다. 따라서 앞의 사토우, 시볼트, 미룬, 고우랜드에게 영향을 끼쳤던 해당 국가의 학문적이거나 개인적인 생활사를 조사·기술하여 크게 보아 일본의 고고학사에 끼친 외국의 영향을 언급할 필요가 있다고 생각한다.

6) 유적, 유물에 대한 관심

모스의 오모리패총 발굴은 국내의 일본인 학자들에게도 영향을 끼쳤다. 저자에 의하면 1879년 오모리패총 발굴에도 참여한 경험이 있는 사사키 츄지로佐々木忠次郎, 이이지마 이사오飯島魁 등이 이바라기현 가스미카우라연안霞ヶ浦沿岸의 오카다이라陸平패총을 발굴하고 그에 대한 보고서를 영문 오모리패총 보고서와 같은 체재로 발간하였다(105쪽). 사시키는 그 후 1881년 코마바농학교駒場農學校의 조교수가 되어 곤충학을 담당하였고 1891년에는 농과대학교수가 되었으며 이이지마는 동물학 전공으로 동경제국대학 생물학과를 졸업하고 유학을 다녀온 후 교수가 되었다. "기생충학"(105쪽)을 개척한 인물로 평가되고 있다.

저자는 몇 가지 예를 통하여 이 당시의 유물 및 유적에 대한 관심 수준이 어떠하였는가를 보여주고 있다. 『호고잡지好古雜誌』(1881년 발행. 초편, 제6호)에 실려 있는 카베加部嚴太의 「고기물견문 기록古器物見聞の記」에서는 후에 대만총독부 학무국장도 지내는 이자와 슈지伊澤修二, 고또 마키후토後藤牧太 두 사람이 "고기물古器物 여러 종을 함께 소장하고 있다는 것을 알고 어디에서 얻었는가를 조사하여 이러한 유물들을 모사模寫·소개한 것"으로 다음과 같이 구체적으로 그 정황을 소개하고 있다.

> 이자와 슈지의 동생 노부미츠로(信三郎)는 8월 27일 죠소쿠니(上總國) 야마베군(山辺郡) 히가시가네촌(東金村)에서 사와촌(佐和村)에서부터 대략 10여 정(町) 거리의 히라야마촌(平山村) 자주리대(字主理臺)라는 곳이라고 확신하고 돌아서 그 곳에 도달했다. 마침 여러 명의 토공(土工)들이 패총을 파고 여러 마리의 말에 실어 운반해 갔다. 그는 거기에서 유물을 채집하고 28일에 동경으로 돌아와 문부성 소서기관(少書記官)이었던 형 이자와 슈지에게 보여주었다. 이자와 슈지는 친구 고토(後藤牧太) 등과 함께 그 다음 날 29일에 현지에 갔다. 그 후 군서기나 호장(戶長)과도 연결을 하여 지주로부터 출토품을 받아 돌아왔다. (105~106쪽)

또 사또佐藤弘毅는 무사시쿠니武藏國 쿠로이와촌黑岩村의 혈거穴居를 발굴하여 "철촉鐵鏃 수십 개, 재옹齋瓮 등의 파편"(106쪽)을 획득했고 앞의 『호고잡지好古雜誌』에 「무사시쿠니 쿠로이와촌고기물발견기發見記」를 발표하였다(107쪽). 거기에서 『고물학古物學』의 영향을 받아 횡혈橫穴을 혈거穴居로 보았는데 저자는 이를 "탁견"이었다고 평한다. 그리고 이 시기에 몇 가지 중요한 유물의 발견이 있었는데 1872년 구마모토현 다마나군玉名郡 에다촌江田

村 후나야마船山 고분이 발견되어 관冠이나 상감명象嵌銘이 있는 칼몸 그 외 풍부한 유물이 나왔다(107쪽).

7) 츠보이 쇼고로坪井正五郎의 활동

그의 아버지는 막부의 의사였던 츠보이 노부미치信道. 시즈오카에서 의사 집안에서 성장한 그는 "어렸을 때부터 인체해부라든가 동실물이나 금석에 관한 것을 듣고 자랐으며 해부실을 엿보기도 하고 식물원에 놀러가기도 하고 개구리를 잡기도 하고 돌을 줍기도"(109쪽) 하였다.

오모리패총 발굴 시 그의 나이 14세, 동경대학 예비문豫備門에 입학하였을 때이고 오모리패총 발굴에 자극을 받아 1879년 11월의 사사키 쥬타로佐々木忠太郎의 강연을 듣기도 하였다. 저자는 "그의 학문적 성장의 맹아에는 모스의 영향이 있었던 것은 당연"(109쪽)하다고 본다. 그러나 "표면적으로는 그는 모스의 영향을 높게 평가하지 않고 또 그(모스 : 인용자 주)의 학문적인 공헌에 대해서도 적극적으로 소개하고 있지 않은 것 같다"(109쪽).

츠보이는 1881년 18세에 동물학 전공을 위해 동경대학 이학부에 입학, 동기로서 시라이 코타로白井光太郎가 있었고 1883년에 처음으로 후쿠게 우메타로福家梅太郎와 함께 「토기총고土器塚考」(『東洋學藝雜誌』 19)를 발표했다. 토기총은 그 당시 토기의 파편이 존재하고 있는 유적으로 패총과 구별되고 있었다.

그는 1884년에는 동물채집을 위해 호쿠리쿠北陸에 여행하고 그와 함께 노또能登에서 츠카아나塚穴를 발견하였다. 츠카아나는 당시 고분의 횡혈식 석실橫穴式石室이 개구되어 있는 것을 그렇게 부른 것이다.

8) 야요이식토기의 발견과 인류학회 창립

1884년은 일본 고고학사에서 "야요이식토기의 신발견"(111쪽)이라는 사건이 있던 해이다. 그 해 3월 2일, 츠보이는 아리사카有坂鉊藏, 시라이 코타로와 함께 동경시 혼고구本鄕區 무카케오카向ヶ岡 야요이쵸彌生町에서 하나의 토기를 발견했다. 츠보이는 이 결과를 토대로 1889년에 「제국대학의 이웃에 패총의 흔적있다帝國大學の隣地に貝塚の跟跡有り」(『동양학예잡지』 91)를 발표하여 그 후 이 토기는 야요이식토기로 이름이 붙여졌고 고고학상 시대구분으로서 "야요이시대"(113쪽)가 설정되는 계기가 되었다.

1884년 10월은 일본에서 인류학회가 창립된 해이다. 창립 당시의 발기인은 시라이 코타로(동경대학 이학부 생물학과 재학), 츠보이 쇼고로(상동), 사또 류타로佐藤勇太郎(공부대학 재학), 후쿠게 우메타로(코마바농학교 재학) 4명이었고 그해 10월 12일 제2 일요일에 제1회 집회를 이학부 식물학교실에서 열었다. 그 집회 참석자는 위 4명 외에 이학부 지질학과 재학의 진보神保小虎 등 6명이 더 참가하여 총 10명이었다. 이 학회 창립은 갑자기 이루어진 것이 아니었다. 저자에 의하면 이전부터 동창 이노우에井上圓了 등과 함께 지식교환, 연설연습 등의 목적으로 간담회를 열었고 츠보이 개인이 만든 잡지 『쇼고잡지小梧雜誌』에 고물 등에 대한 설이라든지 후쿠게나 와타세 쇼자부로渡瀨莊三郎(1862~1929) 등의 글을 게재하는 등 움직임이 이미 있었다고 한다. 그러나 저자는 학회 성립의 "직접적인 원인"으로서 츠보이가 1884년 7, 8월에 에츠고越後, 에츠쥬越中, 가가加賀, 노또能登지방으로의 여행 후 담화회를 통해 고물, 유적, 풍속, 방언, 인종 등에 관해 고물연구 고물회古物會와 같은 것을 열었던 데에서 찾는다(114쪽).

명칭에 대해서도 〈가나〉 표기를 원하는 사람들이 많아서 "인류학의 우友"라고 하지 않고 "진류이가쿠노또모"라고 불렀지만 표면적으로는 인류학

연구회 혹은 인류학회로 칭하기도 했다.

이와 같이 하여 제2회 회합은 10월 22일에 식물학교실에서 열렸고 제3회도 10월 26일에 같은 교실에서 열렸으며 오후부터는 모두 간다 코헤이神田孝平 집에서 열렸다. 당시 집회는 절차를 밟을 필요가 있다고 하여 제4회 때는 1884년 11월 2일 날짜로 생물학 3학년 츠보이 쇼고로의 이름으로 동경대학 총리 가또 히로유키加藤弘之 앞으로 학교시설을 대여하고 싶다는 내용을 신청했고 다음 회는 12월에 열렸는데 차제에 월 제2 일요일이 되었다. 회지는 1879년 2월부터는 인쇄에 부쳐 같은 해 6월에는 그 명칭을 『동경인류학보고東京人類學報告』라고 개칭했다(114~115쪽).

츠보이는 1886년 7월에 대학원에 들어가기 전에 그는 도치기현栃木縣 아시카가足利 공원의 고분을 동경대학 총리 와타나베 코키渡辺洪基의 추천으로 발굴했다. 대학원에 입학하여 월 15엔의 급여를 받았고 본격적으로 고고학에 연구에 들어갔다.

2. 메이지시대 중기

1) 고고학의 일반 동향(1) : 미야케 요네기치의 『일본사학제요』

저자는 1886년부터 1899년까지를 명치 중기로 설정하고 명치 초기의 외국학문에 대한 심취에서 벗어나 "그 반동으로서 국수적인 경향"(116쪽)도 나타났던 시기로 본다. 그리고 청일전쟁을 계기로 인류학자라든가 지질학자가 새롭게 대륙으로 건너가 조사활동을 하였는데 예를 들면 1895년 7월에는 요동지방에 동경인류학회로부터 파견되어 인류학 혹은 고고학 조사에 나섰던 동경제국대학 이학부 인류학교실의 도리이 류죠鳥居龍藏의 경우이다. 또한 이 시기에는 동경제국대학 이학부 인류학교실이나 동경인류학회를 중심으로 츠보이 쇼고로의 활동과 함께 역사학 가운데 고고학이 취급되었던 특징을 보였다.

앞서 언급했듯이 1877년 개성학교를 모태로 개설된 동경대학 법리문학부 가운데 문학부에 사학, 철학, 정치학이 제1과로서 설치되었고 1886년에 제국대학령帝國大學令의 발포로 동경대학은 제국대학으로 개칭되었고 동경대학 문학부도 문과대학으로 칭해지면서 1887년 9월에 사학과가 증설되었다. 그 다음 해 1888년 10월에 내각임시수사국 사업이 제국대학으로 옮겨졌고 그것을 계기로 그 다음 해 1889년에 국사과가 설치되었다(117쪽). 필자는 이 해에 대일본제국헌법이 발포되기도 하였다는 점에도 주목하고자 한다.

그러나 국사과가 설치되었을 당시 강의과목에는 고고학은 없었고 고고학 강의가 도입된 시기는 1910년 이후였다. 그 때 강사는 이학부로부터 위탁을 받은 츠보이 쇼고로였다(117쪽). 단 사학과 관련된 잡지로서 1883년에 조직된 사학협회의 『사학협회잡지』가 간행되었고 1889년에는 사학회가 발족하였고 12월에는 『사학회잡지』가 창간되었다. 거기에는 "제도, 문물, 의복, 집기, 그 외 실질조직연혁 등 하나 또는 여러 사항에 걸친 것을 증거하고 고찰"하는 것을 내용으로 하였다(117~118쪽).

이 책에서는 1886년 1월 『일본사학제요日本史學提要』 제1편을 저술하여 "고고학상의 자료를 취급하여 더욱이 이러한 자료가 일본의 고대를 아는데 중요한 것이라는 점을 주장"(118쪽)한 미야케 요네기치三宅米吉에 주목한다. 그의 해외출장 때문인지 제2편 이후는 간행되지 않았다. 그는 1890년 1월에 제국박물관 진열품 조사를 위탁받고 1895년에는 고등사범학교 교수가 되었고 제국박물관학예위원이 되었다.

그는 1888년 7월에는 그가 편집하고 있던 『문文』 1권 1호에 「법륭사소장 사천왕문금기法隆寺所藏四天王紋錦旗를 발표하여 그 문양이 멀리 앗시리아에 기원을 두고 있다고 주장한 것은 "넓은 시야에서 동서문화의 교섭을 논한 것으로서 중요"(120쪽)한 의미를 가지고 있었다고 저자는 평한다. 그는 해외여행 중에 런던의 대영박물관을 종종 방문하여 이집트, 앗시리아의 문물을 접하였고 또 영국 학자가 이집트나 바빌로니아, 앗시리아의 유적을 발굴하여 4~5천년 전에 역사의 연구에 새로운 국면을 연 것을 보고 "널리 동서에 걸쳐 비교연구를 하고 상호 문화적 교섭을 생각하게 되었다"(120쪽).

또 1894년에는 「일본상고의 도자기(야끼모노)」(『동경인류학회잡지』 10-105)를, 1892년에는 「한위노국왕인고漢委奴國王印考」(『史學雜誌』 37)를 발표하였다. 참고적으로 그는 1900년 제국박물관의 관제개혁에 의해 동경제실박물관이 되었을 때 역사부장에 임명되었다. 그 후 1920년 동경고등사범대학교장, 1912년에는 동경제실박물관 총장을 겸임하였으며 1929년에는 동경문리과대학 학장이 되었다.

2) 고고학의 일반 동향(2) : 고고학회 창립

일본에서 처음으로 고고학의 학회가 창립된 것은 1895년이었다. 청일전쟁 기간으로서 저자는 이 학회의 창립이 가지는 의의를, 즉 "공동발굴이라든가 종합적 연구 활동은 없었지만 매월 기관지를 간행하고 또 연 1회 총회를 열고 회원 간 친목을 도모함과 동시에 연구 성과 등을 서로 이야기하고 더욱이 강연회 등을 연 것은 그 후 고고학 연구의 전진에 도움이 되었다. 그러나 무엇보다 큰 특색은 문과계의 학자가 중심이 된 점이다. 여기에 고고학은 종래 자칫하면 인류학과 혼동되는 경향으로부터 벗어났다"(121쪽)는 점에서 찾았다. 일본에서 인류학회의 창립뿐만 아니라 고고학회의 창립에도 츠보이 쇼고로의 노력과 역할이 컸다.

한편 1895년 1월의 동경인류학회는 전국에 200명 가까운 회원과 함께 기관지『동경인류학회잡지』도 106권에 달하고 있었다. 그런데 회원 가운데에는 "인류학 본래의 연구보다도 고고학 방면에 관심을 가진 사람이 많았고 패총이나 고분 등의 연구가 이루어지고 있었다"는 저자의 기술에서 명치기 인류학과 고고학의 관련성 즉 "인류학 즉 고고학"(121쪽)이라는 사고방식이 강하게 작용하였다는 것을 알 수 있다. 이는 달리 말하면 그만큼 인류학의 토대가 고고학이었음을 말해주는 것이다. 이는 일본 명치기 인류학과 고고학의 특색을 보여주는 점이기도 하다. 저자는 "학문의 유치한 시대에 어쩔 수 없지만 이미 분과分科할 필요가 있고 거기에 유적 유물의 연구는 석기시대와 고분만이 아니라 이후의 시대도 대상으로 하지 않으면 안 된다"는 점과 "학문의 정상화를 도모하기 위해서도 고고학회를 창립시킬 필요가 있다"(121~122쪽)고 생각한 츠보이를 인용한다. 츠보이는 미야케와 상의하여 고고학회의 창립에 중요한 역할을 수행했다. 미야케와 제국박물관의 후쿠치福地復一가 간사가 되고 사무는 그 시기 동경제국대학의 국사과 학생으로 인류학교실에도 출입하고 있던 시모무라 미요기치下村三四吉(1868~1938)와 인류학교실의 와카바야시 가츠쿠니若林勝邦(1862~1904)가 맡았다. 이렇게 하여 1896년 12월에 기관지로서『고고학회잡지』(제1편 제1권)가 창간되었다. 취지서에는 "본회는 동지同志가 서로 만나 일본 고고학의 연구에 종사하는 것으로 하고 그 목적은 주로 유물유적에 근거하여 일본 역사의 풍속, 제도, 문물, 기술을 밝히는 것"(122쪽)에 있었다. 또 다음과 같은 구체적인 목적을 서술하고 있다.

유물유적에 관한 지식을 수집하는 것, 이러한 여러 것 중 하나 또는 여러 개에 대해 학리적으로 연구하는 것, 어느 종류의 사물의 변천을 고구(考究)할 것, 원천이 외국에 유래하는 것을 고찰하는 것, 역대 사회의 존재양상을 점차 구성할 것, 고고학연구의 방법을 강구하고 이 학문을 발달을 도모할 것. (122쪽)

저자는 "명치 중기 일본고고학의 전반적인 총괄"(124쪽)로서 1898년 6월(상권) 및 1899년 1월(하권)에 간행된 야기 쇼자부로八木獎三郎의 『일본고고학』을 뽑는다. 상권의 전편은 선사시대, 하권의 후편을 원시시대로 구분하고 전편을 인종, 주거, 의복, 풍습, 식물, 기물, 선박, 기술의 각 장에 후편을 인종, 주거, 착용물, 풍습, 식사 및 음료, 기물, 기술, 선박, 교통무역, 종교, 상고 일본인의 특성으로 나누어 시대순 혹은 항목별로 요령 있게 설명하고 있다. 그것도 유적유물을 통해 생활문화의 기술에 중점을 두고 있었다. 그러나 저자는 그가 "생활문화에 지나치게 중점"(124쪽)을 둔 나머지 선사시대의 유적에 대해서도 〈인종 가운데 분포〉라는 1절에서 다루고 토우도 의복 부분에서 설명하고 있으며 또 원사시대의 유적으로서 도부都府, 고분, 횡혈, 제도소製陶所를 인종의 분포에서 취급했다고 설명한다.

한편 도리이 쿠니타로鳥居邦太郎의 『일본고고제요』는 "다른 사람의 설을 그대로 자기의 설로서 받아들여 미정의 설을 무리하게 부회附會"했다는 혹평을 받았다고 한다. 그 혹평에 대해서는 『동경인류학회잡지』(5-47)에 실렸다. 특히 고분벽화도 회화부분에서 다루었고 고분 가운데 그 지위를 생각하는 서술은 없었다. 또 동검이나 석검이나 금인金印을 고분관계의 유물과 함께 다루었다.

3) 츠보이 쇼고로의 업적

츠보이는 일반인들에게 인류학이나 고고학에 대해 널리 알리려고 노력한 사람으로 평가받고 있다. 그는 인류학을 "형체적形體的 인류학과 정신적 인류학"(126쪽)으로 구분하고 전자는 "인류형체에 관한 것을 연구하는 것이고 후자는 인류정신의 움직임에 의해서 만들어지는 모든 사물을 연구하는 것"으로 정의했다. 따라서 그는 "정신인류학의 경우 모든 유적, 유물을 연구할 필요도 있다고 생각한 것"(126쪽)이다.

그러나 그는 연구를 진행하면서 "인류학과 고고학의 구별"에 대해 논했는데 1894년 명치의회 하기강습회에서 「인류학과 인접 여러 학문과의 구별」이라는 강연에서 "인류학과 고고학은 같은 재료를 이용하는데 석기·토기와 같은 고물, 패총·횡혈과 같은 유적은 인류학상의 재료가 되기도 하며 고고학의 재료도 된다. … (중략 : 인용자 주) … 인류학상 고물·유적 연구의 목적은 인류는 그 발달상 어떠한 경우를 경과했는가, 그 분포는 어떠한가를 생각한다. 고고학의 목적은 고물·유적을 기초로 하여 동시에 사전史傳을 이용하여 고대인의 상태를 고찰하는 데 있다"("동경인류학회잡지』 101, 1894)라고 양자를 구분하였다.

츠보이가 대학원에 입학한 직후 발굴한 도치기현栃木縣 하시카가시足利市 아시카가공원足利公園고분 2기는 그에게 연구의 한 시금석이 되었다고 한다. 이 조사의 결과는 1887년 발행한 『이학협회잡지理學協會雜誌』에 5회에 걸쳐 소개되었고 1888년 8월에는 『동경인류학회잡지』(3-30)에 그 전문이 재수록되었다. 그의 조사는 발굴의 순서, 고분의 성질, 석실, 석실의 구조, 인골, 부장품, 하니와의 종류로 나누고 다음과 같은 관점으로 접근했다. "예를 들면 석실의 석재에 대해 그 생산지를 고려해 운반방법도 생각하고 석실의 구축기술에 대해서도 언급하고 인골에 대해 제2호분의 성인 1,2체분, 소아 2체분을 구분하여 친척 혹은 주종主從을 합장한 것"(128쪽)으로 보았다. 또 부장품에 대해서는 부장의 여러 의의를 생각해 아시카가 고분은 혼백魂魄이 영주永住하는 것으로 믿고 사자死者가 사용하도록 매납埋

納한 것"(128쪽)으로 생각했다. 고분의 실제 연대와 함께 당시의 계층 문제도 언급하여 피장자 계층과 축조자 계층과 옥류 등을 만든 공인 계층이 있었다는 점을 기술하였다.

츠보이는 1887년에는 사이타마현埼玉縣 요코미橫見군 기타요시미촌北吉見村에서 요시미백혈百穴을 조사하여 새롭게 220여 개의 혈을 발견하였고 그 성질에 대해 거주터로 보았는데 묘혈墓穴이라고 보는 시라이 코타로白井光太郎와 학문적으로 대립하였다. 1888년에는 파리만국박람회 출품을 위해 고물, 유적을 해설하고 그것과 관련하여 아오야마영화학교靑山英和學校에서 일본의 고물, 유적에 대해 여러 차례에 걸쳐 강의를 했는데 저자는 "이것은 이른 바 일본고고학의 개설"(129쪽)이기도 했다고 평한다. 이 해 11월에는 후쿠오카현 이쿠바군生葉郡 와카미야若宮 야하타八幡신사 경내 히비노오카日日岡를 조사하고 그 빨간 색 둥근 문양의 벽화를 처음으로 발견하였고 그 상세한 보고문을 1889년 1월에 『동양학예잡지』(88)에 발표하였다.

츠보이는 1889년에는 문부성으로부터 3년 간 영국 유학의 명령을 받고 1891년에는 동경제국대학 및 동경인류학회의 대표로서 런던에서 열린 제9회 만국동양학회에 출석하여 「동양 근방에 있어서 횡혈 2백여의 발견에 대해」를 발표하고 명예상패를 받았다.

1886년 열린 예회例會에서 동경인류학회로 명칭을 변경하고 학회지도 『동경인류학회보고東京人類學會報告』가 되었으며 그 다음 해부터 『동경인류학회잡지東京人類學會雜誌』로 바꾸었다. 츠보이는 와카바야시 가츠쿠니若林勝邦와 함께 간사 역할을 하면서 실제적인 편집을 맡았다. 회장은 간다 코헤이神田孝平이었다. 1886년 당시 28명이던 인류학회 회원이 늘어났고 각 지방에 지부적인 성격의 학회가 생겨났는데 홋카이도인류학, 오우우奧羽인류학회, 호쿠리쿠北陸인류학회, 마츠모토松本인류학회, 쥬고쿠中國인류학회,

시고쿠四國인류학회, 도쿠시마德島인류학회 등이 그것들이다(130쪽).

인류학교실에는 당초부터 츠보이와 동년이었던 와카바야시 가츠쿠니가 있었고 그 후에 야기 쇼자부로, 이시다 슈죠石田收藏, 노나카 칸이치野中完一, 도리이 류죠, 시바다 쵸에柴田常惠 등이 활동하였다. 저자에 의하면 츠보이의 "고고학연구는 인류학 가운데에서도 특히 정신인류학의 입장에서 비교토속학도 응용"시켜 그가 활약한 분야는 당연히 선사학이나 원사학原史學 분야"(131쪽)였다고 한다. 생물학 전공의 자연과학자로서 그 충위적인 연구나 형태학적 연구에 고고학 본래의 연구태도를 보였다.

앞서 언급했지만 그는 일반인들에게 인류학이나 고고학을 알리는 데 많은 노력을 하였는데 원고 의뢰를 받으면 거부하지 않고 많은 잡지에 용이한 문장으로 투고하였다고 한다. 그의 글은 『반성잡지』 외에 『태양』, 『국가교육』, 『풍속화보』, 『국민의 친구友』, 『천지』, 『동양철학』, 『중학세계』, 『소년세계』, 『여자의 친구』, 『재봉裁縫잡지』, 『부인위생잡지』, 『여학女學세계』, 『일본의 소학교 교사』, 『온나감鑑』과 같은 특수한 간행물 등에 실렸다.

그는 고고학을 사전史前, 원사原史, 유사有史로 나누고 패총, 횡혈, 토기 등으로 개략적으로 기술하고 특히 토기에 대해 상세한 형태적인 기술도 하였다(132쪽). 1897년 8월에는 「고고학의 진가」라는 글을 『고고학회잡지』(1-8)에 발표하여 고고학을 "고물古物 고건설물古建設物유적들에 관한 실지 연구의 기초로서 당시의 사실을 정확하게 추고推考하는 것에 노력하는 학문"(132쪽)으로 정의했다.

그 당시 고고학 연구는 "풍속, 기록, 전문傳聞 등이 여전히 중요시"(132쪽)되고 있었다는 지적에 비추어 보면 그것들은 고고학의 '보조지식'으로 활용되고 고고학에 대한 심각한 논의는 아직 이루어지지 않고 있었다는 것을 말해준다.

저자에 의하면 츠보이는 석기시대 연구에 가장 힘을 기울였고 그 가운데 고고학상 논쟁의 하나로 유명한 "석기시대 주민론"(132쪽)의 당사자였다. 즉 선주민先主民을 츠보이처럼 코로보클 사람 또는 아이누로 보는 입장과의 논쟁이었다. 이에 대해서는 뒤에서 살펴볼 것이다.

츠보이는 처음으로 조사한 1892년에 동경시 니시카바라西西原패총에 대해 1886년에 발표한 「동경근방패총총론東京近傍貝塚總論」(『동경지질협회보고』 8-4)을 1888년에 「패총이란 무엇인가」(『동경인류학회잡지』 3-29)로 제목을 바꾸어 발표했다(133쪽). 보고서에서는 그 위치, 역사, 지세뿐만 아니라 석기, 토기도 구체적으로 기술하였다. 그 후 "패총 보고의 하나의 형태"가 되었다고 저자는 평한다.

그는 고분이나 횡혈에 대해 큰 관심을 보였는데 그에게 고분 고찰의 이유는 일본 고대의 모습을 밝히고 지금과 비교해 지식풍속의 변천을 알고 아울러 유래가 분명하지 않은 유적고물에 해석과 설명을 하는 데 있었다(『동경지질학협회보고』 10-3, 1888).

이 시기 구옥이라든가 하니와에 대한 관심이 높아 이러한 유물들을 포함한 고분이나 횡혈을 호기심에서 쉽게 다루는 일반적인 풍조가 있었는데 츠보이의 그러한 관점은 고분을 어디까지나 학문상 과학적으로 취급하려는 데에 자극을 준 것은 사실이라고 저자는 본다.

그런데 그가 1891년경부터 고분조사를 하지 않고 연구에 적극적이지 않게 된 하나의 이유를 도리이 류죠의 술회(『도루멘』 1-2)를 빌어 1888년 후쿠오카현 나카츠군中津郡 우마카다께馬か토고분을 발굴하였는데 궁내성으로부터 주의를 받았던 데에도 원인이 있었다고 저자는 보고 있다(134쪽). 이는 아마도 그 이전에 태정관太政官에서 발포한 고분발굴 금지에 저촉되었기 때문이 아니었을까 생각한다.

4) 석기시대 주민론

츠보이는 일본에 최초로 거주한 인류, 즉 그 선주민이 석기시대인으로서 코로보클이라고 주장했다. 그가 이런 설을 내놓은 1887년경 이전부터 일본민족 기원론을 둘러싸고 외국인 학자들에 의하여 여러 가지 설이 제기되었다. 예를 들면 시볼트는 동경 근교의 패총을 만든 주체를 아이누 혹은 아이누 이전 이미 일본 북부에 살았던 사람이라고 생각하였는데 미룬은 오모리패총을 남긴 주체를 아이누라고 생각한 한편 홋카이도의 코로보클의 구비설화를 인정하고 홋카이도의 수혈이나 석기, 토기의 사용자는 이 코로보클이라고 생각했다. 바첼러(John Bachelar, 1854~1944)는 1884년 1월에 간행한 『하이금석물어蝦夷今昔物語』(에조의 지금과 옛 이야기)에서 아이누 사이에 전승되는 코로보클이라는 인종을 소개하면서 이 인민은 도기를 만들고 석촉을 제작하며 원형의 굴에서 거주한 사람들이고 이러한 것들은 홋카이도 각지에서 볼 수 있다고 주장하였다. 그리고 『고사기』 중 토지주土蜘蛛는 코로보클인가 아이누인가 알 수 없지만 그 글자의 의미를 생각하면 혈거의 의미가 있다고 보고 암묵적으로 코로보클을 시사했다.

이와 같은 상황 하에서 츠보이의 「코로보클설」에 직접적인 도화선을 제공한 것은 1884년 10월에 인류학회의 예회에서 와타세 쇼자부로渡瀬莊三郎가 "삿뽀로 근방 삐토 그 외 고적"에 대해 강연하고 이것을 1886년 2월에 간행된 『인류학회보고』(제1호)에 실은 데에서 시작되었다고 한다. 참고로 와타세는 삿뽀로농학교를 졸업하고 홋카이도청 위탁생으로서 동경대학 이학부에서 공부하고 있었다.

시라이 코타로白井光太郎는 1887년 2월 인류학회 예회에서 "코로보클은 과연 홋카이도에 사는가"라는 주제로 발표한 의견을 『인류학회보고』(2-11)에 M·S生의 이름으로 실었다. 그 곳의 수혈이나 토기 및 석기류는 아이누 구비설화에 전해지고 있는 코로보클 종족의 유물이 아니라 실제는 아이누 조상이 사용한 것이라고 말한다. 시라이는 혹시 코로보클설을 믿는다면 동시에 다음과 같은 점도 인정해야 된다고 주장한다.

① 코로보클은 일본 내지에 만연하였다는 점
② 코로보클은 일본인종과 교통하였다는 점
③ 일본 역사상의 에조[蝦夷]를 코로보클로 생각하지 않으면 안 된다.
④ 아이누의 조상은 토기 석기류를 제조사용하지 않았다.
⑤ 아이누의 조상은 혈거穴居하지 않았다.
⑥ 아이누의 구비설화를 멋대로 사용한 점 (137쪽)

츠보이가 코로보클설을 처음 『동경인류학회보고』(제11호)에 「코로보클은 홋카이도에 살아야」라는 글을 발표한 직접적인 배경에는 "친구 와타세로부터 홋카이도의 수혈이나 석기 토기에 관한 말을 듣고 아울러 코로보클의 이야기를 듣고 있었고, 아이누는 수혈에 살지 않고 석기 토기를 사용하지 않았다는 것을 믿고 있던 점"(138쪽)에 있었다. 그것과 함께 "석기시대인=선주민족"이었다는 부동의 신념이 있었고 이것은 일찍이 모스가 주장한 에조=아이누 이전의 주민으로 믿는 계통을 이어받은 것으로 "당시로서는 하나의 철칙이기도 하고 정설"(138쪽)이기도 하였다.

그러나 저자는 "아이누가 토기나 석기를 사용하지 않는다고 한다면 어떻게 하든 별도의 인종을 생각하지 않으면 안 된다"(138쪽)고 말하고 "와타세로부터의 힌트로 코로보클을 주장한 것은 츠보이에게는 당연한 것이었는지는 모른다"라고 말한다. 그 때문에 시라이는 와타세의 발표에 반박하고 츠보이가 바로 거기에 응전하여 와타세의 설명을 지지했다. 그 후 츠보이는 1888년 6월부터 7월에 걸쳐서 홋카이도를 여행하며 여러 지방의 아이누에 대해 몸소 구비설화를 조사하면서 코로보클이라는 생각을 한층 굳혔다(138쪽). 이 조사를 토대로 츠보이는 「석기시대인민에 관한 아이누 구비의 총괄」을 『동양학예잡지』(149, 1894)에 발표했다.

저자는 시라이가 「코로보클 과연 내지에 살았는가」(『동경인류학회잡지』 2-13)에서 "에조는 아이누가 되고 오모리패총은 아이누의 유적이 되는 것은 명료하고 편평경골의 인골이 이것을 증명한다"라는 일단 과학적인 논거에 대해 츠보이가 "코로보클의 경골도 역시 편평하였다고 믿는다"라는 입장을 "비과학적인 신념"이라고 평한다. 또 동경제국대학 인류학교실의 야기 쇼자부로가 츠보이를 지지하고 그의 『일본고고학』에서도 석기시대인은 코로보클이라고 주장하였다.

이 시기 츠보이의 코로보클설의 주요 논거도 아래와 같이 차제에 정리되었다.

① 아이누는 토기를 제조하지 않고 석기도 사용하지 않는다.
② 패총에서 아이누의 인골은 출토되지 않는다.
③ 아이누 문양과 패총 문양과는 같지 않다.
④ 패총에서 출토하는 토기, 석기에 대해서는 아이누 사이에 코로보클의 것이라는 이야기가 전해지고 있다. (139쪽)

1898년 7월 츠보이는 「인골의 이주」라는 글(『동양학예잡지』 15-202)에서는 "일본종족과도 다르고 아이누와도 다른 어느 한 종족이 일찍이 혼슈本州에서부터 홋카이도에 걸쳐서 살고 있었다고 하는 것은 석촉, 석부 그 외 석기 및 여러 토기 및 인골 등의 조사로 추측할 수 있다"라고 말하면서 여기에서 그 종족은 코로보클이었다고 주장한다. 츠보이의 코로보클설은 얼마 안 있어 명치 말기에 새로운 반대에 직면하였다.

5) 발굴 · 발견과 각 분야의 연구(1) : 패총 발굴과 석기시대 연구

저자에 의하면 명치 초기 패총의 발굴, 횡혈식 석실고분, 즉 "총혈塚穴이나 횡혈에 대한 발굴 기술은 미숙한 점"(140쪽)이 있었고 "그 층위적 관계라든가 유물의 공존관계 등에 대한 자세한 고찰은 없었으며 다만 일부 사이에서는 기존과 마찬가지로 진기한 물건 수집"이 대부분이었다고 한다. 도리이 류죠에 의하면 이는 "석기시대의 유물은 지상에만 있는 것"(144쪽)으로 생각하였던 데에서 기인하였다.

앞서 언급한 것처럼 패총 조사와 연구가 활발하게 진행되어 가는 가운데 출토 토기의 정리도 자세하게 이루어졌다. 그러나 패총 이외 석기시대의 유적발굴의 예는 적어서 연구도 크게 이루어지지 않은 상태였다. 1894년 4월 동경부 다마군多摩郡 고쿠분지촌國分寺村에서 도로개설 및 철도개설시에 종단된 구릉에서 석기시대의 유물이 "지층 가운데 포함되어 있다는 점"(143쪽)이 밝혀짐에 따라서 1894년경부터 "석기시대 유적의 성격도 어느 정도 밝혀지게 되었다"(145쪽)라고 저자는 말한다. 이와 같은 개념의 변화로 "패총과 함께 지하에서 유물을 발굴한다는 수단도 차제에 활발하게 이루어졌다"는 것이다. 당시 "유물포함지遺物包含地"라는 용어가 쓰이기 시작한 것 같다. 이로 보아 일본 고고학사에서 1894년, 즉 청일전쟁이 일어났던 이 해는 중요한 의미를 갖는다. 고고학회의 창립과 함께 고고학적 개념과 발굴방법 등이 아직 정립되지 않았던 상황에서 국내뿐만 아니라 국외에 대한 관심이 일어났다.

변화가 일어나고 있는 가운데에서도 여전히 "일부 사이에서는 이전과 마찬가지로 진품을 채취하는 것을 주요한 목적으로 하는 경향"(145쪽)도 있었고 "서로 경쟁적으로 발굴을 하여 진품을 얻어 자랑하려는 경향"(145쪽)도 있었다고 한다. 저자는 에미江見水陸가 "민간의 열성적인 고고학 애호자

이기도 하여 스스로 활발하게 발굴·채집하고 자택 일부에 진열소를 설치하기도 하였다"(145쪽)는 것을 하나의 예로 제시하고 있다.

이 시기 석기관계에서는 일찍이 1887년에는 츠보이 쇼고로가 「석촉약설 및 일본석촉출처지명표石鏃略說及び本邦石鏃出所地名表」(『理學協會雜誌』 5-38)를, 1894년에는 야기 쇼자부로가 「석촉형상의 분류石鏃形狀の分類」(『동경인류학잡지』 9-97)를 발표하는 등 활발했다. 토우土偶에 대해서도 1891년 와카바야시若林勝邦의 「패총토우에 대해서」(『동경인류학잡지』 6-6)에서 "그 발견지, 유적의 종류"를 "집성도적集成圖的"으로 소개하였다.

저자는 당시 석기시대를 '과학적'으로 연구하는 데 도움을 준 사람으로 지질학자 찐보 코또라神保小虎(1867~1924)를 뽑는다. 그 이유를 다음과 같은 그의 연구에서 찾고 있다. 1897년에 그는 「일본 석기시대의 교칠적膠漆的 유물에 대해」(『동경인류학회잡지』 12-138)에서 오우우奧羽지방의 석촉이나 석비石匕의 뿌리부분이나 토우의 파손부분에 일종의 교칠과 같은 것이 부착되어 있는 것에 주목하고 "일종의 목탄 화합물로 하여 현재의 아교 또는 옷칠과 같이 지금은 응고하지만 이것에 열을 가하면 녹고 다시 강하게 열을 가하면 흑연黑煙을 거두어 태운다"(146쪽)라는 설명이 그것이다.

6) 발굴, 발견과 각 분야의 연구(2) : 야요이식토기의 명칭론

현재 일반적으로 말하고 있는 야요이시대의 연구에 대해 저자는 이 당시 "아직 시대에 대한 확립도 없고 다만 야요이식토기라는 것에 대해 많은 의견이 제출되기도 하였고 이런 류의 토기를 발굴하기도 하였으며 또 동탁, 동검, 동모 등의 발견과 함께 그 사용민족 등에 대해 문제가 제기"(147쪽)되고 있었던 상황이었다고 말한다.

저자는 그와 같은 예의 하나로 1899년 츠보이의 발언에 주목한다. 즉

그는 "일본에는 청동기시대의 흔적은 없다. 청동기가 발견되는 것은 사실이지만 이런 류의 기물이 많이 있어 그것이 만들어진 시기를 구분할 필요가 있을 정도로는 존재하지 않는다"라고 서술하고 있는 것이 그것이다.

그리고 야요이토기의 명칭을 둘러싸고 야요이토기, 중간토기, 유문스야끼토기有紋素燒土器, 하니와 가와라토기埴瓦土器 등 여러 의견이 제시되었다. 야요이토기는 말할 필요 없이 이런 류의 토기가 처음 발견된 야요이쵸彌生町에 근거를 두고 있고 중간토기는 고분발견 토기와 석기시대 토기와의 중간에 위치한다는 의미로 야기 쇼자부로가 사용했다. 유문스야끼토기는 이 토기에 유선병행경사교차문有線並行傾斜交叉文 그 외 문양이 있다고 해서 그렇게 붙여진 것(「유문소소토기고」, 「동경인류학회잡지」 12-129)이다(147~148쪽). 오노 노부타로大野延太郎가 주창한 것으로 하니와가와라토기埴瓦土器는 토기의 제작재료에서 생각한 것인데 거기에는 후세의 토사기土師器도 포함되어 약간 넓은 의미를 가지고 있었다고 한다. 단, 이 가운데 야요이토기에 대해 야기 쇼자부로는 "말레이족의 한 파일 것"(148쪽)이라 하여 민족과 쉽게 결부시키는 경향도 있었다.

한편 동탁에 대해서는 일찍이 1888년에 간다 코헤이神田孝平에 의하여 「동탁출처고」(「동경인류학회잡지」 3-25)가 정리되어 42가지 예가 제시된 이후 급속하게 그 발견 예가 증가하였다. 동탁, 동검, 동모류가 같은 시기로 생각하는 경향이 야기 쇼자부로와 나카사와中澤澄男 공저의 『일본고고학』에 처음 나타났다(149쪽).

7) 발굴·발견과 각 분야의 연구(3) : 고분시대 및 역사시대

저자는 고분의 발굴이나 연구가 패총 등의 발굴·연구에 비해서 두드러진 진전이 없었던(149쪽) 원인으로 두 가지를 들고 있다. 하나는 "1877년

의 태정관달達에 의하여 고분 발굴이 매우 제한"되었기 때문이고 또 하나
의 이유는 그와 함께 "일본인의 심저에는 패총이 선주민의 유적이라는 것
에 대해 고분은 일본 조상의 묘이며 그것을 발굴하는 것에 심적으로 부담
을 느끼고 있었기" 때문이다.

1888년 간다 코헤이가 「구옥勾玉의 유무여하有無如何」(『동경인류학잡지』 3-26)
에서 고분관계의 구옥과 함께 그 재료에 대해 비취 혹은 옥돌[琅玕랑간]이라
고 주장한 이래(150쪽), 고분연구가 활발하게 전개되었다. 야기 쇼자부로
가 1896년에 「일본의 고분시대」(『사학잡지』 8-1·4)에서 고분시대를 3기로 구
분하고 그 다음 해에는 오노大野延太郎가 새롭게 발견된 고분이나 횡혈橫穴
의 벽화를 중심으로 「일본고분의 문양고」(『동경인류학잡지』 12-130)를 정리하였
으며 와다 센기치和田千吉(1871~1945)가 같은 해 「하리마쿠니播磨國 식마군飾
磨郡 시라쿠니촌인白國村人패총貝塚조사보고」(『동경인류학잡지』 12-132)를 발표했
다(150쪽).

이와 같은 고분연구가 진전되는 가운데 1898년에는 고분연구에 하나의
흥미로운 논쟁이 하마다 코사쿠濱田耕作가 『동경인류학회잡지』에 야기 쇼자
부로의 견해에 의문을 제기(151쪽)하면서 일어났다. 야기가 「시모츠케쿠니
下野國 시모츠가군下都賀郡 하뉴다羽生田의 고분」(11-146)에서 거총車塚의 명칭
에 대해 도치기현의 예를 들어 설명한 것을 하마다가 반박했는데 당시 그
의 나이는 18세였다. 하마다는 "무엇이라 해도 이전 일본의 중심은 기나
이畿內이며 고분의 본체는 기나이에 있는 것인데 혹시 이를 모르고 지엽에
초점을 둔 것 같은 것은 그 오류가 심한 것"(『동경인류학회잡지』 13-147, 1898)
이라고 반박했다. 야기는 이에 대해 이렇게 열심히 하는 사람은 대성할 것
이라고 '격려'하였다고 한다(151쪽).

그리고 궁전터, 절터, 성책터 등 역사시대의 각 분야에 대한 인식이 아직
낮았는데 경통經筒, 와경瓦經 등 유물연구는 그 시기부터 발전되어 갔다.

3. 메이지시대 말기

1) 고고학의 일반 동향(1) : 러일전쟁과 고고학

저자는 1899년부터 1912년까지를 명치 말기로 설정한 이유로 "일본에서 러일전쟁이라는 역사 사상事象을 포함하고 있고 사회변동도 두드러졌으며 근대국가로서의 양상도 갖추어진 시기"(153쪽) 때문이라고 말한다.

제국의 대학이 일본의 대외사업에도 협력하여 동경제국대학 이학부 인류학교실 소속의 직원들 가운데 일찍이 야기 쇼자부로八木奘三郎는 1900년 이전에 한반도로 파견되어 경기도, 그 외 2, 3개 도에서 지석묘와 삼국시대 고분 등을 조사하였고 1901년에 또 한 차례 파견되어 부산과 한성 간 인종 · 고고 · 민속학적 자료수집이라는 미션을 수행하였다. 이 시기 열강들이 한반도의 철도부설권을 둘러싸고 각축을 벌이고 있던 상황으로 일제는 1899년 경인철도권을 미국으로부터 양도를 받아 1899년 9월에 한강 노량진에서 인천까지 경인선을 개통하였고 경부선 부설권에 대해서는 러시아로부터 한반도에 대한 일본의 상업과 공업진출을 인정받고 1898년 9월에 부설권을 얻고 1902년에 착공하여 1905년 5월에 준공하였다. 야기는 철도공사현장에서 발견된 토기를 수집하였다.

저자는 러일전쟁을 "일본 고고학계에 변화를 가져온 사건"으로 자리 매김을 한다. 러일전쟁이 개전 포고된 1905년 2월에 마츠무라 료松村瞭는 「러시아 판도내 및 만주에 있어서의 인종露國版圖内及び滿州に於ける人種」(『동경인류학회잡지』19-216)을, 같은 잡지에 츠보이는 「전쟁의 인류학적 고찰」(19-217)을 각각 발표하였다. 또 『고고계考古界』에서는 1904년 5월 간행의 잡지(3-12)에 에또江藤正澄의 「하코사키미야箱崎宮칙서 적국항복고증」을 소개하였고 같은 해 4월 간행잡지(3-11)에 실린 역사학자 호리다堀田璋左右의 「전쟁과 고고학」에 비추어 볼 때 전쟁을 이용하여 "연학研學의 길에 오를 것

을 바라며 전쟁은 단지 정치적인 것에만 있는 것이 아니라 실로 지도知刀의 전쟁이 된다. … 우리들은 종군자從軍者 가운데 한 사람이지만 고고학자가 참가할 것을 권고하고 아울러 이후 봉천길림奉天吉林 유물을 수집하고 흑룡강반에 유적을 발견한 보고를 입수할 것을 기대"(154쪽)한다고 하여 전쟁을 고고학 연구와 발전의 계기로 삼아야 한다는 인식이 있었다. 저자는 "학문 자체의 흐름에서는 특히 전쟁에 의한 위축 정체는 없었"고 도리이 류죠를 인용해서는 "일본 국내는 매우 동요가 심했지만 인류학교실은 일동一同 조용히 공부하고 있었다"(154쪽)는 당시 학계의 정황을 전하고 있다.

1905년 6월에 간행된 『고고학연구법』에서 "야기는 이 시기 고고학이라는 학문이 차제에 일반적으로 인식"(154~155쪽)되어 가고 있는 현상을 전하고 있다.

2) 고고학의 일반 동향(2) : 개설서와 도서 간행

저자는 이 시기 하나의 큰 경향으로서 "고고학에 관한 개설서가 비교적 많이 간행되었다는 점"(155쪽)을 들고 있다. 이런 개설서의 집필에 중심적인 역할을 한 사람은 야기 쇼자부로였다(155쪽).

예를 들면 야기 쇼자부로는 1898년에 『일본고고학』(상하)을, 1902년에는 『고고편람考古便覽』을 각각 간행하여 동검, 동탁, 분묘의 연혁, 경감설鏡鑑說, 곡옥지석曲玉砥石, 하니와 총설, 고와古瓦연구, 천화泉貨개설, 신상변神像弁이라는 8개의 항목으로 나누어 서술·소개하였다.

또 야기가 "고고학연구회를 열어 역사고고학의 분야에 힘을 기울인 점"에 주목한다. 야기는 또 1910년에 『고고정설考古精說』을 정리했는데 이것은 앞의 『고고편람考古便覽』과 내용이 완전히 같다고 한다.

1906년에는 나카사와 스미오中澤澄男와 야기가 공저로 『일본고고학日本

考古學』을 발간하였다. 그 책에서는 제1편 선사시대, 제2편 원사시대로 나누고 다음과 같이 구성하여 기술하였다.

제1편 선사시대

제1장 총론   고고학의 발달, 목적, 정의, 범위, 시대별, 효과

제2장 유적편   패총·유물포함지遺物包含地에다가 토기총土器塚, 수혈 등
　　　　인종편   선사주민, 복식, 풍습

제3장 유물편   자연물, 식물, 인위물人爲物, 기물사용고考

제4장 의장편

제5장 교통 및 무역편

제6장 치시마千島 이하 청한淸韓의 석기시대별, 야요이토기와 유적 등

제2편 원사시대

제1장 유적편   도부都府 가운데 신롱석神籠石을 기술하여 "상대上代에 있
　　　　　　어서 일대一大 유적"으로 소개, 또 고분, 횡혈, 제도소製陶
　　　　　　所도 서술, 동검, 동탁의 유적

제2장 인종편   천손종족에 관한 설을 말하고 복식 및 풍습도 언급

제3장 유물편   도기, 금속, 석제품, 유리제품, 패기貝器 및 골각기, 목기
　　　　　　및 섬직류, 기물사용자, 식물고考

의장편

교통 및 무역편

이 책에 대해 저자는 다음과 평가하고 있다.

　　이러한 기사 중 특히 주의를 요하는 부분은 시대별로 선사, 원사, 유사시
대로 나누고 선사시대를 석기, 금속시대로 하고 특히 석기시대를 구석기시
대, 중석기시대, 신석기시대로 하고 금속시대를 청동기시대, 철기시대로 하
였다는 점이다. 물론 이것은 서양의 고고학의 시대별을 소개한 것인데 이와

같은 견해가 이것을 계기로 차제에 인식되어 왔다. 또 유적에 대해 그 정의를 명확히 하고 인위로 된 것으로 특히 부서지면 격별(格別), 그렇지 않으면 다른 곳으로 옮길 수 없는 종류라고 말하고 있는 것도 흥미롭다. (156쪽)

이 외에 저자는 1904년 5월에 간행된 오노 노부타로大野延太郎의 『선사고고도보先史考古圖譜』를 "자신감 있는 도사圖寫로 석기시대의 유물을 소개한 것"으로 평한다. 오노는 또 1898년 누마타 요리스케沼田賴輔와 공저로 『일본고고도보日本考古圖譜』를 저술했다. 오노는 1863년 후쿠이현 출생으로 츠보이와 같은 나이였고 1895년부터 인류학교실에서 교수용의 도화圖畵 등을 그리는 역할을 담당하고 있었는데 고고학 연구에 비상한 의욕을 보여 실지조사를 하며 유물이나 유적의 실태를 자주 파악하였다고 한다.

저자는 이 시기 흥미로운 책으로서 야기에 의해 1904년에 발간된 『학생 안내 고고학의 기초』를 들면서 일반인의 관심을 노렸다는 점에 주목하였다 (157쪽). 또 같은 시기에 간행된 『유적유물조사용 일기』는 나카무라中村土德의 고안과 관련된 것으로 보고한 사람의 주소씨명, 장소, 채집연월일, 지세, 유물의 종류 등의 난과 도면을 기입하는 공백 난을 두는 등 "현재의 유적유물조사자료 카드에 상당하는 것"(157쪽)이었다고 한다.

그 다음 해 1905년에 구메 쿠니다케久米邦武는 와세다대학출판부의 『일본시대사』에서 "고대"를 설정하고 "일본의 원인原人은 대륙"에서 왔다는 1절을 두고 패총, 석술(횡혈, 고분), 구옥, 관옥, 동촉 등도 기술하였다.

1907년에 미야케 요네기치는 고고학회 총회에서 강연한 「일본에서의 고고학의 진보」(『고고계』 6-9)에서 "이 시기 일본고고학이 체계화되어 있다는 점"을 제시하여 고고학은 유적유물을 고찰의 재료로 하고 물건을 떠나서는 존재하지 않는다는 점을 명확하게 하였고 연구 방법으로서 제1은 재료의 천착, 수집이고 제2는 재료의 형질조사이고 제3은 재료의 비교조사이며 제4는 보조학적 조사, 즉 기록, 문헌, 고도화古圖畵 등을 참고로 한다

(157~158쪽)는 '고고학적 방법'을 제시하였다.

저자는 명치 말기에 이르러 "고고학이 학문으로서 체계화되어 일반인에게도 인식되었다"(158쪽)고 말한다. 일제가 대한제국을 강점한 직후 1910년 9월에 동경제국대학 문학부 사학과에 처음으로 고고학 강의를 포함시킨 점도 주목해야 할 것이다. 이 때 최초의 강사는 이학부 인류학교실의 츠보이 쇼고로였다.

3) 논쟁사의 전개(1) : 석기시대 주민론의 재연

명치 중기에 츠보이의 코로보클설에 대해 아이누설을 주창한 사람은 시라이白井光太郎와 고가네이 요시키요小金井良精(1818~1944)였지만 명치 말기에 고고학의 입장, 혹은 치시마千島 아이누 등의 입장에서 많은 학자들이 반대의 견해를 제시하였다.

1900년 도리이 류죠는 북치시마北千島에 출장하여 몸소 치시마 아이누를 조사한 결과를 1901년 10월에 「기타치시마北千島에 존재하는 석기시대 유적유물은 대체 어느 종족이 남긴 것인가」(『동경인류학회잡지』 17-187)라는 글에 이어서 같은 잡지에 「북해도에서 인류적 조사에 있어서」(17-189)를 발표했다. 그는 치시마 아이누는 수혈에 살고 토기를 사용한다고 주장하여 아이누는 수혈에 살지 않고 토기를 사용하지 않기 때문에 석기시대인이 아니라는 츠보이의 주장을 반박하였다. 저자는 이에 대해 "츠보이의 제자 가운데 강경한 반대론자가 나온 것"(160쪽)이라고 말한다. 그는 1905년 2월 『동경인류학회잡지』(20-227)에 고가네이의 「일본 석기시대의 주민」을 소개하면서 "코로보클 논자여! 원하는 바는 오늘 세상에 발표된 아이누설의 부도리不道理한 것을 설명하고 아울러 한층 분명하게 에스키모와 일본 석기시대 주민과의 유사일치를 설명할 것"(160쪽)을 원한다라고 말했다. 이러한 논박은 도리이에게 "장래에도 매우 영향을 끼친 것 같다"(160쪽)고 저자는 말한다.

고가네이의 『일본 석기시대의 주민』은 학사회원學士會院에서 강연한 것을 정리하여 1904년에 간행한 것으로 석기시대의 인골과 아이누의 골격을 비교한 것이다(161쪽). 특히 그는 1908년 7월 『동경인류학회잡지』(23-268)에서는 패총에서 출토된 인골의 머리, 눈, 귀, 얼굴과 골반의 지시수指示數가 아이누의 지시수와 일치하고 있다는 점을 주장했다. 더욱이 이 해 12월에는 이에 대한 별도의 반박론이 나왔다. 하마다 코사쿠濱田耕作는 『동경인류학회잡지』(19-213)에 발표한 「일본 석기시대 인민의 문양과 아이누 문양에 대해」를 그 잡지 214, 216에도 게재하였고 또 1904년 4월의 『고고계』(3-11)에도 「일본 석기시대 인민의 문양과 아이누 문양에 대해 츠보이 선생에게 답한다」를 발표하여 "아이누의 문양과 석기시대의 토기 등에 나타난 문양과의 유사성을 인정"(161쪽)했다. 이것은 아이누 문양과 석기시대의 문양 간에는 관계가 없다는 츠보이의 지론에 대한 의문 제기였다.

저자에 의하면 "하마다는 아이누 문양과 석기시대 인민 문양 사이에 유사한 점과 상이한 점이 모두 존재한다는 점을 인정하고 그 유사점이 '그 동일인민이 되는 이유'이고 그 상이점은 긴 기간 동안 외부-주로 '일본인의 자극(내부적인 자발적인 변화도 있지만)에 의하여 일어난 것으로 최후의 기타치시마 아이누의 문양은 양자의 중간을 연결할 만한 연쇄'(161쪽)와 같이 생각했다"(161쪽)는 것이다. 또 하마다는 토기의 물결 선, 곡선, 관통문양을 아이누의 문양과 비교하여 그 유사점을 서술했는데 츠보이와 그의 근본적인 차이는 "연구방법의 태도"이며 츠보이는 문양으로 인종을 생각한 반면, 하마다는 문양을 이용하지 않고 인종을 생각하고 후에 문양에 대한 설을 서술했다는 점이다. 즉 하마다는 석기시대 인민과 아이누의 동일설을 기본으로 하여 문양을 논한 것에 대해, 츠보이는 "하나의 가정을 기본으로 한

설은 그 동일가정으로써 쉽게 해석할 수 있는 것은 분명 명료한 이야기로 1척의 길이로 자른 봉은 그 동일한 자로 측정하는 것과 1척 있다고 말하는 것과 같다"(162쪽)고 대응했다(「일본 석기시대 인민의 문양과 아이누 문양과의 이동異同」, 『동경인류학회잡지』 19-214).

어떻든 츠보이가 "석기시대의 토기와 아이누의 문양과는 관계가 없다"는 주장에 대한 하나마의 질문은 "하나의 충격"(162쪽)이었다. 이렇게 고가네이, 도리이 류죠, 하마다의 새로운 반론이 있었고 역사학 쪽에서도 "고전에서 석기시대인은 에조이며 아이누라고 하는 경향"(162쪽)이 나타났다.

이렇게 하여 츠보이의 코로보클설은 지지자를 잃게 되었고 오히려 반대의견이 많이 나타났다. 저자에 의하면 야기는 「츠보이박사와 코로보클론」(『인류학잡지』 31-3, 1916)에서 "그의 서거를 계기로 코로보클설은 대체로 폐멸"되었다고 보았다고 한다. 저자는 츠보이의 코로보클설에 대해 다음과 같이 평을 하고 있다.

> 일본석기시대 선주민설은 어떻든 아이누가 아니라고 하는 학설은 현재 여전히 살아 있다고 해도 좋다. 또 아이누의 전승을 믿고 환상의 사람 코로보클을 토대로 한 논지는 박약하였다고 해도 아이누 간 코로보클 전설은 혹은 다른 별도의 인종의 투영이었는지 모른다. 홋카이도에 있어서 혹은 오호츠문화가 새롭게 검토되고 있을 때 혹은 고타루(小樽)주변에 있어서 특수한 고문화의 흔적을 다시 검토하려 할 때 코로보클이라는 아이누 이외의 인종을 파악한 것은 적어도 북방문화에서는 재음미할 문제도 있는 것이다. (163쪽)

4) 논쟁사의 전개(2) : 야요이식토기의 명칭론

명치 말기에도 이 명칭에 대해 활발한 논의가 전개되었다. 저자는 1904

년 1월『고고계』(3-8)를 참고하면서「야요이식토기에 대해 상세하게 교시해 달라」는 독자의 요구에 대해 야기는 야요이식토기의 특색을 "전체적으로 얇고 색은 토기 굽기로 붉은 색을 띤다. 달리 보면 무화과 열매에 속하는 것으로 더욱이 항아리 그 외 반드시 밑부분이 바로 반듯하게 보여주고 있는 점이고 이 토기에는 여러 문양이 있고 또 적색 빛깔을 띠는 것도 있다. 또 부모양浮模樣을 덧붙인 것도 있다. 그 의장은 일종 다르게 보일지라도 또 석기물石器物과 고분물古墳物과 비슷한 것도 있다"(163~164쪽)고 설명하였다.

야요이식토기에 대한 명칭으로서 연구자에 따라 "중간토기, 유문스야끼有紋素燒토기, 식옹埴瓮토기"(164쪽)가 있었다. 오노大野延太郎가 말하는 식옹토기에 대해서는(大野雲外,「식옹토기의 종류에 대해」,『동경인류학회잡지』17-190), "야요이식의 이름은 좁은 의미에 머물러 별도로 유품類品 전체를 포괄하는 넓은 이름"으로서 식옹토기를 사용한 것인데 특히 오노는「식옹토기에 대해」(『동경인류학회잡지』17-192)에서 제기설祭器說을 주창했다. 이에 대해 마끼다 소우지로蒔田鎗次郎는「오노씨의 식옹설에 대해」(『동경인류학회잡지』17-196)에서 제기설을 반박했다. 마끼다는 식옹의 명칭은 옳지 않다고 하여 석기시대와 고분시대의 중간물이 되는 것이라고 강조했다. 오노가 말하는 식옹토기는 토사기土師器와도 구별이 되지 않는 것도 있고 분명히 의미는 애매하였다고 한다(164쪽).

또 만로도「오노씨大野氏의 식옹설을 읽고」(『동경인류학잡지』22-248, 명치 39년 11월)에서 "야요이식 토기를 중간토기로 바꾸어야"(166쪽)하고 "이 말은 야마토민족의 고분토기와 석기시대의 토기의 중간에 있다는 것을 나타내는데 적당하다"고 생각하여 오노씨의 견해를 반박했다. 그의 견해의 영향인지 야기 쇼자부로는 1906년, 1907년에「중간토기(야요이식토기)」(『동경인류학회잡지』22-248)의 이름을 신중하게 사용하였다(166쪽).

5) 논쟁사의 전개(3) : 신농석神籠石(코고이시) 논쟁

코고이시神籠石 논쟁은 특히 다이쇼大正 연간으로 계승되었는데 이 시기에 시작된 것은 의미가 깊다. 코고이시라는 유적이 학계에 소개된 과정은 다음과 같다. 1898년 8월 구루메久留米에 사는 고바야시小林壓次郞는 다카요시산高良山에 카우고이시라는 것이 있다는 것을 듣고 이것을 실견하였고 상경하면서 츠보이 쇼고로에게 이야기를 전했다. 츠보이는 이것에 대해 12월 예회에서의 보고를 장려했고 고바야시는 「치쿠고쿠니筑後國 다카요시산 가운데 코고이시에 대해」(『동경인류학회잡지』14-153)를 발표하면서 코고이시가 널리 알려지게 되었다(166~167쪽).

> 이 코고이시는 어느 호족(豪族)의 묘지 혹은 공유(共有)묘지를 구획한 것인가. 그렇지만 존재하는 고분이 지금 알려진 것이 적은 것을 보면 고분과 돌과의 관계를 바로 단정 짓기는 어렵다. 생각하면 본사(本祉)의 땅 혹은 대고총(大古塚)이 있었던가. 또 실지조사를 거치면 오늘날 수목이 무성한 사이에서 다수의 고분을 발견할 수 있을 지도 모른다. 어떻든 이 돌은 어느 영지(靈地)로서 신성하게 보관된 지역을 구별하지 않으면 안 된다. (167쪽)

저자는 위 견해를 "츠보이의 의견"(167쪽)이 반영된 것으로 본다. 그 후 고바야시는 같은 것이 후쿠오카현 야마몬군山門郡 히가시야마촌東山村의 죠야마女山에도 있다는 것을 1898년 9월에 「다카요시산 코고이시와 유사한 것」(『동경인류학잡지』14-162)을 통해서 소개하였고 후쿠오카현 이또시마군絲島郡 라이야마촌雷山村 라이야마雷山의 것, 가수군嘉穗郡 카이다촌穎田村 가모우마鹿毛馬나 교토군 비진촌神田村 고쇼케타니御所ヶ谷의 경우도 학계에 알려지게 되었다.

코고이시라고 말하는 유적을 둘러싸고 우선 문제가 된 것은 명칭이었다

(168쪽). 다카요시야마신사의 신관神官 사이에 "카우고이시"라고 막연하게 이야기되고 있던 것에 음으로 향합석좁合石이라는 문자" 또는 "음으로 된 신호석神護石"으로도 사용되었다고 한다. 그 다음 문제가 되었던 것은 이것이 무엇을 가리키는가였다. 이에 대해 저자는 "단독의 돌을 가리키는가, 열석列石의 상태로 산을 포위하는 것을 가리키는가"(168쪽)를 둘러싸고도 의문이 있었다고 한다. 저자의 입장은 만약에 그것이 "열석의 산을 포위하는 것"을 가리키는 것이라면 "카우고이시의 이름은 반드시 적절한 표현"이 아니라는 것이다.

한편 에도시대의 학자들은 이런 유적을 이미 "성城이라고 생각"(168쪽)하고 있었다. 저자는 "혹시 만약에 라이산雷山이든 고쇼케타니든 죠야마女山의 유적이 최초로 학계에 소개되어 있었다면 아마도 신롱석과 같은 취음 문자는 사용하지 않았을 것이다. 또 만약에 에도시대의 이런 문헌도 숙지하고 있더라면 그 성질론에 대해서도 신중하였을 지도 모른다"(169쪽)라는 견해를 피력하면서 "어떻든 다카요시야마 신사의 산을 둘러싸고 열석列石이 처음으로 학계에 소개되었고 신롱석의 이름이 사용되었으며 얼마 후 유사한 유적에 대해서도 이 이름이 사용되었고 여기에서 의문도 그렇게 제기되지 않은 채 논쟁이 시작된 점"(169쪽)에 하나의 문제가 있었다고 말한다.

야기 쇼자부로는 1900년 5월부터 6월에 걸쳐서 다카요시야마, 뢰산雷山, 죠야마女山, 고쇼케타니御所ヶ谷에 대해 실지조사하였고 같은 8월에 명칭의 기원, 분포, 유적의 현황, 고래古來의 전설, 여러 사람들의 설說, 자신의 고설考說 등으로 나누어 「큐슈지방유적조사보고」(『동경인류학회잡지』 16-173, 175쪽)를 발표하면서 "성곽설城郭說"(169쪽)을 주장했다. 저자는 야기의 주장에 대해 "오늘날 이런 유적에 대한 지견知見에서 보아도 그의 의견은 훌륭했다"(169쪽)고 평하고 앞서 보았듯이 에도시대에도 이와 비슷한 견해가 있었으나 기다 사다기치喜田貞吉는 "영역설靈域說을 주창함으로써 이를 둘러싸고 새롭게 논쟁이 전개"되었다.

그 후 야기는 조선에도 건너가 동래東萊지방의 산성터를 조사하고 신롱석의 포위 구조와 공통적이라는 점을 보고했다(「한국통신」, 「동경인류학회잡지」 16-177). 그러나 기다는 야기의 산성설을 부인하고 일종의 "신리神離이며 신이 진좌하는 영역靈域"이라고 주장하였다.

그 역시 1902년에 다카요시산이나 뢰산을 찾았고 『역사지리歷史地理』 (5-4)에 「신롱석은 무엇인가神籠石とは何ぞや」를 발표하여 "신롱석의 특색인 절석切石이 2척 내지 2척 5촌 정도의 높이로는 적을 막을 설비가 아닌 점이라든가 적이 접근할 것 같은 장소가 아니라 이렇게 벽원한 곳에 거대한 성곽을 짓고 사람이 살고 있었다고는 생각되지 않는다는 점을 들었고 더욱이 이것은 대공사이며 이러한 대공사는 종교적 목적 이외에 도저히 생각할 수 없는 것"(170쪽)이라고 주장했다.

그 후 기다는 1907년에도 가게우마鹿毛馬(후쿠오카현 가수군嘉穗郡 영전촌穎田村)이나 죠야마女山를 조사하였고 뢰산, 다카요시산도 재조사하였다. 또 1908년에는 야마구찌현 구마게군熊毛郡 야마토촌 석성산石城山에 유사한 유적이 있다는 사실이 알려졌고 이를 발견한 니시하라西原爲吉는 죠야마女山의 신롱석이 존재하는 히가시야마촌東山村 출신으로서 당시 구마게군 시학視學이었던 사람으로 가끔 석성산 정상에 있는 석성신사神社에 참배할 때 야마우바노아나山姥ノ穴(산 할머니의 구멍)라고 이야기되는 돌이 배치되어 있는 것을 듣고 찾아가 보니 신롱석과 함께 돌이 배치된 도랑이라는 것을 확신하고 신롱석을 확인하였다(171쪽).

기다는 그로부터 얻은 정보를 토대로 1909년 말부터 1910년 초까지 조사를 하고 "특히 후쿠오카현에도 가서 석성산에서 고문서나 고지도를 대조하여 연희식延喜式 내 석성신사의 신령神領과 신농석의 열석列石의 한계가 거의 일치하고 있는 점이라든가 산 안 신사의 별당別当 신호사神護寺가 있어 석성산신호사石城山神護寺라고 이야기되었는데 원래는 카우고지라고도 불리고 신롱석을 산호사호山號寺號로 하고 있는 점에 주목하여 신롱석으로 써 영역설靈域說"(171쪽)을 생각하게 되었다고 한다.

그러나 저자는 "석성신사의 신령神領과 신롱석의 열석의 한계가 거의 일치하고 있다고 하더라도 이것으로 바로 신롱석 영역설靈域說과 결부시키는 것"은 위험하며 "열석이 팔합목八合目 주변에 나란히 있고 이것이 지역을 구별하는 표시도 되기 때문"에 후에 이 범위내內가 신령神領이 되었던 점도 고려해야 한다는 점을 언급했다. 또 "신호사神護寺가 있었다고 하더라도 대체로 신호석이나 신롱석은 음이나 훈에 따른 문자로 따로 신호사의 소재가 영역靈域이라는 것에 대한 적극적인 증거"(171~172쪽)는 될 수 없다는 입장이다. 기다가 기타타니北谷 간 석벽 도랑의 깊이가 약 284.8미터의 노끈을 허리에 매고 그 안까지 도달할 수 없었다고 말하였지만 실제로 저자가 석성산 조사 때 안에 들어가 보니 약 수십 미터에 지나지 않았다(173쪽)고 한다.

기다는 1910년에 「신롱석개론」(『역사지리』 15-3)이라는 글에서 신롱석의 형성여하, 신롱석의 의의 등을 논하고 "우리들은 어디까지나 신롱석을 간나비神奈備의 경계석"(173쪽)으로 보았다. 이에 대해 야기는 같은 『역사지리』 (15-3)의 「신롱석과 성곽」에서 그 성곽설을 다음과 같이 비판하였다.

첫째로, "신롱석이 존재하는 곳이 매우 불편하고 편벽한 곳이라는 점을 근거로 설정하는 것은 고금의 역사와 상태를 모르기" 때문이다.

둘째로 "신롱석의 위치가 높고 더욱이 사람이 거주하기에 적당하지 않다는 비난역시 각지의 예를 모르는 결과이고 또 한편으로 지역조사가 충분하지 않기 때문"(174쪽)이다.

셋째로 "신롱석에 입구가 분명하지 않다는 점을 하나의 이유로 삼고 있는 것은 전혀 조사가 소홀한 데에서 나온" 것이다.

넷째로 신롱석은 토대에 한 돌씩 병렬한 것이기 때문에 그 상부에 어떠한 것도 볼 수 없기 때문에 방어에는 맞지 않고 따라서 성곽이 아니라고 많이 이야기하고 있는데 이것은 그렇게 유력한 것이 아니다. 무엇인가 그 위에 다른 첨부물이 있었다고 생각한다. 이것은 축석 위에 제방을 쌓든가 방책防柵을 설치했든가 흙벽을 만들었든가 이 세가지 중 하나였을 것이다 (174쪽).

그 후 여러 학자들이 이 논쟁에 참가하였는데 그 가운데 구루메 쿠니다 케久米邦武가 1905년에 『일본시대사』의 고대古代 가운데 "신롱석은 성터로 인정되지만 성의 돌담으로서는 낮고 정말 의문"(174쪽)이라는 입장이었다. 또 성곽사 연구자였던 오류이 노부루大類伸는 1910년에 「일본고대의 성곽과 신롱석」(『역사지리』 15-3)에서 신롱석은 "고대 성곽의 형식에는 맞지 않고 성곽이 아니라는 것은 분명한데 그러나 한국 산성 형식과도 닮아 있고 한국과의 연계도 생각"(175쪽)할 수 있다는 입장을 제시했다.

그 사이 세끼노 타다시가 조선의 산성터와의 비교를 통하여 그 유사점을 이유로 산성설山城說을 지지하였고(「소위 신롱석은 산성터가 된다」, 『고고학잡지』 4-2, 1913), 또 야츠이 세이이치谷井濟一도 1914년에 「신롱석은 유적학(고고학)상에서 보아 산성터가 되는 사실이 분명하다」(『고고학잡지』 4-6)는 입장을 취했다(175쪽).

저자는 이와 같은 신롱석 논쟁을 회고하면서

신롱석이라는 명칭이 학술용어적인 것이 된 것도 우선 반성할 만한 것인데 그것과 함께 발굴을 함께 하지 않고 노정되어 있는 현상만으로 논한 것도 결점이었다. 따라서 열석에 대해서도 야기와 같이 열석 위에 제방을 쌓았든가 방책을 설치했든가 토벽을 만들었던가 하는 훌륭한 고찰도 있었는데 절

대적인 결정적 요소는 되지 않고 기다와 같이 이 낮은 절석(切石)의 열석으로
는 방어시설이 되지 않는다와 같은 반론도 나온 것이다. 단 현재 새롭게 발
견된 지견에 의하면 산성이라는 점은 틀림없다. (175쪽)

6) 논쟁사의 전개(4) : 평성경平城京 및 법륭사 재건 · 비非재건론

저자에 의하면 "기다 사다키치는 역사시대의 고고학과도 관련되는 두가
지 큰 논쟁에서도 중심이 되었다"(175쪽). 그 논쟁의 하나는 평성경의 구역
이나 조방條坊에 대한 논쟁이고 다른 하나는 법륭사의 재건 · 비재건에 관한
논쟁이었다. 1898년 1월, 당시 나라현 기사였던 세끼노는 평성궁터에서
새롭게 대극전大極殿터의 소재를 확인했고 그 후 1905년 12월『건축잡지』
(227)에서 척도와 방위라는 기초에 비추어서 평성경平城京과 대내리大內裏 여
러 궁전을 고찰했다. 그 후 기다도 1906년 2월『역사지리』(8-2~9)에「평성
궁의 사지四至를 논한다」라는 글을 발표했고 세끼노가 1907년 6월에「동
경제국대학기요공과」제3책에 정리한『평성궁 및 대내리고大內裏考』는 그의
공학박사 학위논문이 되기도 했다. 이에 대해 기다는『역사지리』(12권에서
13권)에 9회에 걸쳐 발표한「평성경 및 대내리고평론大內裏考評論」을 통해 논
박했다.

그러면 세끼노의『평성경 및 대내리고』의 주장은 무엇인가. 그 논고의 3
편 가운데 제1편은 경성의 연혁, 지세나 제도에서 본 경성 내의 저명한 사
사社寺의 점지占地에 대한 고증이고 제2편은 궁성에 관한 연구로 우선 부지
에서 시작하여 특히 사적史籍에서 산견되는 여러 궁전을 설명하고 있으며
제3편은 당나라의 장안경長安京의 제도를 서술하여 평성경과 비교를 하고
있다(176쪽). 저자의 기술에 따르면 이 연구는 건축사학 입장에서 척도와
방위를 자세하게 고증하고 특히 고지도나 고문서의 내용을 검토하여 실지

에서 측정한 결과에 비추어보는 방법을 취하고 있다. 그 중에서도 평성경은 본래의 조리條里 위에 설계되었다고 보고 일찍이 키타우라北浦定政의 고찰, 즉 동서 32정町, 남북 38정을 생각하고 일조북로—條北路 이북에 북변방北边坊을 인정하고 우화내변고분宇和奈辺古墳, 소내변고분小奈辺古墳의 대부분도 포함한 북로조방설北路條坊說을 부정하고 폭 2정의 북변北边의 땅은 후에 사이타이四大寺의 북변에 있어서 2방坊에서 4방 사이에 이것을 둔 것으로 보았다. 또 궁성 내의 조당원朝堂院터를 복원고찰하였고 특히 내리内裏 그 외의 소재를 고증하였으며 또 경내京內의 여러 대사大寺나 그 외 사사의 점지를 논하고 대로, 소로를 고찰하는 등 새로운 견해가 적지 않았다(이상 176~177쪽).

기다 사다기치의 「평성경 및 대내리고평론」은 다음과 같은 항목을 두고 세끼노의 견해를 반론한 것이었다.

① 경성은 조리상 경영되기도 하였다는 세끼노씨의 주장을 논한다.

② 조방조리의 연구상에서 척도의 응용 및 자계磁計의 경사에 관한 세끼노의 관찰을 논한다.

③ 경성 동북부에 있어서 조방의 터를 조사하고 세끼노의 오류를 언급한다. 가로街路의 장척丈尺을 논하여 세끼노의 연구를 언급한다.

④ 노동노서路東路西에 있어서 경남조리京南條里가 서로 맞지 않음을 증명하여 세끼노의 반성을 구한다.

⑤ 조리條理에 관한 세끼노의 신연구를 논한다.

⑥ 평성경내 여러 절의 점지占地를 논한다. (177쪽)

등이었다. 이 가운데 기다가 세끼노를 비판한 점은 다음과 같다. 즉 사이타이西大寺에 전해져 내려오는 조리도條理圖를 토대로 육지측량부의 실측도에 선을 그어 복원도를 만든 점, 척도를 극단적으로 응용한 점이었다. 기다는 지도상 척도의 정밀한 연구로 정확하게 고대의 조리條里의 흔적을 알수 없다는 점을 논했다. 또 경내조방과 경외조리와는 척도단위를 달리하는 것으로 보았다든가 경성주위의 경북, 경동, 경남의 각 조리는 원래 연결되어 평성경 부지에 이르고 있었다고 하는 생각은 오류라는 점을 논하고 특히 조리의 구획은 평성경 설계 후에 이루어졌다고 하는 등 세끼노의 견해를 일일이 비판했다(이상 177~178쪽). 참고로 기다는 이 논문을 주요 내용으로 하여 동경제국대학 문학부에 학위청구논문으로 제출하여 1909년 10월에 문학박사학위를 취득하였다.

일찍이 1887년대에도 법륭사의 재건·비재건을 둘러싼 논의들이 나타났다. 즉 스가마사 또모菅政友(1824~1897), 고스기 스기무라小杉榲邨(1835~1910), 구로카와 마요리黑川眞賴(1829~1906), 츠가다 다께우마塚田武馬 등에 의한 논의가 그것이다. 그러나 명치 말기에 이르러 문헌상 재건론을 주장하는 기다 사다기치와 건축양식이나 미술사의 입장에서 비재건론을 주장하는 세끼노, 히라코 타쿠레이平子鐸嶺(1877~1911) 사이에 논쟁이 가장 활발하게 전개되었다.

법륭사는 요우메이用明천황이 병 치료를 위해 발원되었으나 이루어지지 못하고 세상을 뜨게 되자 스이코推古천황 및 성덕태자가 이 유원遺願을 받들어 건립한 것이다. 법륭사 금당의 약사여래상 광배의 명문에는 스이코 천황 15년(607)에 절이 조영되었다는 기록이 있는데 이 시기는 대체로 그 공사를 마친 것으로 볼 수 있다는 것이다. 종래 법륭사의 금당, 5층탑, 중문, 회랑의 일부는 태자 건립 당시 그대로라는 생각이 대세였다. 그런데 이에 대한 의문이 1877년경부터 일어났는데 다름 아니라 스가마사 또모菅政友, 고스기 스기무라小杉榲邨, 구로카와 마요리黑川眞賴 등이 『일본서기』천지천황 9년 4월 30일조에 의거하여 법륭사는 전소되었고 그것을 화동和銅

연중에 재건하였다고 생각하였다(이상 178쪽).

이에 대해 세끼노는 1905년 2월에 「법륭사금당탑파급중문비재건론」(『사학잡지』 16-2 및 『건축잡지』 218)에서 현재의 금당, 5층탑, 중문, 회랑의 형식은 아스카시대의 특징을 보이고 있으며 더욱이 사용된 척도는 아스카시대의 고려척이며 그 가람부지에 불에 탄 흙이 없고 초석에도 불에 탄 흔적도 없다는 점을 들어 오히려 비非재건론을 주장했다. 또 히라코도 1901년 10월 25세 때 「야마토법륭사재건론에 대한 의문」(『신불교』 2-1)을, 1905년 2월에는 「법륭사창건고」(『國華』 177, 『역사지리』 7-4·5)에서 텐지천황 9년 강오는 스이코천황 18년 강오의 잘못이며 이 때 승방僧坊, 잡사雜舍가 불에 탔다는 것을 텐지천황 9년에 잘못 전달되었다고 하는 '간지운명론干支運命論'을 주장하였다.

기다 사다기치는 1905년 4월에 「세끼노·히라코 양씨의 법륭사비재건론을 논박한다」(『사학잡지』 16-4)에 이어서 「법륭사의 화재를 입증하여 일부 예술사가의 연구방법에 의문을 품는다」(『역사지리』 7-5)를 발표하여 세끼노, 히라코의 주장을 반박했다. 기다는 어디까지나 천지천왕 9년의 기사는 절대 정확한 것으로 믿었으나 반대로 척도론尺度論을 비롯하여 실물상의 증거는 절대적인 것이 아니라고 주장했다.

법륭사의 재건·비재건 논쟁은 그 후 건축사가 아다치 야스시足立康(1898~1941)도 참가하여 소화 초기까지 활발하게 전개되었다. 그런데 1939년 12월에 와카쿠사가람터若草伽藍跡가 발굴되면서 이 논쟁은 새로운 전개 양상을 보였다.

저자는 이러한 논쟁사를 정리하면서 아래와 같이 몇 가지 '교훈'을 얻었다고 한다. 즉 "신롱석논쟁에 있어서 학술용어라는 것을 신중하게 사용할 필요가 있음도 알았다. 아울러 에도시대의 선학자의 견해도 무시할 수 없다는 것을 배웠다. 신롱석이나 법륭사의 문제에서 유적 발굴이라는 것이 논쟁의 새로운 국면을 전환시켜 하나의 결정타가 된다는 것도 알았다. 또 문헌에서 믿기에 충분한 문헌과 믿을 수 없는 문헌과의 적확한 판단비판의 필요성도 배우게 되었다. 아울러 과학적으로 보이는 논거에서도 단지 과학적이라는 이유만으로 쉽게 신뢰하는 것은 위험하다는 점"(180쪽)이 그것이다.

7) 발굴, 발견과 각 분야의 연구(1)
: 다츠노쿠치龍の口유적과 소네曾根유적

저자는 이 시기 주목할 만한 석기시대 유적조사로 두 가지를 들고 있는데 하나는 동경부하下의 오시마大島 노마시촌野增村 아자大字 다츠노쿠치 용암류 밑의 유적에 대한 조사이며 또 하나는 나가노켄 스와군諏訪郡의 스와호수 밑 유적에 대한 조사였다. 이 유적들은 용암류 밑과 호수 밑 유적이라는 점에서 주목을 받았다.

전자가 주목을 받은 계기가 된 것은 1901년으로 츠보이 쇼고로에 의한 「이즈伊豆 오시마 용암류 밑의 유물의 발견」(『동경인류학잡지』 17-189)의 발표였다. 츠보이는 용암류 밑에 유물포함층이 있고 인골이 검게 타서 발견되었고 석기는 흑요석이고 그 출산지를 둘러싼 문제 등이 큰 파문을 일으켰다고 한다(181쪽). 그 후 도리이 류죠도 같은 해 4월에 이를 조사하여 다음 해 2월에 동경지학협회에, 5월에 『동경인류학회잡지』(17-194)에 「이즈 오시마 용암류 밑의 석기시대유적」을 발표하였다. 이를 통해 도리이는 석기시대에 이 곳 거주민들이 지질학적 변동에 의한 분화활동으로 용암이 이 마을을 덮친 사건으로 보고 폼페이 사건과 비교하기도 하였다.

한편 스와 호수 밑에서 유적이 발견된 것은 1908년 10월이었고 이를 학계에 처음 보고한 사람은 하시모토 후쿠마츠橋本福松(1883~1944)였다. 그 다음 해에 발표된 「스와호수 밑에서 석기를 발견하였다」(『동경인류학잡지』 24-278)라는 그의 글을 츠보이가 보고 바로 조사에 착수하여 「일본에서 처음으로 발견된 호수 밑 석기시대유적」(『동양학예잡지』 26-337, 1909)을 발표하였고 그 결과를 계속해서 『동경인류학잡지』에 보고하였다. 이로써 일본에서의 "원시식原始式의 토기"(183쪽) 존재 가능성이 제기되었다.

8) 발굴, 발견과 각 분야의 연구(2) : 석기시대 · 야요이시대 연구

저자는 패총 발굴에서 1905년 7월에 츠보이 등이 치바현 카이죠우군海上郡 카이죠우촌海上村 아자大字 여산패총余山貝塚을 발굴하고 그 결과를 『고고계』(8-5, 1908)에 발표한 것을 현저한 하나의 예로 뽑고 있다. 또 1907년 동경인류학회의 소풍행사에서 치바현 치바군 치시로무라千城村 카소리패총加曾利貝塚이 발굴되었다.

토기 연구에서는 특히 새로운 견해는 없었지만 저자가 석기 연구 부문에서 오노 노부타로大野延太郎의 「석부의 형식에 대해」(『동경인류학회잡지』 21-240, 1906)에 주목하는 이유로 조사한 마제석부 682점을 7종으로 구분하여 자세한 통계표도 게재하고 형식과 석질石質과의 관계를 서술하였다는 점을 들고 있다. 그 다음 해 1월에는 「타제석부의 형식에 대해」(『동경인류학회잡지』 22-250)에서 정리한 재료 258개를 분동형分銅形, 사발형, 단책형短册形으로 구분하여 상세한 통계도 제시했다. 그리고 츠보이 쇼고로의 「일본 석기시대 인민의 이식耳飾」(『동경인류학회잡지』 21-24, 1906년 4월) 외에 사또 덴죠佐藤傳藏가 「카메가오카龜ヶ岡에서 나온 청옥靑玉의 원산지」(『동경인류학회잡지』 16-176, 1900년 11월)에서 아오모리현 카메가오카 석기시대 유적에서 발견된 "환옥, 곡옥 그 외 유사물의 원산지"는 "아지카사와鯵ヶ澤에 걸치는 4리밖에 안 되는 명소의 하나가 된 오호또세이와大戶瀨岩"가 되며 거기에서 주

운 청석이 주옥의 재료가 되었다고 생각한 것도 역시 지질학자로서 시사에 풍부한 것(184쪽)이었다고 저자는 말한다.

저자는 이 시기 활동한 영국인으로서 요코하마에 거주했던 외과의사 문로(N. G. Munro, 1863~1942)에 주목하였다. 그는 *Coins of Japan*이라는 저술과 함께 아시아협회보고에 'Primitive Culture in Japan'라는 글도 발표했다. 특히 1911년에 발간한 *Prehistoric Japan*에서는 석기시대의 유적, 주거, 기구器具, 주방도구, 무기, 도자기 제작기술, 식물, 의복, 중간토기中間土器, 청동기, 야마토족의 유적 및 고분, 금속제 및 석제의 야마토족의 유물, 야마토족의 토기, 야마토족의 사회생활·종교 및 선사시대 주민 등을 수십 장章에 걸쳐서 설명하고 있다. 그는 단 일본의 구석기문제에 대해서도 일찍이 관심을 기울려 특히 북방 고문화에도 주목하였는데 만년에는 홋카이도에서 의료 활동을 하면서 고문화의 해명에도 힘을 기울여 1908년에는 「환상석리環狀石籬와 고대건설물의 방위」(『고고계』 7-12)를 발표하기도 했다(184~185쪽).

또 저자는 1912년에 키시노우에 카마기치岸上鎌吉에 의한 『동경제국대학농과대학기요』(2-7)의 'Primitive Fishing in Japan'에 주목하였는데 이것은 어구, 낚시침, 추, 망 등에 대해 구체적으로 고증한 것이고 석기시대 어업에서 포획구를 생각할 때 귀중한 업적이었다(185쪽)고 한다.

1904년 3월에 야요이토기연구회도 발족되었는데 이 야요이라는 명칭에 대해서는 1907년경 야기 쇼자부로는 중간토기(야요이식토기), 오노 노부타로大野延太郎는 식옹토기埴瓮土器와 같이 정해진 용어가 없었다. 저자에 의하면 이 시기 야요이식토기와 수반되는 석기 등에 겨우 주의하기 시작하였다고 한다.

저자는 그러한 예로서 1907년 나고야시 아츠다패총熱田貝塚 조사를 들고 있다. 그 조사에서 분명히 확실한 층에서 야요이식토기와 석기의 공존이 확인되었다는 점에서 학사적으로도 중요한데 이 해 아츠다 다카쿠라신사高倉神社 경내 근처 지역이 나고야시에 편입된 것을 계기로 도로공사 진행 중 그 겨울에 패총이 발견되기도 하였다. 이 조사를 담당한 나고야육군유년학교 국어과 교관 카기야鍵谷德三郎는 1908년 1월 7일에 현지에 도착한 후 공무 중 짬을 내어 약 80일 동안 조사를 진행하여 패층貝層 혹은 와지형窪地形 흑토층에서 야요이식토기와 함께 석착石鑿(마제결입식돌도끼) 등의 석기도 발견하였다. 그는 이 조사결과를 「오하리尾張열전고창熱田高倉패총실사」(『동경인류학회잡지』 23-266, 1908년 5월 및 「고고계」 7-2, 1908년 5월)로 발표하면서 "패각층 가운데 토기와 석기와는 동일문화의 것이며 패총을 만든 인종도 석기를 사용한 인종도 동일"(186쪽)하다는 점과 "석기와 토기가 함께 동일한 와형흑토층窪形黑土層에 존재한 것이기 때문에 토기를 사용한 인종과 패각층을 형성하고 석기를 사용한 인종과는 동일인종"(186쪽)이라는 결론을 냈다. 이러한 연구 결과, 야요이식토기와 석기와의 관계가 분명해졌다고 저자는 말한다.

한편 동검, 동모 혹은 동탁에 대해서도 그 상관관계나 시대에 대한 고찰이 이루어졌는데 1900년에 야기 쇼자부로는 「큐슈지방유적조사보고」에서 동검, 동모가 어떤 것들과 함께 나오는가는 종래 분명하지 않았는데 이번 병瓶은 "어떤 류의 스야끼옹素燒甕"(187쪽)이라고 보았다. 그리고 1906년 간행된 나카사와中澤澄男와 야기 쇼자부로 공저의 『일본고고학』에서는 동탁을 동검, 동모와 같은 시기의 유물로 간주하고 그 분포에 대해서도 고찰했으며 특히 야기는 1902년에 간행한 『고고편람』의 「동검동모고」에서 동검, 동모를 새롭게 소개했고 1904년 1월 야요이식토기에 대해 그 인종을 언급하면서 일본에 들어온 말레이인종의 한 분파로 보았다. 그러나 이 토기에 대해서는 한편 천손인종이 제조사용한 유물이라는 설이 있다는 점도 소개했다(『고고계』 3-8)(187쪽).

9) 발굴, 발견과 각 분야의 연구(3) : 고분시대 및 역사시대 연구

저자는 이 시기 고분조사에 관해서는 츠보이 쇼고로에 의해 동경시 시바마루야마芝丸山공원의 마루야마丸山고분을 중심으로 이루어진 고분군郡조사에 주목하였고 츠보이가 해외유학에서 돌아온 1892년 10월 이후 시 관계자 사이에 이것이 고분인가 아닌가 견해가 엇갈렸다고 한다. 고분이라면 적극적으로 보존대책을 강구하지 않으면 안 될 것이라는 입장이었다. 츠보이는 고분이라고 확신하고 이를 증명하기 위해서 1897년 12월부터 그 다음 해 4월에 걸친 발굴을 통해 마루야마고분을 중심으로 하는 고분군이라는 점을 밝혔다. 이 결과를 「시바공원 안에 있는 대소 고분의 성질과 그 연대」(『동양학예잡지』 17-220·221, 1900)로 발표하고 1903년에 『고분』(1-1)에 정리하였다.

이 책에서는 1906년에는 후쿠이현 요시다군吉田郡 요시노촌吉野村의 석선산石船山상에서 발견된 배 모양 석관과 그 안에서 출토된 관, 사수경四獸鏡, 갑옷, 녹각으로 만든 칼장구 등에 주목하고 있다(『고고계』 7-8). 또 같은 해 1907년에 야마나시현 야요군八代郡 시모소네촌下曾根村 쵸우시츠카銚子塚 옆 마루야마 고분이 발견되어 수혈식석실이 검출되었으며 1912년 7월에는 오사카부 미나미카와우치군南河内郡 고야마촌小山村 츠도우시로야마 고분津堂城山古墳에서 발견된 석관을 츠보이와 시바다柴田常惠가 조사하였다. 츠보이는 1911년 7월부터 유럽 여러 국가 및 인도, 이집트 등을 둘러보고 1912년 3월 29일에 귀국하였는데 대석관이 발견되었다는 정보를 얻자 그 다음 날 동경을 떠나 4월 4일에 이를 조사하였는데 이 고분은 인교우천황릉允恭天皇陵이라고도 일부 상상되고 있던 것으로 웅대한 나가모치형長持形석관(저석底石,장측석長側石 2매,단측석短側石 2매,덮개석蓋石 총 6매의 판석으로 이루어진 상자모양의 석관 : 필자 주)의 출현은 학계에 큰 영향을 끼쳤다. 조사 결과는 「카와구찌소산촌성산河內小山村城山고분의 조사」(『인류학잡지』 28-7·9)로 발표되었다. 저자는 츠보이에게 이 조사는 "아마 인생에서 최종 화려한 조사였을 것"이라고 말한다.

저자는 유해매장遺骸埋葬시설과 관련한 연구로서 와다 요기치和田千吉의 옹관연구를 든다. 그는 1901년에 「도관陶棺 매몰의 연구」(『고고계』 1-4)에서 도관陶棺의 분포를 서술하고 그 형상 등을 분류하여 특히 도관매몰의 상황 등을 고찰하였다.

하니와埴輪에 대해서 츠보이 저서 중 『하니와고考』(1901년 7월)에서 하니와 원통圓筒과 하니와 토우, 토마土馬를 구분한 그의 성과는 도치기현 아시카가足利고분을 발굴하였을 때 출토된 하니와에 대한 관심에서 출발하였다.

저자는 1910년 8월에 「부장품 변천의 세 시기」(『동양학예잡지』 27-347)에서 부장품의 변천을 다음과 같이 세 시기로 구분한 츠보이의 연구 성과에 주목하였다. 사망 후에도 기물을 사용한다고 믿고 생전에 사용한 물품과 같은 것을 시체와 함께 매장하고(제1기), 그러한 사상이 후퇴하면서는 단지 습관상 어느 물건을 시체와 함께 묻으며(제2기), 사망 후 사용 불사용을 따지지 않고 그야말로 그러한 뜻의 표시로서 어느 물건을 시체와 함께 묻는 방향(제3기)으로 변천하였음을 논했다(191쪽).

그 가운데 동경제실박물관 역사부 차장이었던 다카하시 켄지高橋健自는 그의 저서 『거울과 검과 옥』(1911)에서 3종의 신기神器 가운데 특히 팔척경鏡과 팔척경 구옥勾玉에 대해 기술하였는데 이에 대해 저자는 "고고학자가 3종의 신기에 대해 고증한 것으로서 주목할 만한 것"(191쪽)으로 평하였다. 이 외에도 츠보이는 곡옥曲玉의 형식을 구체적으로 분류하고 시바다 쵸에柴田常惠도 고분에서 발견된 초자질硝子質의 소옥小玉에 대해 기술하였다(『동경인류학회잡지』 27-9, 1911).

역사시대에서 앞서 언급한 코고이시 논쟁은 그대로 이어지는 가운데

1899년 1월에 세끼노 타다시는 나라현 서기관 고또後藤松吉郎과 함께 평성궁平城宮의 조당원朝堂院 터와 대극전大極殿의 토단土壇 등을 확인하였다. 여기에 기다 사다기치熹田貞吉도 가세하여 역사지리의 입장에서 고대의 수도 터에 대한 연구성과를 『역사지리』에 내놓았다. 이 시기에 유적으로서 주목된 것으로 경총經塚과 분묘가 있었다(193쪽).

제4장
다이쇼大正시대의 고고학

1. 고고학계의 동향

1) 『고고학』 간행과 도록 출판의 성황

다이쇼 기간은 겨우 15년간이다. 저자는 그 기간의 역사적 사건으로서 1914년 7월의 제1차 세계대전의 발발, 1918년의 종전에 이어서 물가폭등, 그리고 전국적으로 퍼진 쌀소동, 특히 1923년의 관동대지진 등을 들면서 일본고고학사상으로는 명치 연간의 동경제국대학 이학부 인류학교실 중심의 학풍이라든가 에도시대로부터의 전통을 가진 진물애호珍物愛好의 일부 풍조로부터 겨우 탈피하여 "진정한 의미의 고고학으로 약진하는 시기"로 보고 있다.

저자는 다이쇼 초기에 있었던 고고학사상 사건으로서 1913년 츠보이 쇼고로의 사망을 들고 있다. 츠보이는 러시아에서 개최된 만국학사원연합대회에 출석 중 5월 26일에 급서하였다. 그의 해외 출장이 있던 1911년 7월경부터 원고 모집의 어려움에 빠져 『동경인류학회잡지』의 발간도 늦기 일쑤였고 다이쇼 원년 10월호로 간행이 중지되었는데 그의 갑작스런 죽음으로 휴간은 불가피한 상황이었다. 그러다가 1913년 12월에 이르러 츠보이 쇼고로에 대한 추도 특집호로서 제28권 5호가 출판되면서 이후 간행이 이어졌다.

1913년부터 1917년까지 동경·경도 양 제국대학, 동경제실박물관, 궁내성 관계의 학자들이 참가한 미야자키현 사이또바루西都原고분군 발굴을, 저자는 "이른 바 종합적 조사"가 이루어진 획기적인 것으로 평가하였다. 이 장에서 유일하다면 유일하게 식민지고고학의 활동을 기술하고 있는데 다름 아니라 "세끼노 등에 의한 조선낙랑고분의 발굴"에 관한 것인데 이에 대해 "과학적인 정치성精緻性을 가지고 시도된 것"(198쪽)으로 평가되고 있다.

이러한 일본고고학계의 "어수선한" 상황에서 1913년에는 동경제실박물관에 근무하면서 고고학회 간사를 맡고 있던 다카하시 켄지高橋健自에 의한 『고고학』이라는 개설서의 간행에 저자는 "명치시대의 학문 전통을 이어받으면서 요령 있게 일본 고고학의 일반을 서술한 것"으로 주목하였다. 즉 전편을 "선사시대 또는 석기시대"로, 후편을 "원사시대"로 각각 설정하고 각 유적과 유물에 대해 해설을 하였으며 참고가 되는 사진도 풍부하게 싣고 각 시대를 "문화"의 장으로써 종결하고 부록으로서 「고고학연구법대요」를 붙였다. 야츠이 세이이치谷井濟一는 이 책에 대한 서평(『고고학잡지』 4-1)에서 "일본 고고학에 뜻을 둔 사람들에게는 매우 편리한 책"이라고 평가하면서도 부족한 점으로서 야요이식토기의 서술이 소홀하고 연구 이론이 너무 간략하며 사학, 토속학 등과의 관계를 강조할 필요가 있었다는 점을 지적했다. 저자는 그러함에도 불구하고 "명치 연간의 많은 학자들의 업적 위에 올린 총괄적인 것"(199쪽)이었다고 평가한다.

단 이 시기 고고학사상 특색으로서 "도록적인 도서"가 활발하게 간행되었다는 점을 들고 있다. 고고학회에 의한 『고고도집考古圖集』, 1923년부터는 스기야마 스에오杉山壽榮男(1884~1946)에 의한 『원시문양집』, 1925년부터는 스기야마, 고또 슈이치後藤守一(1888~1960)에 의한 『상대문양집』이 그것이다.

2) 학계의 3가지 주류

저자가 뽑고 있는 이 시기 일본고고학계의 세 가지 주요 흐름은 첫째 명치 연간부터 각각 전통을 이어오고 있는 동경제국대학 이학부 인류학교실과 동경인류학회, 둘째 명치 연간부터 계속 전개되어 온 고고학회 및 그 지반이 된 동경제실박물관 역사부이고 셋째로는 새롭게 제국대학으로서 문학부에 처음 설치된 경도제국대학의 고고학교실이었다.

(1) 다이쇼 시기의 인류학교실 동향

이 시기 인류학교실에는 이시다 슈죠石田收藏, 도리이 류죠鳥居龍藏가 있었고 동경인류학회의 간사 역할도 했다. 그 후 1917년에는 마츠무라 료松村瞭(1880~1936), 시바다 쵸에柴田常惠(1877~1954)가 간사가 되었다. 1913년 츠보이가 세상을 떠난 이후 고고학계의 중심에 마츠무라, 도리이가 있었다. 저자에 의하면 특히 도리이는 학문적 시야도 넓고 더욱이 대국적인 입장에서 유적유물을 접하고 지방에도 많은 지지자가 생겼다고 한다. 츠보이 이후의 인류학교실의 운영에 대해 저자는 마츠무라 등에 의해 본래의 인류학연구가 추진되었고 인류학연구와 직결되는 선사학 방면에 대한 새로운 연구가 전개되었으며 소장학자도 배출되었다고 말한다.

(2) 다이쇼 시기의 고고학회 동향

고고학회는 1915년 9월에 『고고학잡지』 제3권 제1호를 간행하고 회장에는 미야케 요네기치, 간사에는 다카하시 켄지, 야츠이 세이이치 등이 활동했다. 거기에 고고학회의 이름으로 도서간행이 이루어졌는데 『고고학회창립25년기념도집』(1920), 『12고고가考古家자료사진집』 1·2·3(1-1918, 2-1920, 3-1927), 『기년紀年경감鏡鑑도감』(1920) 등이 그것들이다. 미야케, 다카하시가 동경제실박물관의 역사부에 재직하고 있던 관계로 동경제실박물관이 항상 연구상 중요한 포인트가 되고 있었다.

(3) 경도제국대학에 고고학강좌 개설

1916년에 경도제국대학 문학부에 처음으로 고고학 강좌가 개설되었고 이 강좌를 담당한 사람은 "영국 유학 중 플린더스 패토리(W.M. Flinders Petrie, 1853~1942. 고대 이집트 문화 연구 고고학자. 토기에 대한 유형론적 연구로도 유명하며, 1892년 영국 런던대 이집트학 교수로 41년간 재직–필자 주)와 세이스(A.H. Sayce)의 학풍으로부터 영향을 크게 받고 새롭게 고고학 연구에 도입하였으며 또 고고학교실을 중심으로 오사카부 국부國府 유적 등을 발굴하여 보고서를 간행함으로써 일본 학계에 참신한 학풍을 가져와 과학으로서 체계를 세웠다"(201쪽)는 평가를 받은 하마다 코사쿠濱田耕作였다. 저자에 의하면 그는 젊은 시절 츠보이 쇼고로라든가 야기 쇼우자부로의 학설에 당당하게 반박하는 글을 발표한 것으로도 유명하다.

츠보이 사후 전통적인 기반을 가진 동경제국대학 이학부 인류학교실이 주로 선사고고학에 관심을 기울였고 또 동경제실박물관이 소장품 하니와, 거울, 석제 모조품 그 외 고분 관계 유물이나 고와, 경동 등 역사시대 유물을 중심으로 연구하고 유물편중의 경향도 보여주었다. 다른 한편 이 시기 하마다를 중심으로 경도제국대학 문학부 고고학교실은 순전한 고고학의 입장에서 연구 활동을 전개하였고 고고학교실의 기요로서 『경도제국대학 문학부고고학연구보고』를 각 분야에 걸친 집성도集成圖도 붙여 매년 간행하는 등 획기적인 활동을 보여주었다.

이하 다이쇼 시기 고고학교실의 활동을 요약하면 다음과 같다.

① 1917년, 1918년에는 기타큐슈지방 특히 구마모토현의 벽화 있는 고분이나 횡혈을 조사하고 1918년에는 오사카부 미나미카와찌군南河內郡 도우묘우사道明寺 촌국부村國府의 석기시대 유적을 발굴했다. 이 조사에서는 특히 발굴에 층위학적層位學的 관찰을 하고 유물정리와 형식학적 방법을

충분히 활용했다.

② 1919년에 발간한 『큐슈에 있어서 장식 있는 고분 및 횡혈』(보고 제3책)에서는 「야요이식토기형식분류집성도」, 1922년에 발간한 『섭진고규재동씨攝津高槻在東氏소장의 절지단切支丹유물』(보고 제7책)에는 「일본 발견 동촉 및 동검집성」, 1924년에 발간한 『오우미노쿠니 다카시마군 미즈오촌近江國 高島郡 水尾村의 고분』(보고 제8책)에는 「일본 발견 금제이식 도검 환두 동녹각 제도 장구집성」과 같이 각각 집성도를 붙였다. 저자에 의하면 이것은 영국의 패토리 교수의 영향을 받은 것으로 하마다는 항상 고고학 연구에 집성도가 없는 것은 마치 도서관에 도서검색 카드가 없는 것과 같은 것이라 하여 강조했다고 한다.

③ 저자는 하마다가 1922년에 저술한 『통론고고학通論考古學』에 주목한다. 그 이유는 그 저서가 고고학이란 무엇인가, 고고학의 범위 및 목적, 고고학과 타 학과와의 관계, 고고학 자료의 성질, 고고학 자료의 소재와 수집, 유물과 그 종류, 유적과 그 종류, 고고학적 발굴, 발굴 방법, 조사 방법, 자료의 정리감별, 특수 연구법, 시대의 결정, 고고학과 문헌, 고고학적 출판, 유물유적의 보존, 수리, 박물관 등으로 구분하여 "격조 높은 뛰어난 (고고학 : 필자 주) 내용"(204쪽)을 간결하게 전달하고 있기 때문이라고 보았다. 하마다는 "골동적 색채에서 벗어나 점차로 과학적 태도를 보여주기에 이르렀다는 것만"(204쪽)으로도 1920년대 일본 고고학의 변화를 보여주고 있다고 말한다.

경도제국대학 고고학연구실은 하마다를 중심으로 운영되다가 얼마 안 있어 우메하라 스에치梅原末治(1893~1983) 등에 의하여 왕성한 활동을 보였다. 「작년 우리 고고학계」(『고고학잡지』 8 5, 1918.1)에서 우메하라는 "유물유적의 기록방식에 대해 종래 기술을 중심으로 한 유물유적의 기록방식이 불명료했던 영역을 벗어나 사진, 탁본, 지도 등을 응용한 정확한 연구 보고가 경도대학에서 나온 이후 그것과 비슷한 것들이 현저하게 증가하는 것을 비롯해 … (중략 : 인용자 주) 수년 간 계속 왕성한 각 부현府縣의 사적조사와 함께 고고학상 가장 중요한 유적의 층위학적 연구, 유물공존의 상태 등에 관한 귀중한 자료가 속출하고 있는 것을 보게 되었고 점차 학문의 기초를 다지게 되었다. 또 한편 보조학과, 예를 들면 인류학, 화학, 수학 등의 방면의 연구도 성황을 이루고 고고학이 다루는 재료의 성질이 현저하게 명확하게 되는 것은 특기할 만한 것"(205쪽)이라고 회고한 데에서 고고학연구 방법상의 큰 변화를 읽을 수 있다.

3) 사적 보존과 관계 학자들

저자는 "다이쇼 연간에 고고학상 잊을 수 없는 것"의 하나로 정부나 지방 공공단체에 의한 사적 보존사업을 든다. 1911년에는 "최근 국세國勢의 발전에 따라 토지의 개척, 도로의 신설, 철도의 개통, 시구市區의 개정, 공장의 설치, 수력의 이용 그 외 여러 인위적 원인에 의하여 직간접으로 파괴인멸"(206쪽)에 이르렀다는 이유로 제국의회 귀족원에 「사적 및 천연기념물 보존에 관한 건의안」이 제출되었다.

한편 민간에서는 1919년에 정식으로 법안이 제출되어 같은 해 4월 10일 「사적명승천연기념물보존법」이 공포되어 1945년 문화재보호법이 공포되기까지 존속하였는데 문화재보호법에서도 그 취지가 거의 답습되어 있다. 이 보존법은 6월 1일부터 시행되어 내무성이 소관하였고 내무대신 관방지리과官房地理課에서 실무를 맡았다. 보존법에 토대하여 「사적명승천연기념물조사회관제」가 공포되어 전문위원이 위촉되었고 사적 등의 지정을 심사하게 되었다. 1920년 1월에는 「보존요목保存要目」도 만들어졌는데 그 가운데 보존할 만한 사적에는,

① 도성터, 궁터, 행궁터 그 외 황실과 관계가 깊은 사적

② 사사社寺터 및 제사신앙에 관한 사적

③ 고분 및 저명한 인물의 묘 및 비

④ 옛 성터, 성채城砦, 방새防塞, 옛 전쟁터, 국군청國郡廳터 그 외 정치 군사와 관계가 깊은 사적

⑤ 옛 관關터, 일리총一里塚, 가마터, 시장터 그 외 교통, 산업 등과 관계가 깊은 사적

⑥ 패총, 유물포함지, 신롱석 그 외 인류학 및 고고학상 중요한 유적

특히 ⑥에 대해 저자는 "유적 포함지의 이름을 사용하였고 또 인류학이라는 이름을 버리지 않았다. 이것은 당시의 학풍의 일단一端을 보여주는 것"(207쪽)으로 이것은 아마도 "직접적으로 인류학교실에 있던 시바다柴田常惠가 내무성에 들어가 「보존요목」의 작성에 관계한 것"(207~208쪽)으로 저자는 추정했다.

당시 위원 중에는 미카미 산지三上參次, 구로이타 가츠미, 고사원考査員으로서 미야치 나오카즈宮地直一(1886~1949), 시바다가 있었는데 시바다가 유일하게 고고학자였다. 저자에 의하면 시바다는 1877년에 태어나 초보이 쇼고로 밑에서 인류학교실의 조수로 인류고고학을 배우면서 『인류학잡지』 편집에도 관여하였으며 1917년에 간행된 『일본석기시대유물지명표』는 거의 그의 힘에 의해 이루어진 것이라고 한다. 1919년에 내무성의 사적고사원이 되어 전국의 사적 관계의 일을 전담하게 되었다(208쪽). 1920년 7월 제1회 지정에서는 천연기념물 관계뿐이었는데 1922년 3월의 제2회 지정에서는 38건의 사적이 지정된 데에서(208쪽) 그의 영향을 엿볼 수 있다.

저자에 의하면 당시는 보존법만으로는 보존이 어렵다고 생각되어 민간 단체의 보존협회가 발족되기에 이르렀다고 한다. 그리고 관련 기관지도

발간이 되었는데 보존운동이 고양되어 가던 1911년 11월 민간단체인 사적명승천연기념물보존협회에 의한 『사적명승천연기념물』 제1회가, 1914년 9월에는 그 보존협회에 의한 『사적명승천연기념물』 제1권 제1호가 발간되었고 1923년까지 이어졌다(209쪽).

정부의 사적보존을 위한 적극 시책은 도부현에 의한 사적조사나 보존사업 촉진에 영향을 끼쳤을 뿐만 아니라 이로 인하여 유적 조사연구도 활발하게 전개되었다. 그 조사연구 결과 도부현都府縣의 사적명승천연기념물 조사에 고고학자나 역사학자들이 참여하여 관련 보고서의 간행도 활발하게 되었다. 저자는 이러한 움직임에 대해 "각 지역의 고고학적 발전에 공헌한 측면이 강하였으나 유감스러운 점은 각 지역의 조사보고서의 총목록이 간행되지 않았다는 점"(210쪽)을 지적한다.

다이쇼 연간에 현과 시, 군郡, 정촌町村의 각 역사 등에 대한 편찬사업이 활발하게 전개된 결과 "고고학상의 자료도 소개되었고 더욱이 유적, 유물을 통해 한 지역사회에 대한 문화가 잘 정리되어 있는 것도 있고 현재도 학계에 도움을 주고 있는 것도 많다"(214쪽)고 말하는 저자는 그러한 예의 하나로 도리이 류죠의 『스와사諏訪史』(1924년 12월)를 뽑는다.

2. 발굴과 연구

1) 사이또바루西都原고분군 발굴

저자는 당시까지 황조皇祖발상의 성지로서 역사적으로 깊은 유서가 있는 곳으로 신봉되어 "신성시되어 범해서는 안 된다"는 사상이 근본에 있던 휴고日向고분에 대해 처음으로 학술 발굴이 이루어졌다는 점에 주목하였다.

이것은 역사적으로 "명치 10년의 태정관포고 이래 고분 발굴을 꺼려하고 있던 일본 학계에게 큰 영단"(215쪽)이었다. 사이또바루에 있는 고분군 가운데에는 오사호총男狭穂塚, 메사호총과 같이 능묘참배지도 있는데 명치연간에 발굴이 약간 있었지만 개인 혹은 두 세명이 발굴에 종사한 것이었다. 그러나 이 발굴에 대해 저자는 "당대 대표적인 연구기관 혹은 관계 관청의 전문학자"에게 의뢰하였고 조사기간도 1912년 12월 25일에 시작하여 약 4년여 동안 이루어졌다는 점에서 획기적이었다고 평가한다. 물론 이 기간 내내 계속 발굴이 이루어진 것은 아니다. 하기 혹은 동기에, 동경이나 경도의 학자들의 사정에 맞추어 이루어진 것이긴 하지만 "장기간 발굴로 지금까지는 볼 수 없었던"(216쪽) 발굴이었다. 그럼에도 불구하고 저자는 이 발굴은 현 단계에 비추어 보면 "발굴기술이 미숙한 것은 말할 것도 없고 종합적 조사라고는 하지만 일관적인 조사방침도 없고 학문상의 전체 책임자도 명확하지 않는 등"(216쪽) 여러 문제점을 남기기도 했다고 평가한다.

이 발굴과 관련하여 발굴에 힘을 기울인 사람에 1922년에 조선총독부 정무총감을 지내는 미야자키현 지사知事 아리요시 츄이치有吉忠一(1873~1947)가 등장한다. 그는 미야자키를 "황조발상지"로 보고 이를 통해 "우리 미야자키현이 숨겨진 중요한 사적을 현창"하여 "후세의 자손에게 보본報本의 대의大義"(217쪽)를 가르치기 위해 이 발굴이 "깊이 경건한 성의로써 정중하게 충실히 임할 것"을 주문하였다. 이하 저자가 기술한 사이또바루의 발굴과정을 간략히 보도록 한다.

1912년 12월 25일부터 시작된 발굴의 조사원은 "당대 활동이 왕성한 고고학자들"로 구성되었는데 처음 구로이타 가츠미, 이마니시 류, 시바다 쵸에柴田常惠, 사카구치 다카시坂口昂(1877~1928), 기다 사다기치, 하마다, 마스다增田于信 등이 참가하였고 후에 도리이 류죠, 나이또 도라지로內藤虎次郎, 오가와 타쿠지小川琢治(1870~1941), 하라다, 우메하라 스에치 등도 가

담하였다. 12기의 고분에 대한 제1차 조사가 그 다음 해 1월 6일에 끝났고 그 후 바로 복구공사가 이루어졌으며 그 사이 1월 4일에서 그 지역에서 보존에 관한 강연회가 열렸다.

저자에 의하면 발굴대상이 된 고분의 선정은 하나의 방침 하에 계획적으로 이루어진 것이 아니었던 것 같다고 한다. 저자는 발굴 사정을 알고 있던 그 지역 사람과 면접한 결과 극단적인 하나의 예를 제시한다. 여름에 진행되는 발굴은 바람이 잘 통하는 선선한 장소에 있는 고분을 선정하였고 겨울에 진행되는 발굴에는 빛이 드는 따뜻할 것 같은 장소의 고분을 선정하였다는 것이다.

이 고분발굴은 1917년에 끝이 났다. 아리요시有吉忠一는 1915년 가나가와현 지사가 됨에 따라 조사결과는 각 관계가가 맡은 조사 부분을 정리하여 『미야자키현 코유군 사이또바루 고분조사宮崎縣兒湯郡西都原古墳調査』 제1책(1915년 5월), 동 제2책(1917년 3월간), 동 제3책(1918년 3월간)으로 발간되었다.

저자는 이 고분 발굴과 함께 경도제국대학 고고학교실의 하마다를 중심으로 이루어진, 앞서 언급한 1918년에 이루어진 오사카부 미나미카와찌군南河内郡 도우묘우사道明寺 촌국부村國府의 석기시대 유적조사도 학사상 중요한 것이었다고 평한다.

2) 발굴과 발견

그 후 석기시대의 유적조사가 활발하게 전개되었는데 그 중 저자는 1919년 9월 경도제국대학 고고학교실에 의해 이루어진 중요한 조사발굴로 오카야마현 아사구치군淺口郡 오시마촌大島村 츠쿠모津雲패총을 비롯해 구마모토현 우츠찌宇土군 또도로키촌轟村 궁장宮莊패총 등을 들고 있다.

저자는 이 시기에 층위 조사의 예로서 1918년에 마츠모토 히코시치로 松本彦七郎(1887~1975)에 의하여 이루어진 미야기현 모노우군桃生郡 미야도 시마사또하마宮戶嶋里浜패총 외에 시바다 쵸에柴田常惠가 조사한 도미야마현 히미군氷見郡 아자나미촌字波村 오사카이大境 시로야마사白山社 동굴, 1920 년에는 오야마 카시와大山柏가 조사한 오키나와현 나카가미군中頭郡 미사또 촌美里村 이하伊波패총, 1922년에는 고가네이小金井良精, 시바다 쵸에 및 오 야마 카시와가 발굴한 아이치현 아츠미군渥美郡 후쿠에촌福江村 보미保美패 총을 든다. 그리고 1921년부터는 동경제국대학 이학부 인류학교실에 의 하여 이루어진 관동 및 동북지방의 패총 조사에 대해 저자는 "쵸몬식토기 편년연구의 맹아"(220쪽)로 평가하기도 하였다.

야요이식토기와 동검, 동모, 동탁 등의 청동기에 대한 연구가 진행되었 다. 저자는 그 예로서 나라현 다카이치군高市郡 니이자와촌新澤村 오아자에 서 야요이식토기가 출토된 유적이 조사되었고(1918), 나가사키현 가미아가 타군上縣郡 사스나촌佐須奈村의 쿠비루에서는 야요이식토기 외에 동탁, 일종 의 동부銅釜가 발견되었으며(1921), 오사카부 나카가와치군中河內郡 미나미 다카야스촌南高安村 오아자 시치思智에서 동탁 1구가 발견된 것(1921)을 들 고 있다.

저자는 고분조사에서 다카하시 켄지, 야츠이 세이이치에 의한 도치기 현 아시카가군足利郡 아시카가쵸町 스케도助戶의 고분 조사(1923), 이바라기 현 히가시이바라기군東茨城郡 요시다촌吉田村의 요시다고분에서의 벽화 발 견(1924)에 주목하고 그 외에 전국적으로 고분 안에서 신수경神獸鏡, 반용경 盤龍鏡이라든가 벽화가 발견되기도 하였다(이상 220~221쪽)는 점을 제시하고 있다.

3) 각 분야의 연구(1) : 석기시대 주민론 및 문화

저자는 다이쇼 연간의 학문적 비약으로서 석기시대의 연구로 패총 등에 대한 과학적인 연구에 토대한 발굴, 그 층위 연구의 시도, 유물의 형식 연구의 진행을 들고 있다.

더욱이 석기시대와 관련해서는 민족기원론에 대한 논의들이 계속 전개되어 명치연간부터 뿌리깊은 전통을 보여주었다고 보는 저자는 츠보이가 강력하게 주장해 오던 코로보클론이 그의 죽음과 함께 지지기반을 잃고 다이쇼 연간에는 석기시대인이 선주민족이고 아이누족이라는 생각이 널리 확산되기에 이르렀다(223쪽)고 말한다.

1917년부터 오사카부 국부國府유적을 비롯하여 오카야마현 츠쿠모津雲 패총 등에서 발견된 인골에 대한 연구가 진행되면서 석기시대인에 대한 과학적인 구명에도 진전이 있었다(223쪽). 한편 저자에 의하면 이 민족론은 야요이식토기 연구의 진전에 따라 이 토기 사용자의 문제와도 관련하여 전개되었는데 예를 들면 도리이 류죠는 석기시대인은 선주민족이며 아이누족이고 야요이식토기 사용자야말로 그 후 일본에 뿌리를 내리고 살게 된 고유일본인固有日本人이라고 주장하였다(224쪽). 그러나 다른 한편 각지에서 많은 인골이 발견되었고 기요노 켄지淸野謙次(1885~1955) 등이 이에 대한 연구를 통해 죠몬식繩文式토기를 사용한 석기시대인이 오히려 "원일본인原日本人"이라고도 말할 만한 체질을 구비하고 있었다(224쪽)라고 주장했으며 하세베 코똔도長谷部言人(1882~1969)도 인골연구를 통해 선사시대인과 고분시대 이후의 일본인은 동일계통의 민족이라고 주장했다. 그러나 기다 사다기치喜田貞吉는 국부 유적의 보고서 중에서 원原일본인설에 대해 「하내국부 석기시대유적 발굴보고를 읽고」(「사림史林」 3-4)라는 글에서 앞의 주장과는 달리 야요이식토기와 죠몬식토기는 각각 제작자가 다르며 국부유적에서는 죠몬식토기를 남긴 아이누족 뒤를 이어 야요이식토기를 만들어 사용한 민족이 와서 살게 되었다고 주장했다(224쪽).

명치 연간에 도리이 류죠는 후수식厚手式, 박수식薄手式, 출오식出奧式 등으로 명명하면서 1920년 도리이는 「무사시노의 유사이전」(「무사시노」 3-3)이라는 글에서 후수식은 일본 석기시대의 아이누족 가운데 산악지대에 거주한 수렵민의 토기이고 박수식은 물가에 사는 어로생활민의 산물이며 같은 시기의 것으로 다만 부족에 의해 그 차이가 나타났다는 주장을 하였으나 이에 대해 마츠모토松本彦七郎는 시기의 추이에 의한 것으로 생각하였고 기다도 한 민족을 후수, 박수 두 파로 구분하는 것에 찬동할 수 없다는 입장을 보였다.

그 후 죠몬식 토기에 대한 편년 연구는 1924년 카소리加曾里패총 조사에 의하여 토기의 내용이 보다 분명하게 되었고 이 조사에 고가네이 요시기요小金井良精(1859~1944), 마츠무라 료 외에 야마노우치 스가오山内清男(1902~1970), 야와타 이치로八幡一郎(1902~1987) 등이 참가했다.

4) 각 분야의 연구(2) : 야요이시대

저자가 지적한 다이쇼 시기 하나의 성과는 야요이식토기와 죠몬식토기와의 관계, 야요이식토기의 연대, 야요이식토기와 공존하는 동검, 동모 등의 청동기, 생산경제의 문제 등에 대한 연구에 의해 구명된 사실들이었다(226쪽). 예를 들면 오사카부 국부國府유적에 대한 층위적 발굴에 의하여 "출토된 대형 토기의 성질에서 죠몬식토기와 야요이식토기와의 관계"(227쪽)가 밝혀졌다. 저자는 병리학자로서 고고학에 열의를 보이면서 1916년부터 후쿠오카 내 야요이토기에 대한 연구 성과를 학계에 발표한 나카야마 헤이지로中山平次郎(1871~1956)에 주목한다. 나카야마는 전한前漢 거울을 수반하는 유적과 야요이토기의 관계, 동검 및 동모가 발견되는 지역과 야요이토기와의 관계, 야요이토기를 수반하는 문화와 금속기와의 관계 등에 대한 발표를 통해 학계에 "큰 파문"(227쪽)을 일으켰다. 나카야마는 1923년에 야요이토기를 동반하는 문화와 농경문화와의 관계에 주목하였다.

한편 1917년에 도리이 류죠는 "야요이식토기는 이와베토기祝部土器-須惠器와도 관계가 있으며" "고유固有일본인"이 제작한 것으로 이를 통해 "선주민先住民 아이누족에 대한 고유일본인의 진출"(228쪽)이라는 그의 기본적인 시각을 보여 주었다.

그리고 이 시기에 동검, 동모나 동탁銅鐸에 대한 논의가 활발하게 전개되었다. 우선 동탁의 사용자를 둘러싸고 1913년에 천일창天日槍(아마노히보코) 이래 건너온 진씨족秦氏族이라는 기다 사다기치喜田貞吉의 주장에 대해 누마타 요리스케沼田賴輔(1867~1934)는 "이즈모出雲 민족이 남긴 것"으로 "동탁은 악기로 기우제라는 중요한 의식"(228쪽) 때 사용된 것이라고 주장했다. 한편 야기 쇼자부로八木奘三郞는 "동탁의 제작이 공교하고 일본에서 제작된 것으로 생각되지 않는다. 이와 같은 것을 제작할 정도의 기술이 있다면 그것과 같은 정도의 다른 기술품도 제작"(228~229쪽)했었을 것이라는 논리를 전개했다.

그러나 다이쇼 말기에 이러한 청동기에 대한 연구는 기본적인 자료수집과 함께 다카하시 켄지高橋健自, 우메하라梅原末治 등에 의하여 진전을 보였다. 다카하시는 대륙의 청동문화와의 관계에 주목하였다. 저자는 동탁의 사용자 등을 포함하여 그에 대한 정설은 도리이에 의하여, 「우리나라의 동탁은 어느 민족이 남긴 것인가」(『인류학잡지』 38-4)라는 글에서 "동탁은 악기이며 한편 신비적인 것으로서 존중되었던 것"(229쪽)으로 보았다.

5) 각 분야의 연구⑶ : 야마타이쿠니邪馬台國에 대한 고고학자의 발언

저자는 1910년에 야마타이쿠니의 위치를 둘러싸고 동양사 전공의 시라
토리白鳥庫吉의 큐슈설과 나이또內藤虎次郎의 야마토설이 대립, 논쟁이 전개
되었다는 점에 주목한다. 이것은 1920년에 처음으로 고고학을 전공한 또
미오카 켄죠우富岡謙藏(1873~1918)가 삼국을 중심으로 하는 시대의 유품으
로 생각되는 반육조半肉彫 신수경神獸鏡 및 화상경畵像鏡이 기나이畿內의 전방
후원분과 원분圓墳에서 가장 많이 출토되었다는 점은 "큐슈북부지방을 중
심으로 이루어지고 있던 교통이 야마토 조정의 확립과 함께 기나이 쪽으로
그 중심이 옮겨갔다는 것을 보여주는 것"(230쪽)이라고 주장했다.

또 다카하시 켄지는 1923년에 「고고학상으로 본 야마타이쿠니」(『고고학
잡지』 12-5)라는 글에서 야마타이쿠니는 "당시 우리나라(일본 : 인용자 주) 정치
상의 중심지였음과 동시에 문화 중심지였으며 그 문화에는 중국문화의 영
향이 상당히 있었다는 것을 증명하기에 충분한 지방이지 않으면 안 된다"
(231쪽)는 점을 전제하고 고분 및 그 출토유물을 중심으로 전방후원분은 기
나이 특히 야마토지방에 발생 발달했고 그것이 왕성한 시대에 중국문화가
전해져 왔으며 더욱이 그 분포로 보아 당시 기나이 지방의 중국문화 수용
은 도저히 큐슈지방에 미칠 만한 것이 아니며 또 고분에서 발견된 중국경
및 그 모조경에 의하여 한漢 · 위魏시대에 속할 만한 훌륭한 것이 많이 긴키
近畿에서 발견되는 것에 반하여 큐슈지방이 얼마나 희박한가를 들어 야마
타이쿠니의 위치를 야마토로 추정하였다(231~232쪽). 여기에 우메하라도
가세하여 기나이의 묘제를 토대로 "삼국시대 중국과 교통한 대세력의 왜
왕 히미코卑彌呼와 그 야마타이쿠니는 야마토 조정의 주권자와 그 중심이
되는 기나이의 야마토에 있어야 한다"(232쪽)고 주장했다. 그 후 야마타이
쿠니의 위치를 둘러싸고 논쟁은 계속 되었다.

6) 각 분야의 연구(4) : 고분시대

저자는 고분연구의 "총수總收"(235쪽)로 기다 사다기치喜田貞吉의 『황릉皇陵』을 든다. 그는 과감하게 닌도쿠仁德천황릉, 오우진應神천황릉, 텐무天武·지또持統천황 합장능과 성덕태자묘를 연구의 재료로 삼았다. 또한 그는 고분의 편년적 연구를 시도하여 수혈식석실豎穴式石室과 횡혈식석실橫穴式石室과의 선후론, 관棺, 곽槨, 광壙 등에 대한 명칭문제 등을 논하였다.

수혈식석실豎穴式石室과 횡혈식석실橫穴式石室과의 선후에 대해서는 일반적으로 발달과정에서 전자가 오래된 것이고 후자가 새로운 것이라는 견해가 대세이다. 기다 사다기치는 기나이의 고분을 조사하고 텐무·찌또우천황합장릉이나 성덕천자릉 등이 횡혈식석곽을 갖추고 있다는 점에서 석곽의 양식과 관련하여 수혈식석곽 내 석관이 있는 것이 통례라는 입장을 취했다(235쪽). 그러나 이에 대해 다카하시 켄지는 횡혈식석곽이 수혈식석곽보다 앞선 것으로 보았다. 다카하시가 고고학 전공자로서 고고학적 사실을 토대로 하지 않고 일본 신화에 비추어서 그와 같은 주장을 한 것에 대해 저자는 "논법으로서도 졸렬한 것"(236쪽)이라고 비판했다. 그러나 저자는 기다 사다기치의 주장 중 "횡혈식석실을 대륙의 영향"을 받고 합장의 문제와 연결시켜 생각한 것은 "다이쇼 초기 탁월한 견해"(237쪽)였다고 평가하였다.

또 이 시기에 관, 곽, 광에 대한 명칭을 둘러싸고 기다 사다기치, 다카하시 켄지와 세끼노 타다시 사이에 논쟁이 일어났다. 저자는 "현재, 석곽이라는 명칭을 새롭게 사용하는 것은 이와 같은 학사를 돌아본 후에 신중하게 하지 않으면 안 된다"(237쪽)는 입장이다.

고분이나 횡혈의 연구는 다카하시 켄지, 고또 슈이치, 경도제국대학고고학교실의 하마다 코사쿠, 우메하라 스에치 등에 의하여 "그 계통론이나 연대의 추정, 혹은 직호문直弧文을 비롯한 도문圖文 규명 등 새로운 관점"(238쪽)이 제시되었다. 전방후원분을 둘러싸고 하마다에 의한 구미丘尾절단설, 우메하라에 의한 전반부 제단祭壇 부가설, 다카하시에 의하여 후원부를 보다 깊이 하기 위한 현관적玄關的인 것이 전반부라는 설, 기요노 켄지淸野謙次(1885~1955)에 의한 주분배분主墳陪墳결합설 등이 나왔다.

　7) 각 분야의 연구(5) : 역사시대

　역사시대의 유적 유물 가운데 유적 관계의 연구에는 두드러진 성과가 없었다. 명치 말기부터 전개된 코고이시神籠石 논쟁에서 1913년에 고고학회 발표에서 야츠이 세이이치谷井濟一가 "산성설山城說"을 주창하고 새롭게 야기 쇼자부로와 세끼노 타다시의 산성설에 대해 조선의 고대 산성을 예로 들어 찬성하였다(239쪽). 1913년 고고학회에서는 『산성터(신롱석)연구참고도집圖集』을 발간하였다.
　저자는 역사시대의 연구에서 하나의 특색으로 "나라奈良시대를 중심으로 하는 분묘, 또는 출토 묘지墓誌 등에 관한 연구가 활발하였다"(240쪽)는 점을 든다. 그 분야의 대표적인 연구자로 우메하라 스에지를 뽑는다. 그리고 저자는 고와 연구도 이루어졌고 특히 이시다 모사쿠石田茂作에 의하여 사찰터와 고와 등을 토대로 한 불교고고학의 개척에 주목한다(242쪽).

제5장
쇼와昭和 전기의 고고학

1. 고고학계의 동향

1) 학회 활동과 출판물의 경향

저자는 일본고고학사에서 쇼와시기의 특징을 다음과 같이 정리한다. 즉 현재의 고고학과 직접 관계되는 연구의 움직임도 보였고 또 연구자나 저서 등에서도 시대적인 간극은 없었으며 현재의 고고학과 보다 친근감이 느껴진다고 서술하고 있다. 쇼와시기의 고고학을 구분하여 1940년까지, 즉 태평양전쟁에 돌입하기까지의 기간을 전기, 특히 태평양전쟁 중 고고학이 침체된 여러 해의 기간을 거쳐 1945년경부터 오늘날에 이르는 기간을 "현대의 고고학"(243쪽)으로 설정하고 있다.

쇼와 전기 고고학 관련 학회로서 동경인류학회, 고고학회는 여전히 발전을 지속하고 있었으며 『동경인류학회잡지』는 이미 1911년 4월 간행의 301호부터 『인류학잡지』로 명칭을 바꾸고 1927년 1월에는 제42권 제1호를 맞았다. 한편 새롭게 고고학 관련 학회로서 사전학회史前學會나 동경고고학회가 발족하였다는 점도 주목할 만하다(243~244쪽).

제2권에서도 언급되고 있는 사전학회는 선사고고학에 관심을 가지고

유럽유학을 마치고 돌아온 오야마 카시와大山柏가 발족하였다. 이 학회는 이전 그의 자택에 설립한 오야마사전학史前學연구소가 1929년 1월에 학회로 발전한 것이다. 발족 후 관동지방의 패총 등을 발굴하였고 오야마에 의해『가나가와현 아라이소촌新磯村 가츠사카勝坂 유물포함지 조사보고』라든가『사이타마현 카시라사키촌柏崎村 진복사眞福寺 패총조사 보고』등도 잘 정리되었고 또 팜플릿으로서『사전史前의 연구』(1927),『석기시대의 개요』(1927),『석기시대유적개황』(1929) 등도 간행하였다(244쪽). 동경고고학회는 1929년 11월에 모리모토森本六爾에 의하여 발족되었고 같은 해 1월 기관지로서『고고학』을 발간하였다.

그 외에 제2권에서도 언급되고 있는 동아고고학회는 모리모토 로쿠지森本六爾(1903~1936)에 의하여 1925년에 발족되었고 1927년 이후 비자와貔子窩, 목양성牧羊城, 남산리南山里, 영성자營城子 등을 조사하고 그 외에 고고학연구회에 의한『고고학논총』도 1936년에 출간되었다. 또 그 해에 야마노우치 스가오山內淸男에 의한『선사고고학』도 창간되었다. 그 외 각 지역마다 고고학을 중심으로 하는 학회도 많이 창립되었고 기관지도 간행되었다. 1929년에 신농信濃고고학회에 의한『신농고고학회지』가 창간되었고, 아키다고고학회에 의한『아키다秋田고고회지』도 같은 해에 창간되었다(이상 245쪽). 이들 학회들에 대해서는 제2권이 보다 상세하게 기술하고 있다.

대학의 경우 경도제국대학 문학부 고고학교실에서는 하마다를 중심으로 하여 우메하라, 시마다島田貞彦 등도 참가하였다. 1932년 4월『도루멘』과 같이 인류학, 고고학, 민속학 등 이른 바 총담지叢談誌가 간행되기에 이르렀다(245~246쪽).

1930년에 간행된 동경제국대학 문학부진열관의『고고도록』은 진열관의 풍부한 자료를 내외에 소개하고 다른 한편 동경제국대학 문학부에서도 하라다 요시뜨原田淑人를 중심으로 1930년에는 문학부에서『낙랑』과 같이 호

화스런 보고서도 간행되었다. 1938년에 이르러 처음으로 동경제국대학 문학부에 고고학강좌가 열려 하라다가 교수가 되었다. 또 이학부 인류학 교실에서는 이 시기 마츠무라 료松村瞭가 교수로서 활동하였고 선사고고학 방면도 전과 같이 활발한 연구가 진행되었다(246쪽).

홋카이도제국대학에서는 의학부 고다마 사쿠자에몽兒玉作左衛門(1895~ 1970) 등을 중심으로 홋카이도 방면의 고고학 활동도 왕성하게 되고 『북방 문화연구보고』도 1939년부터 발간되었다. 도호쿠東北제국대학에서는 법 문학부에 기다 사다기치가 관계하여 오쿠바奧羽사료조사부가 설치되어 동 북고문화의 해명에 힘을 기울였다. 『동북문화연구』도 기다가 중심이 되어 1928년에 간행되었다. 큐슈제국대학에서는 법문학부 외에 의학부 나카야 마中山平次郎의 활동을 볼 수 있었고 국학원대학은 1924년에 도리이 류죠를 초빙하여 1928년에는 『상대문화』를 간행하는 등 활발하였다(246~247쪽).

일반 간행물로서는 우선 쇼와 초기에 「고고학강좌」가 간행되었고 이는 명치 연간 선학자의 노력의 축적 위에 다이쇼 연간의 새로운 연구 성과가 반영된 것이었다. 이렇게 고고학이 일반인들 사이에 넓게 알려져 고고학 에 대한 관심도 높아졌고 국사강습소에서 「고고학강좌」가 발간되었다. 국 사강습회라고 해도 특수한 학회조직은 아니고 실제는 웅산각에서 출간한 것이다. 제1호가 1926년 6월에 출판되어 매월 각 호가 출간되었으며 일 단 24호로 1928년 5월에 완결되었다. 이 내용에는 다카하시 켄지高橋健 自의 『하니와 및 장신구』, 고또 슈이치後藤守一의 『무기 및 무장구武裝具』『석 제품』, 이시다 모사쿠의 『경총』 등 동경제실박물관 관계의 학자들이 집필 한 것이 눈에 띈다. 그 외에 세끼노 타다시의 『와瓦』, 나카지마中島利一郎의 『판비板碑』, 카미 코야三上香哉의 『화폐』, 오루이 노부루大類伸(1884~1975)의 『성곽 및 성지』 등 다채로운 것이었는데 거기에 자료의 집성적인 것으로서 도 도움이 되었고 고고학을 배우려는 젊은 연구자들에게도 큰 지침이 되었다. 더욱이 이 내용에 패총, 고분, 절터 등 유적에 관한 것이 적고 지질, 고생물에 많은 페이지가 할애되어 있는 등 "전체적인 구상에 통일되지 못한 느낌도 있어"(248쪽) 현재 관점에서 보면 결점도 있었다. 웅산각은 계속해서「인류학·선사학강좌」를 출간했다. 제1권은 1938년 5월로 1940년 12월 제 19권으로 끝났다. 제1부는 인류학, 제2부 일본인 및 근접 여러 민족의 인류학, 제3부 일본 및 인접지 고고학으로 나누어 1938년부터 1940년에 걸쳐서 출간되었다. 제3부에는 죠몬시대부터 고분시대에 이르기까지의 주거에 대해 유적은 물론이고 하니와 그 외 자료를 통해서『상고시대의 주거』(고또 슈이치) 외에도『일본석기시대의 매장』(三澤宗悅),『일본선사인의 신앙』(八幡一郞),『패총』(田澤金吾) 등이 수록되었다. 또 1936년부터 1937년에 걸쳐 발행된「불교고고학강좌」에는『불교고고학강좌』(柴田常惠),『밀교법구密敎法具개설』 등이 수록되었다(249쪽).

이 시기 도록적인 것의 간행이 많았던 점도 특징이다. 그것은 자료를 바로 인식할 때도 도움이 되고 그 편성에 의해서는 가장 중요한 문헌이기도 하다. 야마노우치 스가오山內淸男에 의해서 1939년부터 간행된『일본선사토기도록』과 같은 것도 죠몬식토기의 형식이나 편년적 서열상 중요하였다.

1929년 6월부터 1933년까지 간다神田의 일동서원日東書院에서『일본고고도록대성大成』이 발간되었다. 그 책에서는 죠몬토기, 야요이토기, 스에키須惠器, 토사기土師器 등 토기관계의 글이 빠져있지만「석기골각기」,「청동기」,「고분」,「하니와」,「감경鑑鏡」,「무기 무장구武裝具」,「석인석마石人石馬」,「마구」,「고와古瓦」,「불구-석장錫杖」,「청석靑石탑파-판비板碑」,「범종」,「화경和鏡」,「금석문」에 대해 수록하였다(이상 249쪽).

고고학 개설서의 경우 저자는 1927년에 간행된 고또後藤守一의『일본고고학』에 대해 1913년의 다카하시 켄지의『고고학』에 이은 것으로 내용도 한 층 충실해졌다(249쪽)고 평가한다.

고고학을 평이하게 서술한 것으로서 하마다 코사쿠가 1929년에 아루스의 아동문고의 하나로서 저술한 『박물관』이 있었다. 저자는 이것을 누구라도 친숙하게 정리된 일본고고학개론서이기도 했다고 말하고 있지만 박물관과 고고학과의 관계를 보여준 책이기도 하였다고 생각한다. 후에 이 책은 『고고학입문』으로서 간행되었다. 또 그는 1938년에 당시 『소학국어독본』 권12에 「고대의 유물」을 집필했다(249쪽).

2) 젊은 시절 세상을 뜬 2명의 고고학자

저자는 다이쇼 후반부터 쇼와 10년경까지 활약한 고고학자 가운데 두 사람의 소장학자를 소개하면서 공통점으로 고난의 길을 걸으면서 학계에 "새로운 바람"(250쪽)을 불러일으켰으나 젊은 나이에 세상을 떠났다는 점을 들고 있다.

나카야 지우지로中谷治宇二郎(1902~1936)와 모리모토 로쿠지森本六爾가 그들이다. 나카야는 1902년에 이시카와현石川縣 출신으로 동경대학 이학부 인류학 선과생選科生으로서 선사학에 관심이 많았다. 1927년에는 『주구注口토기의 분류와 그 지리적 분포』, 1929년에는 『일본석기시대제요』라는 저술을 발간할 정도로 열정적이었다. 저자는 이 저술에 대해 "종래의 석기시대에 관한 개요적인 것보다는 크게 충실한 탁월한 연구이며 이 시대연구의 지침이 되었다"(263쪽)고 평가하였다. 또한 그는 선사학의 연구사에도 관심이 많아 1935년에는 『일본선사학서사序史』를 저술하였고, 1930년에는 『일본석기시대문헌목록』을 편하였다. 프랑스에 유학을 하던 중 병을 얻어 35세의 나이로 세상을 떠났다. 저자는 그의 연구방법 가운데 "분류를 기초로 한 사고적 실험과학"(251쪽)을 언급하면서 "넓은 시각에 서서 학사를 충분히 파악"하는 그의 연구태도를 기술했다. 그의 여러 논문들을 정리하여 발간된『일본죠몬문화의 연구』가 있다.

또 한 사람은 모리모토이다. 나카야보다 한 해 늦은 1903년에 나라현에서 태어나 야요이시대에 많은 관심이 있었다. 중학교 졸업 이후 고고학연구를 위해 다카하시 켄지, 미야케 요네기치의 지도를 받았다. 1927년에는『일본상대문화의 고구考究』라는 저술을 발간했다. 이어서 1929년에는『가와야기촌川柳村 장군총의 연구』와『일본청동기시대지명표』를 저술했다. 1930년에 동경고고학회가 창립이 되자 간사로서 활약을 하였다. 나카야와 마찬가지로 프랑스로 유학을 하였으나 병을 얻어 34세의 나이로 세상을 떠났다. 그는 연구방법적으로 야요이토기의 집성도集成圖의 필요성과 항공사진의 중요성을 강조했다(252쪽). 그는『고고학』이라는 책을 저술하기도 하였다. 그는 죠몬토기 계통문화—각지의 편년과 지방차, 야요이식토기 계통문화—문화전파와 속도, 고분시대문화—문화권의 확대와 통일, 취락입지의 이동, 주거형식의 추이, 생업의 변천, 시간에 의한 유물의 소장消長, 분묘의 변천 등으로 구분하여 일본고대생활을 서술하였다(253쪽).

2. 발굴과 연구

1) 발굴과 발견(1) : 죠몬시대

저자에 의하면 쇼와 초기부터 석기시대라는 명칭 대신에 죠몬시대라는 명칭을 사용하게 되었고 발굴에서도 "층위의 관계"에도 관심을 가지게 되었으며 패총에 있어서 일찍이 1926년 치바현 우바야마姥山패총이 발굴되었는데 이는 "쇼와 초기의 패총발굴의 흐름도 이끈 것"(254~255쪽)으로 특기할 만한 것이었다. 1926년 5월의 인류학회 여행 때 이루어진 발굴에서 가마 같은 것이 검출된 데에서 단서를 얻어 미야사카宮坂光次 등에 의하여 그 발굴이 이루어졌는데 주위에 구덩이가 있고 6본의 기둥구멍이 있고 타원형楕圓形의 주거터가 나타났다. 그 후 인류학교실의 마츠무라와 야와타八幡一郎 등에 의하여 1926년 7월부터 9월에 걸쳐서 본격적인 조사가 이루어졌다. 더욱이 이 때 조선의 경주 서봉총 발굴에 참여한 스웨덴 황태자(구스타프)의 견학이 있어서 유명해졌는데 조사기간은 90일이나 걸려 발굴면적은 300평을 넘고 당시로서는 대규모적인 것이었다고 한다. 또 저자는 이 발굴에서 육군비행학교의 협력으로 유적에 대해 항공사진이 촬영되었는데 이것은 "일본에서 발굴유적에 대한 항공사진으로서는 최초의 시도"(255쪽)였다고 평가한다.

또 저자는 각지에서 활발하게 이루어진 패총 발굴의 여러 예들을 제시하고 있다. 야요이시대에 되면서 동탁, 동검 등의 발견도 늘어갔다. 카가와현香川縣 미또요군三豊郡 니노미야촌二宮村 오아자 하네가타羽方에서 동탁과 동검이 함께 출토되었고(1927), 후쿠오카현 센보쿠군泉北郡 하마테라쵸浜寺町에서 동탁(1928), 효고현 아카시군明石郡 타루미즈쵸垂水町에서 동탁 1구, 후쿠오카현 치쿠시군築紫郡 오아자大字 에코惠 코아자子字 무카이向에서 동모 3구(1930), 도토리현 또하쿠군東伯郡의 또마리촌泊村에서 회화가 있는 동탁(1933), 카가와현 히다카군日高郡 유카와촌湯川村 마루야마아자丸山字 아사히타니朝日谷에서 동탁 3구(1937), 카가와현 나카다도군仲多度郡 요시하라촌吉原村에서 동검 5구(1939)가 각각 발견되었다(이상 257쪽).

1928년에 시마다 사다히코島田貞彦(1889~1946), 미즈노 세이이치水野清一(1905~1971) 등에 의한 오사카부 미시마군三島郡 다카기쵸高槻町 오아자 야스미치安満유적 조사가 있었는데 저자는 이 시기 두드러진 조사의 예로서 1929년 경도제국대학 문학부 고고학연구실의 시마다가 중심이 되어 이루어진 후쿠오카현 치쿠시군 가스가이촌春日町 오아자 스쿠須玖의 옹관 유적

조사를 든다. 그 이유는 이 조사에서 11개의 합구合□옹관 안에서 세형동검 외에 용기, 경구耕具, 무구 등이 발견되어 야요이시대 생활문화연구에 중요한 자료(257~258쪽)로 보았기 때문이다.

2) 발굴과 발견(2) : 고분시대·역사시대

저자는 이 시기 고분발굴의 역사에서 특기할 만한 것으로 고또後藤守一를 중심으로 한 간또關東지방 또는 중부지방의 고분발굴도 현저하였을 뿐만 아니라 특히 동경제실박물관이 유물중심의 고고학연구 경향에서 벗어난 점을 든다. 또 당시 세간의 큰 주목을 받은 조사로서 1933년에 하마다의 제창으로 경도제국대학과 나라현과 공동으로 나라현 다카이치군高市郡 아스카촌明日香村의 이시부타이石舞臺고분 조사를 들고 있다. 이것은 스에나가 마사오末永雅雄(1897~1991)가 현장 주임이 되어 이루어진 조사로서 거대한 석실을 구비한 저명한 고분이었다.

1927년에 와시마和島誠一에 의한 동경 시내의 시무라志村의 수혈주거터 조사는 그 집락구조와 형태를 고찰할 때 중요한 자료가 되어 그 후 집락형태연구에 귀중한 자료가 되었다고 저자는 평한다. 이 책에서 역사시대에 있어서 절터 조사의 예로서는 1932년 오사부에서 이케다야 히사기치池田谷久吉, 기시모또岸本準二에 의하여 기타카와찌군北河內郡 백제사터 조사를 들고 있고 1939년 12월에 법륭사 보문원普門院 경내 와카쿠사若草가람터가 조사되었다. 후자의 조사는 앞서 언급했듯이 본래 다른 곳으로 옮겨진 심초心礎를 원위치로 돌려놓게 되었고 그 때문에 탑 터의 위치라든가 규모를 밝힐 필요에서 이시다 모사쿠에게 의뢰하여 이루어진 조사였다. 저자는 이 조사를 계기로 그 동안 전개되어 온 법륭사 재건비·재건 논쟁에 "종지부"(260쪽)를 찍게 되었다고 평가한다.

궁전발굴과 관련해서는 저자에 의하면 일본고문화연구소에 의한 나라현 후지하라궁藤原宮터에 대한 발굴공적이 컸다고 한다. 저자는 이 발굴의 학사적 의의를 "일본에서 고대궁전 터에 대해 최초의 계획적인 학술발굴"(260쪽)이었다는 점에서 찾는다. 참고로 일본고문화연구소는 구로이타 가츠미가 민간으로부터의 자금을 토대로 만든 것이었다. 건축사가 아다치 야스시足立康(1898~1941)를 주임으로 기용한 후지하라궁 터의 조사는 1934년부터 10개월 간 계속 이루어졌다. 한편 기다 사다기치는 후지하라궁 터를 미미나시산耳成山의 남남서의 가모오야케촌鴨公村 다이고지구醍醐地區 부근으로 보고 그 지구의 서북쪽의 소자小字(코아자-오오자大字를 보다 세분한 지역) 나가야다長谷田의 작은 고분을 당시의 주요한 궁전 터라고 추정하고 있었다.

1930년에 아키다현 센보쿠군仙北郡 다카나시촌高梨村 오아자 훗타拂田에서 성책城柵의 나열이 나타났고 1931년에는 야마가타현 아키우미군飽海郡 키다테촌木楯村 오아자 키노와城輪에서 문부성에서 파견된 우에다 상헤이上田三平(1881~1950)에 의하여 성책의 나열, 문 흔적이나 우로隅櫓 터 등이 발견되어 동북지방 성책 연구에 중요한 자료가 되었다(261쪽). 저자는 이 가운데 훗타 조사가 학사적으로 중요한 것은 "목간木簡이 처음으로 발견"되었다는 점을 든다. 저자는 이러한 성책 조사와 함께 경총이 발견된 예를 다음과 같이 들고 있다. 1927년에 경도부 하나세花背촌 오아자 베츠도코로別所, 1928년 및 1930년에 히예比叡산정에서, 1929년에는 후지산 정산 미시마케다케三島ヶ嶽에서 또 1935년에는 에히메현 오치越智군, 돈카와촌鈍川村 오아자 키치木地의 나라하라奈良原신사 경내 안에서의 경총 발견이 그것이다(이상 262쪽).

1934년에는 경도제국대학 지진관측소가 있는 오사카부 미시마군 나사하라奈佐原촌의 아무산阿武山에서 건칠관乾漆棺에 옥침을 배치하고 금색 실을 두른 유해가 발견되어 "후지하라노 가마타리藤原鎌足의 묘"(262쪽)라 하여 큰 화제를 불러일으키기도 하였다고 저자는 말한다. 기와 가마터와 관련해서는 1936년에 동북대학 법문학부 오하奧羽사료조사부에 의하여 미야기현 미야기군 리후촌利府村의 기와 가마터가 조사되었다(262쪽).

3) 각 분야의 연구(1) : 죠몬시대

저자에 의하면 쇼와 초기 죠몬시대에 대한 연구는 동경제국대학 이학부 인류학교실 출신의 연구자(나카야 지우지로, 코노 이사무甲野勇, 미야사카 미츠츠기宮坂光次, 야마노우치 스가오山内清男, 야와타 이치로八幡一郎)와 사전학연구소의 오야마 카시와를 중심으로 한 연구자들에 의하여 이루어졌다고 한다(263쪽).

이 시기 죠몬시대의 연구 동향을 보면 죠몬식토기의 편년, 죠몬식토기의 지방적 특색 등이 연구되었고 명칭에 있어서도 다이쇼 말기에는 명치 초기의 후수식, 박수식 등에서 벗어나 모로이소식諸磯式토기라는 명칭이 제창되었고 쇼와 초기에는 하세베 코톤도에 의하여 원통圓筒토기라는 명칭이 제기되기도 하였다. 이러한 토기를 동반하는 문화 변천에도 관심이 있었다(263쪽).

저자는 죠몬토기 연구사에서 야마노우치 스가오山内清男에 주목한다. 동경제국대학 이학부 인류학선과를 졸업한 그는 1923년부터 동북제국대학 의학부 부수副手와 조교, 동경제국대학 인류학교실 강사가 되어 선사고고학을 담당하였다. 그는 토기제작과정에서 섬유와 같은 것이 혼입된 토기 문양이라든가 사행 죠몬斜行縄文 등에도 주목하며 승문기법에 대해 "승문縄文은 오랫 동안 베라든가 왕골藺의 압흔을 생각할 수 있는데 후에 이것이 끈 또는 끈을 이용해서 만든 기둥모양의 제작물을 회전하여 누른 것이라는 점을 알았다. 그 결과 승문은 선 모양을 이루는 승문 즉 끈 등의 측면을 누른 것과 면을 이루는 끈 등의 전면을 회전하여 누른 것 두 가지 종류가 있다는 것"(267쪽)으로 구분 정리한다. 이러한 독창적인 그의 관점이 언제 형성되었는가에 대해 저자는 그와 함께 교류한 상황을 다음과 같이 기술한다.

> 그 시기(1930년 혹은 1931년-사이또의 언급 : 인용자 주) 나는(사이또 : 인용자 주) 동경에 유학을 하고 있었는데 휴식을 취할 때는 센다이(仙台)로 돌아왔다. 그때 그가 찾아왔는데 그는 내 방에 들어오면 바로 나에게서 유점토(油粘土)를 빌어 종이-를 만들어 유점토의 표면에 붙여 돌리어 "죠몬(繩文)이 생겼다"라 하여 보여주었다. (267~268쪽)

4) 각 분야의 연구(2) : 『미네르바』 논쟁

저자는 이 시기 하나의 논쟁으로서 『미네르바』 논쟁을 뽑는다. 참고로 『미네르바』는 한림서방에서 1936년 2월에 창간된 잡지로 고고학, 민속학, 인류학 등을 가볍게 다루었다. 이 잡지의 창간호에 「일본석기시대의 원류와 하한下限을 말한다」라는 주제로 고또 슈이치後藤守一, 야마노우치 스가오, 코노 이사무甲野勇(1901~1967), 야와타 이치로, 에가미 나미오江上波夫의 좌담회가 실렸다. 이 가운데 하한 문제를 둘러싸고 야마노우치는 동북지방을 예로 들어 그 시대가 죠몬식 말기, 즉 "가메가오카식龜ケ岡式에 병존하여 교섭을 가질 수 있었던 것은 칸사이關西의 야요이식도 아니고 고분시대도 아니고 "역시 죠몬식이라고 하는 의미"를 전하면서 "죠몬식의 끝시기는 지방에 따라 큰 차이가 없다"(268쪽)는 논지를 제시했다. 이에 대해 동북지방 각지의 석기시대 유적을 찾고 있던 기다 사다기치는 석기시대의 유적에서 송전宋錢이 발견된 예를 보고하였고 아오모리현靑森縣이나 이와테현岩手縣의 석기시대 관련 자료를 토대로 "동북지방의 석기시대의 하한이 현저하게 하강한다는 점"(269쪽)을 주장했다. 이러한 견해에 대해 야마노우

치는 반박했다. 저자는

> 석기시대의 유적에서 송전 등이 발견된 것은 사실이었다. 그러나 유적의 확실한 층에서 발견되었는가 어떤가 하는 고고학적 고찰을 하지 않았던 것은 결점이 있었다. 또 가령 확실히 그 층에서 발견되었다고 하더라도 후세의 혼입 문제에 대해 철저한 검토를 하지 않았던 것은 신중성이 결여된 바가 있었다. 이 점 야마노우치의 논지는 역시 고고학자로서의 길을 통한 것이었다. (269쪽)

라고 평가했다. 저자는 고고학자로서 야마노우치의 주장에 전적으로 동의하면서 "고고학의 정도正道 혹은 질서"(270쪽)를 위하여 이런 논쟁은 고고학이 발전되어 가는 의미 있는 일이라고 말한다. 이와 같이 토기 연구와 함께 주거터, 집락 형태에 대한 연구가 진전되었다.

5) 각 분야의 연구(3) : 야요이시대

쇼와 초기부터 야요이시대에 대한 연구가 활발하게 전개되었는데 저자는 그 예로서 1926년 다카하시 켄지에 의한 동모·동검의 연구, 1927년에 우메하라 스에치에 의한 동탁연구, 우메하라와 모리모토에 의한 다뉴세문경 연구, 고또 슈이치에 의한 동촉 연구 외에도 야마노우치 스가오에 의한 석포정 연구를 들고 있다. 그 가운데 야마노우치는 석포정石庖丁을 수확도구로 보고 편인片刃석부를 호미로 보았다. 그 외에 벼이삭의 수확도구였던 석포정의 형식이나 분포와 함께 후쿠오카현 이이츠카시飯塚市 다치이와야키立岩燒의 제작 터도 밝혀냈으며 이런 토기와 대륙과의 관계에도 주목하였다(272쪽). 이와 같은 연구들을 토대로 야요이문화와 농경문화를 주제로 원시농업문제, 저습성 유적과 농업과의 관계에 대한 연구도 진행되었다(271~272쪽).

1938년부터 야요이토기의 집성이 이루어져 『야요이식토기취성聚成도록』과 함께 나라현 가라코唐古유적의 조사보고서로서 『야마토大和가라코야요이식유적의 연구』(1933년)가 간행되었다.

6) 각 분야의 연구(4) : 고분시대

다이쇼 연간 우메하라 스에치에 의한 기나이의 고분연구에 이어서 쇼와시대에 들어서서도 그에 의하여 긴끼近畿지방을 중심으로 이루어진 고분에 대한 재검토(273쪽)의 결과가 『긴끼지방고분묘의 조사』(1935, 1937, 1938)로 발간되었다. 또한 오사카부가 우메하라에게 위촉하여 이루어진 오사카의 중요 고분에 대한 조사결과가 『오사카부사적명승천연기념물조사보고』(1932, 1934)로 나왔다. 그리고 하마다와 우메하라에 의하여 경도제국대학 문학부 고고학연구실의 사업으로서 가카와현 다카마츠시高松市 이와세오산石清尾山의 고분군에 대한 조사와 연구가 이루어져 1933년에 우에하라의 집필로 『사누끼讚岐다카마츠이와세오산 석총石塚의 연구』가 출간되었다. 저자는 이 저술에 대해 "적석총이라는 특수한 형식인 고분의 관계로 널리 동아시아 전체로 시야를 향해 그 계통을 논한 것"(273쪽)으로 평가하였다. 이와 같은 연구 성과를 토대로 1935년에 우메하라가 「이와나미岩波일본역사강좌」에서 『상대上代의 유물유적과 그 문화』는 "이 시기 고분문화연구의 하나의 수준"(274쪽)을 보여준 것이었다.

저자는 이 시기 동경에서 고분조사에 종사한 고또 슈이치에 대해 1913년에 동경고등사범학교 지리역사과를 졸업한 후 시즈오카중학에서 교편생활을 한 후 1921년에 다카하시 켄지가 근무하던 동경제실박물관에 재직하면서 고분 및 출토유물들을 조사하였다고 소개한다(274쪽). 저자는 그를 "고분관계의 유물의 집성적인 연구에 하나의 학문적 업적을 남긴" 사람으로 평가하였다. 그는 1926년에 동경제실박물관 소장품을 토대로 각지에서 출토된 한식漢式 거울을 집대성한 『한식경』을 내놓았으며 계속해서 자료 소개를 중심으로 『석제품石製品』, 『무기무장구武器武裝具』, 『상고의 공예』 등을 발간하였다. 이뿐만 아니라 동경제실박물관에서 그를 중심으로 하여 『하니와 집성도감』(1930, 1936)을 간행하기도 하였다.

이와 같이 박물관 소장품을 토대한 기초연구에 머물렀고 그 유물들이 출토된 유적을 찾아 조사하는 일은 적었는데 고또는 이러한 "박물관고고학"의 전통을 비판하면서 직접 고분을 발굴하고 1933년에는 『우에노쿠니 사와군佐波郡아카보리촌赤堀村이마이차今井茶 구스야마臼山고분』, 1936년에는 『다노군多野郡히라이촌平井村시라세끼白石이나리산稻荷山고분』, 1931년의 『시즈오카현 이와타군磐田郡미쿠리야촌御廚村마츠린산松林山고분』 등의 보고서를 내놓았다. 이 보고서에서 고또는 "고분문화에서 가형하니와家形埴輪의 지위를 논하고 그 배경을 고찰하고 고분군 각각의 피장과 세대와의 관계"(275쪽)를 논하려는 시도로서 높게 평가되었다.

7) 각 분야의 연구(5) : 역사시대

저자에 의하면 쇼와시대에 들어서서 역사고고학에 대한 본격적인 연구가 시작되었다고 한다. 1937년 고또에 의한 『일본역사고고학』이라는 개설서는 복식, 무장, 무기, 주택과 취락, 화폐, 미술공예, 신사, 불교, 분묘 등 각 분야의 것을 망라한 것이었다(277쪽).

저자에 의하면 이 시기에 역사고고학에서 중핵을 이룬 것은 이시다 모사쿠에 의한 불교고고학이었다. 이시다는 1933년에 아스카시대 사찰터의 연구를 정리하여 1944년에는 『총설 아스카시대 사원터의 연구』를 저술하였으며 1934년에는 「이와나미 일본역사강좌」 가운데 『불교의 초기문화』는 유적유물에 토대하여 아스카, 나라시대의 불교문화를 총정리(278쪽)하였다.

또 저자는 1938년에 『고쿠분지國分寺의 연구』를 저술한 츠노다 분에이角田文衛(1913~2008)에 주목한다. 그것은 전국의 고쿠분승사國分僧寺 니사尼寺터에 대해 각 연구자들의 집필을 정리한 것이다. 또한 1930년에는 이시다 모사쿠를 중심으로 사원터에서 발견된 고와古瓦 등을 정리하여 『고와도감古瓦圖鑑』이 출간되기도 하였다. 이로써 고와의 문양을 통해서 대륙과의 관계를 구명하는 등의 연구가 진행되었다. 와요터에 대한 조사도 이루어졌는데 1934년에는 니시다 나오지로西田直二郎(1886~1964)와 우메하라에 의해서 경도부 쿠리스가와노栗栖野의 와요터의 보고라든가 나이또 마사츠네內藤政恒(1907~1970)에 의한 미야기현 가스가春日 와요터의 보고가 이루어졌다(278쪽).

또 경총과 그 관계품에 대해 이시다 모사쿠, 야지마 쿄스케矢島恭介(1898~1978), 다자와 킨고田澤金吾(1892~1952) 등에 의하여 연구되었다. 이시다가 1928년에 「고고학강좌」에 정리한 『경총』에 대해 저자는 "지금도 가치가 높은 문헌"(279쪽)으로서 그 후 경총연구의 지침이 되었다고 평가한다. 1938년 야지마와 함께 『미타케산金峯山경총의 연구』를, 1933년에는 다자와에 의하여 『쿠라마절鞍馬寺 경총 유옥遺玉』을 간행하였다.

저자에 의하면 이 시기 역사고고학 분야 중 하나의 특색은 "고분군에 대한 연구"(279쪽)였다고 한다. 1927년에는 모리모토에 의하여 「분묘유물이 보여주는 나라시대 문화의 일면」과 같은 야심작이 나왔고 1929년에는 「고고학강좌」에 『분묘』가 정리되기도 하였다. 이어서 「나라시대에 있어서한 여성의 분묘」(1931), 「성덕태자 기장磯長 어묘御廟의 양식에 관한 일고찰」(1933) 등이 발표되었다. 저자도 「화장골호의 한 형식에 대해」(1932), 「상대에서의 분묘지의 선정』(1935)을 발표했다. 범종에 대해서도 츠보이 료헤이 坪井良平(1897~1984)에 의하여 『게이쵸慶長말년 이전의 범종』(1939)이 출간되기도 하였다.

8) 각 분야의 연구(6) : 북방문화와 그 외

쇼와시기에 들어서서 북방의 고문화연구에도 진전이 있었다. 오호츠크 문화의 성격도 그것을 계기로 밝혀지게 되었다. 아바시리網走의 모요로패 총도 요네무라 키오에米村喜男衛(1892~1981) 등에 의하여 조사가 착수되었고 1933년에는 코노 히로미치河野廣道(1905~1963)가 『홋카이도원시문화취영聚英』을 출간했는데 거기에 모요로패총에서 출토된 토기도 다루었다. 오호츠크식 토기를 박수부문薄手浮紋토기로 설명하고 연대도 내려오는 것으로 보았다.

이와 같은 연구 등이 진전되었고 1937년 10월에는 홋카이도제국대학 안에 북방문화연구실이 개설되었으며 1939년 3월에는 『북방문화연구』가 간행되었다. 당시 홋카이도 선사시대 토기로 후수승문厚手繩紋토기, 박수薄手승문토기, 찰문擦紋토기, 오호츠크토기로 구분하고 "홋카이도의 동북부 오호츠크 해안을 따라 발달하고 있던 오호츠크식 문화는 사할린으로부터 남하문화와 치시마千島를 통해 유입한 문화와 합류한 것으로 종래 홋카이도에서 발달한 죠몬토기 계통의 문화 후에 온 찰문토기군 문화와는 다소의 융합은 있어도 본질적으로는 다른 계통에 속하는 것이다. 그리고 홋카이도의 동북부 해안에서는 이러한 두 계통의 문화와는 융합하는 일 적고 기백년 동안 대척적對蹠的으로 계속되었다"(281쪽)는 연구 성과를 소개한다.

오타루小樽 주변의 유적에 대해서도 테미야手宮 동굴의 조각을 둘러싸고 위작설과 함께 그것을 부정하는 주장이 나오기도 하였다(282쪽).

제6장

현대의 고고학

1. 고고학계의 동향

1) 태평양전쟁과 고고학

1941년 12월 태평양전쟁 돌입 이후 "신국神國일본을 자랑하고 조국肇國의 유구함을 이야기하는 등 국민정신의 작흥"(283쪽) 정책이 전개되는 가운데 "고고학과 같이 실증을 중시하여 과학적으로 고대사를 발굴하려고 하는 학문"은 침체되었다. 젊은 고고학 연구자들이 전선으로 향하였고 국내에서 고고학 연구가 있었다고 하더라도 "팔굉일자八紘一字적"(283쪽) 정신을 고취하는 방향에 있었다. 재정난 등으로 도서나 잡지발행도 어렵게 되었고 오랜 전통을 가진 『고고학잡지』도 휴간되기에 이르렀다. 이미 인쇄가 끝났지만 배포는 되지 않은 채 있었던 34권 제9호(1944년 9월)는 종전 후 얼마 지나 1947년 10월에 34권 제10호로서 재발간되었다.

전쟁 때문에 일부 유적이 파괴되었고 이에 대한 조사와 종전 후 재조사로 이어졌다. 전쟁 중 비행기장 건설을 위해 다음과 같은 고분들이 조사되기도 하였다. 미야자키현 히가시모로가타군東諸縣郡 키와키촌木脇村 및 야요촌八代村에 걸쳐있는 무츠노바루大野原의 지하식횡혈군과 또 미야카키현 코유군兒湯郡 닛타촌新田村 니유우타바루新田原의 고분군 약간, 사가현 미야키군三養基郡 카미미네촌上峯村과 칸자키군神崎郡 미타촌三田村에 걸쳐있는 메타바루目達原고분군 약간이 바로 그것이다. 홋카이도 아바시리시網走市 모요로패총은 해군 기지와 관련하여 일부 지역이 조사되었다. 이 패총은 1936년에 일본의 국가사적으로 지정되기도 하였는데 저자가 이 사적보존사업에 관계하고 있었기 때문에 이 사적에 대해 구체적으로 기술하고 있다.

그 내용은 다음과 같다. 이 패총조사를 주제로 해서 논픽션 소설도 나올 정도였는데 저자가 보기에는 잘못된 부분도 있어서 그 "진상"을 알릴 겸 그 후의 전개에 대해 기술하고 있다. 1941년 5월 14일 오미나토요항부大湊要港部 사령관으로부터 이 토지를 "군사상 긴급의 필요"(284쪽)가 있다고 하여 꽤 넓은 지역의 현상변경을 문부성에 신청하였다. 같은 해 5월 16일에 저자가 그 현지에 가서 해군성에서 파견된 두 사람의 기술장교와 그 외 해군 측 사람들을 설득하여 예정한 범주보다 상당히 좁은 범위만으로 해결을 보았다. 일부에서는 우리들을 가리켜 〈국적國賊〉으로 소곤거리기도 했다(284쪽)고 한다.

저자는 1944년 군대에 의해 방공호를 만들고 있던 때 발견되어 소학교의 복도 밑에 방기되었다가 그 후 1952년 그 학교의 교사에 의해서 다시 발견된 유물로서 나라현 우지군宇智郡 오오아다촌大阿太村 오아자大字 히가시아다東阿田에서 산대기촌진山代忌寸眞 작의 묘지동판을 소개하고 있다. 이 묘지는 현재 중요문화재로 지정되어 있다.

또 이 시기에 군수공장 건설을 위해 부지의 땅고르기 할 때 우연히 발견한 것으로 시즈오카시 또로登呂유적을 언급하고 있다. 이 유적은 제2차 세계대전 이후에 재발굴의 동기도 되어 "일본고고학사에서도 중요한 하나의 사건"(285쪽)이 되었다. 제2차 세계대전 이후의 이 유적조사에 대해서는 후

술할 것이다. 1943년 1월에 공장부지 6만평에 대해 수전水田 땅 고르기 공사를 하던 중 목항木杭이나 목기 같은 것들이 계속 나오다가 5월 중순에는 토기편이 나와 지방뿐만 아니라 동경의 학계에도 알려지게 되었다. 같은 해 8월에 문부성 종교국 보존과에서 사적조사를 담당하고 있던 우에다 상헤이上田三平가 중심이 되어 현 자체의 조사가 이루어졌다. 10일 동안의 조사를 거쳐 야요이시대 주거터와 수전의 휴반유구畦畔遺構가 밝혀졌고 그 외에 많은 목제품과 야요이식토기가 발견되었다. 저자에 의하면 공사건설의 긴급한 진행으로 더 이상 조사는 계속되지 못하였고 당시 보고서도 간행을 예정으로 준비는 되었는데 불행하게도 전쟁 중에 소실되었다(285쪽)고 한다. 다행스럽게도 우에다가 그 일부 자료를 토대로 「스루가 후지미하라駿河富士見原에 있어서 원시농경취락유적의 연구」(『과학』 16-1·2, 1946)로 남겨놓았다.

2) 일본고고학협회의 성립과 문화재보호법의 시행

제2차 세계대전 후 저자는 일본역사가 새로운 전기를 맞이하여"(그 동안 : 필자 주) 신화를 존중하고 황국사관에 서서 진행되던 연구도 과학적으로 구명되는 기운"(286쪽)이 나타나 천손강림의 신화에서 시작되고 있던 일본역사교과서도 석기시대 문화로 제1항을 시작하게 되었고 고고학도 사학에 큰 지위를 차지하게 되었다고 말한다. 저자는 그러한 분위기에서 진행된 조사의 예로서 앞서 언급한 시즈오카시 또로유적 조사를 뽑고 있다. 이 유적조사가 "새롭게 국민에게 고고학의 매력과 그 학문의 입장을 인식"(286쪽) 시켜주었다는 의미도 부여한다. 『고고학잡지』도 1947년 10월에 복간 1호가 간행되고 그 외에 『고고학집간考古學集刊』도 스기하라 쇼우스케杉原莊介를 중심으로 구舊 동경고고학회 동인의 대표자들과 협의한 결과 1948년에 제1책이 간행되었다. 그리고 저자는 지역에서 관련 학회의 창립과 고등학교에서의 향토연구회 활동에도 주목한다. 이 가운데 그는 오카야마대학 고고학연구회에서 1949년에 간행된『우리들의 고고학』에 주목한다.

제2차 세계대전 이후 그 이전의 연구 성과들을 토대로 과학으로서 일본 고고학의 모습이 나타나기 시작하였다고 필자는 생각한다. 저자는 고고학 연구 입문서로서 1950년에 하라다 요시또原田淑人를 대표로 정리된『일본 고고학입문』을 든다. 또 같은 해에 중앙공론사에서 간행한『신일본역사강좌』에 하세베 코똔도長谷部言人의『일본민족의 성립』, 야와타 이치로八幡—郎의『원시시대의 사회와 문화』, 저자의『고분』, 스기하라杉原莊介의『고분전기의 문화』등도 수록되어 "새로운 시대의 고고학연구의 일단"(287쪽)을 보여주었다. 그 다음 해에는 미즈노 세이이치水野清—에 의한『새로운 고고학』, 고바야시 유키오小林行雄에 의해서『일본고고학개설』이 간행되었다. 특히 후자는 유적, 유물에 대한 해설의 나열이라는 느낌에서 벗어나 유적, 유물을 통해 문화의 추이나 생활실태를 밝히고 있는 것으로 평가를 받았다(287쪽).

1955년 1월부터 카와데서방河出書房에서 출간된『일본고고학강좌』에 실린 참신한 글들은 학문진전의 반영이었고 이에 따라서 새롭게 일본고고학협회가 창립되었다. 저자는 이하 일본고고학협회가 창립되기까지의 과정을 간략하게 기술한다. 이 시기 고고학자들이 서로 연대하여 학문발전을 도모하려는 움직임이 나타난 가운데 당시 문부성 과학교육국 인문과학연구과장 이누마루 히데오犬丸秀雄(1904~2003)의 노력으로 1948년 2월 5일에 일본고고학협회설립준비위원회가 결성되고 위원회 실무와 원안작성을 위해 고또後藤守—, 조선총독부박물관 등 조선 고적조사에 깊이 관여했던 후지타 료사쿠藤田亮策, 코마이 가즈찌카駒井和愛(1905~1971), 미즈노 세이이치水野清—(*이상 고인), 야와타 이치로, 에카미 나미오江上波夫, 저자, 스기하라杉原莊介가 간사에 선정되었으며 고또가 간사장이 되어 4월 2일에 동경국립박물관에서 일본고고학협회 설립총회가 열렸다. 170인의 회원 외에 위원으로서 우메하라 스에치, 이시다 모사쿠, 야마노우치 스가오山內淸男가 참가하였고 주목할 점으로 후지타 료사쿠가 위원장이 되었다. 그 후 1948년도부터 연보를 간행하였고 또 또로유적조사특별위원회, 고분조사특별위원회, 야요이식토기문화조사특별위원회, 동굴유적특별위원회, 생산기술특별위원회 등 조사를 대상으로 하는 위원회도 설치되었고 문부성의 과학연구비의 교부를 받아 각각 성과를 올렸다(287~288쪽).

한편 1950년 5월 30일에 참의원입법의 형식으로 문화재보호법이 제정되어 1950년 8월 29일부터 시행된 것에 대해 저자는 "고고학연구상 기억할 만"(288쪽)한 것으로 평가한다. 종래 문화재 관련 법률로는 「국보보존법」, 「중요미술품 등의 보존에 관한 법률」 및 「사적명승천연기념물보존법」이 있었다. 「사적명승천연기념물보존법」에서는 그 "현상변경에는 제약"(288쪽)이 있었으나 미지정 일반 패총이나 절터 기타 유적에 대해서는 제약도 없고 도굴이나 도굴 행위조차 방임한 상태였다(288~289쪽)고 한다. 다만 고분과 관련해서는 이전과 같이 명치 10년에 발포된 태정관달太政官達 포고가 효력을 가지고 궁내성(궁내청)에 대한 절차도 필요하였는데 거의 실시되지 않았다(289쪽). 또 사적명승천연기념물보존법에는 "사적과 관련하여 그 시행규칙 가운데 토지의 소유자·관리자 또는 점유자가 고분 또는 구적舊蹟이라고 인정할 만한 것을 발견하였을 때는 현상을 변경하지 말고 10일 이내에 신고 의무가 있었다"(289쪽). 유적에서 발견 출토품에 대해서도 적용되고 있던 민법의 유실물법遺失物法에 토대하여 귀속歸屬이 결정되도록 되어 있었다(289쪽).

종래 고고학과 관련이 있는 문화재 보존을 위해서는 이와 같은 법률이 적용되고 있었다고는 하지만 전쟁 중이거나 제2차 세계대전 후의 혼란으로 무시되는 것도 많았고 유적, 유물은 현저하게 황폐·파괴되었거나 소멸·산실되었다. 그리고 문화재에 대해 전체적으로 법률이 필요하다고 느끼고 있었는데 1949년 1월 26일 법륭사금당벽화의 화재로 인하여 문화재보호에 대한 여론이 한층 높아졌고 그 결과 문화재보호법이 제정되었다. 이 새로운 법률에는 종래의 문화재보존 관련 법률들이 통합·정리되었다. 그 소관 행정기관으로서 문부성의 외국外局에 해당되는 문화재보호위원회가 발족되었다. 이 법률에는 사적의 지정보존이나 유적발견에 대한 규정 외에 매장문화재의 보존시책이 도입되었다. 즉 발굴의 신고·지시·명령 등에 대한 규정이 정해졌고 무방임상태에 있던 지정사적指定史蹟 이외의 것까지 보존대책이 강구되어 고분 발굴의 경우 이 규정이 적용되기에 이르렀다. 발굴된 매장문화재 출토품의 처리에 대해 종래의 유실물법을 전제로 그 조정이 도모되었고 문화재보호위원회가 관련 업무를 관장하게 되었다. 1954년 5월에는 그 일부가 개정되었고 토목공사 그 외 매장문화재 조사 이외의 목적으로 이루어지는 발굴의 경우에도 널리 알려진 유적에 대해서는 신고하도록 규정되었다(이상 289~290쪽).

3) 또로登呂유적의 발굴

저자에 의하면 일본에서 제2차 세계대전 후에 최초로 발굴된 유적은 또로유적이다. 또로유적에 대한 재조사를 위해 1947년 3월에 시즈오카시또로유적조사회가 결성되었고 위원에는 고고학, 고대사, 건축사, 식물학, 지질학, 농업경제사 등 각 분야의 전문가들이 위촉되었다. 그야말로 하나의 유적에 대한 "종합조사"(291쪽)의 시스템을 구비하였다. 조사에 소요되는 비용은 문부성으로부터 5만엔 이외에 현과 시로부터의 각각 5만엔의 보조금으로 충당되었다. 이러한 준비를 거쳐 7월 3일에 발굴에 착수하였다.

본격적인 조사는 1948년에 결성된 일본고고학협회의 특별위원회에서 맡았고 그 위원장이었던 이마이 또시키今井登志喜(1886~1950) 사후 그 뒤를 이은 고또 슈이치가 지휘하였다. 조사는 1949년까지 이루어졌고 발굴 성과는 1949년 11월에 『또로登呂』, 1954년에 『또로본편』으로 간행되었고 주거형태, 수전水田, 농업 등 야요이시대 후기문화가 구명되었다. 저자는 이 발굴의 의의를 제2차 세계대전 후 "고고학 비약의 유인도 되었고 학자의 공동연구의 존재양식을 시사하였음과 함께 국민에게 널리 고고학이라는 것을 인식시켰다"(293쪽)라고 자리 매김을 하였다.

4) 이와쥬쿠岩宿유적의 발견

이와 같이 제2차 세계대전 후 일본에서 최초로 또로유적이 발굴되는 가운데 새롭게 군마현 닛타군新田郡 카사카케촌笠懸村에서 이와쥬쿠유적이 발견되었다. 저자는 이와쥬쿠유적을 "선先토기(무無토기) 시대 혹은 구석기시대문화의 확인에 처음으로 기초가 된 것"(293쪽)으로 평가한다. 이 유적을 발견한 사람은 그 지역에 살고 있던 아이사와相澤忠洋로 1946년 가을 가끔 카사카게촌笠縣村 이와쥬쿠의 구릉 부근에서 돌조각을 발견하였는데 붉은 흙이 붕괴된 층에서 두 개의 흑요석 조각을 보고 그것이 "세석기細石器의 조각이 아닌가"(294쪽)라고 생각했다고 한다. 1949년 7월 초순 그 곳을 찾았을 때 붉은 흙과 그 밑의 갈색점토층 가운데 박편剝片의 무리가 있다는 것에 주목했다. 그 후 명치대학의 스기하라杉原莊介를 찾아 상담하였고 현장 조사 후 10월 1일부터 10일까지, 그 다음 해 4월 11일부터 10일 동안 조사가 진행되었다. 그 결과는 1956년 「명치대학문학부고고학연구보고」 제1책 『군마현 암숙岩宿 발견의 석기문화』로 간행되었다(296쪽).

5) 그 후의 발굴

이와쥬쿠유적이 단초가 되어 각 지에서 관동 롬층 혹은 그에 상당하는 층에서 석기가 발견되고 있음이 알려졌다(296쪽). 제2차 세계대전 이후 일본 경제가 어려운 가운데에서도 발굴은 계속 되었고 1946년 8월에 아키다현 카즈노군鹿角郡 오유쵸大湯町에서 환상열석이 발견되었다. 제2차 세계대전 이전에 일부 현상변경이 있었던 홋카이도 모요로패총에 대해 1947년과 48년에 하라다 요시또原田淑人가 단장이 되어 동경대학과 홋카이대학이 협력하여 "많은 수혈이나 패총에서의 인골매장의 예"(297쪽)가 밝혀졌다.

그 후 죠몬시대와 고분시대에 대해서도 발굴조사가 계속 이어지는 가운데 문화재보호법의 개정도 함께 이루어졌다. 발굴시 신고가 의무사항이 되었고 토목공사 등으로 알게 된 유적에 대한 발굴 시에도 신고가 의무조항이 되었다(298쪽).

6) 역사시대 유적 조사의 활발

저자는 역사시대 유적으로서 우선 성책터에 주목한다. 그것은 아마도 저자 자신이 직접 이 조사에 참여한 사실도 작용하는 것 같다. 그는 1954년부터 1955년까지 이와테현교육위원회 사업으로서 이타바시 겐板橋源 (1907~1990), 다나카田中喜多美 등과 함께 미즈사와시水澤市 이사와胆澤성터를 조사하였다. 그 조사는 "경지정리로 현상의 일부변경이 이루어지는 것에 대한 대처"(299쪽)였고 조사결과 "정청터正廳跡로 인정된 건물터가 남쪽을 접하고 있었다는 점"이 밝혀졌다. 여기에다가 새롭게 "굴립주掘立柱에 의한 땅을 파는 방식을 7칸에 4칸을 배치하였다"(299쪽)는 점이 밝혀졌다. 또 건물터가 대척적으로 배치한다는 점을 생각할 수 있었는데 이것은 다이자이후大宰府터의 정청과 그 전면 좌우에 있는 건물배치와 같은 것으로 "지방의 정청政庁에 궁전의 조당원朝堂院을 약식으로 옮긴 형식"(300쪽)이라는 점이 알려지게 되었다.

또한 저자가 책임자가 되어 1959년부터 1962년까지 문화재보호위원회에 의하여 아키다현秋田縣 아키다성터 조사가 이루어졌다. 그 외에도 야마가타현山形縣 성륜책성城輪柵터 조사, 이와테현岩手縣 도쿠다성德田城터에 대한 조사, 1966년부터는 미야기현宮城縣 다가성多賀城터에 대한 조사가 이루어졌다(300쪽).

그 동안 논쟁의 하나였던 코고이시神籠石에 대해서도 새로운 발굴조사에 의하여 "고대산성"(300쪽)이라는 점이 확인되었다. 저자가 책임자가 되어 1963년부터 1964년에 걸쳐서 야마구치현 구마게군熊毛郡 야마토촌 이와키산石城山의 신롱석에 대해, 1962년부터 1964년에 걸쳐서 사가현佐賀縣 다케오시武雄市교육위원회에 의하여 카가미야마 다케시鏡山猛(1908~1984)가 책임자가 되어 오츠보산 신롱석에 대한 조사가 이루어졌다(300쪽). 이 조사들을 통해서 "열석列石 위에 토루土壘가 덮어 있던 상태, 문의 흔적이 있는 사실 또는 계곡 간 걸쳐 있는 석벽의 특수한 구조"로 보아 "이미 주장된 영역靈域이 아니라 산성"(300쪽)이라고 주장했다.

절터에 대해서는 아스카절, 카와하라川原절 등도 조사되어 고대 사찰의 가람배치가 매우 복잡하다는 점이 밝혀졌다. 아스카시대부터 헤이안시대에 걸쳐 사찰터에 대한 조사가 각지에서 이루어졌다. 동북지방에서는 이와테현 무량광원無量光院터, 미야기현 다카사키高岐폐사터, 후쿠시마현의 코시하마腰浜폐사터, 경도부의 카타기하라樫原폐사터, 오사카의 신당新堂폐사터, 효고현의 이타미伊丹폐사터, 이나노아猪名사터, 도쿠시마현의 이시이石井폐사터, 오이타현의 미륵彌勒사터 등이 그것들이다(301쪽).

종래 승사僧寺터만을 대상으로 조사가 이루어져 왔는데 니사尼寺터도 조사되어 승사와 니사 간 규모라든가 건물 간 비교도 이루어졌다. 이시다 모사쿠에 의하여 『동대사東大寺와 국분사國分寺』(1959), 「국분사터의 발굴과 연구」(1970) 등이 발표되었고 저자에 의하여 『일본고대유적의 연구 총설편』(1971), 「고쿠분 승사와 고쿠분 니사와의 거리 및 방위에 관한 한 고찰」, 「고쿠분 니사의 성격」 등이 발표되었다.

저자에 의하면 역사시대의 유적 가운데 가장 현저하게 연구가 진행된 주제는 궁성터이다. 즉 헤이죠궁平城宮터를 비롯하여 나하궁難波宮터, 나가오카長岡궁터, 아스카지방의 고대궁터라든가 헤이안궁터 등이 조사되었다. 저자는 이 가운데 특히 헤이죠궁터와 나하궁터에 대해 다음과 같이 자세하게 소개한다.

　　매우 이전부터 학계에서 관심을 받아왔던 헤이죠궁터가 그 후 1963년 12월에 도로 개수공사와 관련하여 일부 지역을 나라현교육위원회가 조사를 하여 굴립주(掘立柱)에 의한 굴착방식이 검출되었다. 문화재보호위원회에서 이를 중요하게 보고 하라다(原田淑人)를 책임자로 하는 헤이죠궁터발굴조사회를 조직하여 문부성의 과학연구비로 1954년에 조사하기로 하고 아울러 문화재보호위원회도 거기에 협력하여 국영(國營)발굴의 태세가 이루어지게 되었다. 조사는 1954년 1월에 이루어졌다. 그리고 조당원(朝堂院)터의 북쪽 180미터 떨어진 곳에 동서로 긴 회랑모양의 유구가 3중으로 겹쳐 있다는 점이 밝혀졌다. 이 유구 가운데 앞 두 건물은 굴립주이고 마지막의 것은 초석을 이용한 것이라는 점도 알려지게 되어 평성궁터에 복잡한 요소가 있다는 점이 인식되었다. 특히 문화재보호위원회에서는 항공촬영의 사진을 토대한 한 측량도를 제작했다. 그 후 광대한 지역에 걸쳐 있는 관계로 현상변경 등 고려해야 할 점이 나타나 평성궁터의 전 지역에 대한 보존운동도 전개되었다. 이러한 과정을 거쳐 1959년 나라국립문화재연구소에서 5개년 계획을 세우고 본격적으로 조사에 들어갔다. 처음 제1기로서 5개년 계획이 세워졌는데 제1차 연도에는 추정 내부 서북부를 조사하고 여러 동의 굴립주열과 작은 돌로 깐 유구라든가 장구(長溝) 등이 나타났다. 그 후 조사는 진행되었고 연구소 안에 헤이죠궁터발굴조사부도 설치하여 오늘날에 이르고 있다. (302~303쪽)

또 저자는 야마네 도쿠타로山根德太郎(1889~1973)에 의한 오사카시의 나하궁터 조사에 주목한다. 이 궁터조사는 1954년에 오사카시교육위원회 내 나하궁터현창회와 오사카시립대학 내 나하궁터연구회가 주체가 되어 진행되었다(이후 시교육위원회가 주체가 되었다). 오사카시 호우엔사카쵸法円坂 町의 빌딩 간 아주 좁은 사이의 빈 터라든가 포장도로 밑까지 발굴이 진행한 결과 코우도쿠孝德천황 대화 원년(645) 때 나가라노또요사키노미야長柄豊碕宮와 쇼우무聖武천황의 신귀神龜 3년(726)부터 조영된 나하궁과 중복된 유적이라는 점(305쪽)뿐만 아니라 조사를 시작한 지 11년째에는 쇼우무천황聖武天皇의 나하궁의 대극전大極殿터가 드러났다(305쪽).

7) 새로운 유적 유물의 확인

저자는 이 시기에 처음으로 드러난 유적 유구를 소개한다. 그 예로서 종래 일본에는 없다는 것이 제2차 세계대전 이전에 "상식"으로 통했던 돌멘, 즉 지석묘 형식의 것이 여러 지역에서 발견되었다.

① 1949년 하라다 다이료쿠原田大六(1917~1985)에 의하여 후쿠오카현 이토시마군糸島郡 이또촌怡土村 이시사키石崎
② 1951년에는 사가현 가라츠시唐津市 아자 한다半田 히가시우키東宇木의 하야마지리葉山尻
③ 1953·54년에는 나가사키현 미나미다카키군南高來郡 기타아리마촌北

有馬村 하라야마原山고분, 특히 1953년에는 후쿠오카현 이또시마군 마에바라쵸前原町 시또志登

④ 1947년에는 구마모토현 기쿠치군菊池郡 쿄구시촌旭志村 후지오藤尾

이상의 지역에서 발견된 지석묘군을 통해서 "북큐슈지방에서 야요이시대의 묘로서 중요한 존재"(306쪽)였다는 점이 밝혀졌다. 이러한 지석묘에 대한 연구가 늘어가면서 또한 각 지역에서 속출한 배석유구配石遺構와도 관련해서 그 명칭의 애매함 등도 지적되기도 하였다고 한다.

저자는 이 지석묘군 발견과 연구에 이어서 주목을 한 새로운 연구로서 방형주구토광묘方形周溝土壙墓를 든다. 오바 이와오大場磐雄(1899~1975)에 의하여 1964년 동경도 하치오우지시八王子市 우츠쿄宇津町에서 발견되어 같은 해 가을 일본고고학협회대회에서 발표된 이후 각 지역에서 여러 예들이 발견되어 "야요이시대부터 고분시대에 걸친 묘"(306쪽)로서 주목을 받았다.

2. 새로운 연구 동향과 그 과제

1) 구석기시대의 확인

저자는 우선 구석기시대를 확인하는 문제를 거론한다. 이는 일본에 과연 구석기시대가 있었는가 하는 문제로 명치 이래의 과제이기도 했다. 이 문제는 일본정부에게 일본민족국가의 수립과 관련하여 중요한 학술과제 가운데 하나였다. 이 문제에 대해 1896년에 지질학 전공 사또 덴죠佐藤傳藏(1870~1928)는 시고쿠四國인류학회 개회식에서 무츠국陸奧國 니시츠가루군西津輕郡 다테오카무라館岡村 아자다고야字田小屋에서 나온 많은 토기편의 출토층이 홍적층 상부라는 이유를 들어 "홍적기 후기에는 이미 토기를 제조하고 있던 인류가 살았다"(308쪽)는 증거로 제시하였다. 또 1905년에는 요코하마시 근교의 사카와천酒匂川 및 하야카와早川 유역의 역층礫層과 그 위의 점토층에서 채집된 여러 개의 석편을 토대로 이것을 "구석기의 가능성"이 있는 것으로 이야기되기도 하였는데 저자는 이를 "탁견"으로 평가한다.

그런데 당시 일본 인류학계의 츠보이 쇼고로는 1909년 3월에 일본에서는 아직 홍적기洪積期에 인류 존재의 증적이 나타나지 않았고 구석기시대의 유물조차 없을 정도이기 때문에 "원시석기시대유물은 아직 발견을 기대할 수 없다"(『동경인류학회잡지』 24-276)는 입장을 제시했다(307쪽). 그 후 츠보이는 원시석기시대의 유물이 있을 것으로는 생각하지 않으면서도 "원시식原始式 토기"(308쪽)의 존재가능성은 언급했다.

다이쇼기에 들어서서 하마다 코사쿠는 오사카부 코쿠후國府유적의 석기에 주목하여 "신석기시대에 속하는 것"으로 간주하면서도 "석기의 형상에서 구석기적 형상을 남기고 있는 것"(309쪽)으로 보기도 하였다. 그 후 오야마 카시와大山柏의 연구라든가 나가사와永澤襄次, 야와타 이치로 등의 연구가 이어졌으며 저자는 일본 구석기시대 연구에 큰 업적을 남긴 사람으로 저자는 나오라 노부오直良信夫(1902~1985)를 뽑는다. 오야마라든가 나오라 노부오에 대해서는 제2권에서 보다 구체적으로 소개되고 있다. 저자는 다음과 같이 나오라 노부오의 활동을 기술한다. 1931년 4월에 효고현 아카시군明石郡 오쿠보촌大久保村 니시야기西八木해안에서 화석인골편을 주어 『인류학잡지』(46-5·6)에 발표하였고 도치기현 쿠즈우마치葛生町에서 얻은 화석인골 등에 대한 고찰결과를 1935년에 『고고학』(6-2·7)에 발표하기도 하였으며 1942년에는 『구석기시대의 연구』라는 저술을 내놓기도 하였다(309쪽).

저자는 구석기시대의 연구에 "불을 붙인" 중요한 계기가 된 조사로서 이와쥬쿠岩宿유적에 대한 조사를 뽑는다. "1949년 9월부터 10월에 걸친 조사가 이루어진 이래 각지에 칸또關東 롬층 또는 이것에 상당하는 층으로부터 석기군이 검출된 데에다가 이러한 층에는 토기가 나오지 않는 것에서 종래 최고最古로 생각되어 왔던 죠몬시대의 이른 시기 이전으로 거슬러 올라가는 문화의 존재가 분명하게 되었다"(310쪽)고 저자는 기술한다. 앞서 나오라에 의한 화석인골의 존재에서 실물은 불행히 전쟁으로 소실되었지만 남겨진 석고모형과, 하세베 코똔도에 의한 아카시시明石市 부근의 니시야기西八木에서 출토된 허리뼈의 존재, 앞의 나오라에 의하여 도치기현 아소군安蘇郡 쿠즈우마치葛生町와 미야시타마치宮下町에서 채취한 화석인골편을 통해서, 스즈끼 히사시鈴木尙(1912~2004)에 의한 시즈오카현 하마나군浜名郡 하마기타시浜北市의 화석인골편의 발견을 통하여 "일본에서 홍적세에 인류가 존재하였다는 것"(310쪽)이 밝혀졌다. 저자는 "이러한 화석인골에 동반하여 유물이 아직 발견되지 않고 있지만 일본에 구석기시대에 속하는 인류가 살고 있었다는 것"(310쪽)은 분명해졌다고 결론을 내린다.

또한 저자는 "선先토기문화연구"의 예로서 1962년 3월에 오이타현 기타아마베군北海部郡 사카노이치마치坂市町에서 붉은 모래 대지에서 발견되어 그 해부터 6년 동안 고대학협회 일본구석기문화연구위원회에 의하여 발굴된 석기군을 들어 그 석기형식을 통해서 "유럽 전기前期 구석기에 유사한 것"으로 보아 "홍적세에 속하는 것으로 인정될 수 있는 층에서 발견된 것"(312쪽)이라는 주장이 나왔다.

이러한 연구성과에 대해서 저자는 다음과 같은 의문을 제기하고 있다.

　　이러한 경과에서 차제에 일본에 구석기시대에 상당하는 시대가 존재한다는 것은 확인되어 왔다. 그런데 선토기시대로 이야기되는 것의 문화가 모두 이와 같은 구석기시대에 포함되어 좋은가 하는 것에도 하나의 문제가 있을 것이다. 또 구석기시대의 존재를 인정했다고 한다 해도 이것이 과연 유럽의 전기 구석기시대에 상당하는 시대로까지 거슬러 올리는 것이 가능한가, 바꾸어 말하면 하부(下部)구석기시대문화의 존재를 어떻게 생각할 것인가에 현재의 있는 것 같다. 이 분야의 연구가 활발하게 되어 있는 현 상황에서 바라고자 하는 것은 젊은 연구자가 구석기시대의 연구의 선배인 유럽은 본래 소련(러시아 이전 : 인용자 주) 혹은 동남아시아의 각지에서의 구석기시대의 유적이라든가 유물을 적극적으로 스스로 조사하고 혹은 널리 이러한 국가들의 문헌에 주목하여 늘 그 비교검토를 잊어서는 안 될 것이다. 또 국내의 자료에 대해서도 발굴 성과라든가 연구 성과에 대한 고증·기술에 신중하지 않으면 안 될 것이다. (313쪽)

이러한 입장에서 저자는 "일본에서 구석기시대가 확인되었다고 해도 고고학상 연대구분의 경우 구석기시대·죠몬시대·야요이시대·고분시대로 하는 것에는 신중하지 않으면 안 된다. 왜냐 하면 일본의 죠몬시대에 선행하는 문화의 모든 것이 과연 구석기시대에 상당하는 것도 의문이기 때문" 이라고 주장하면서 "구석기시대·선토기시대(무토기시대)·죠몬시대로 구별하는 것도 하나의 안이 될 것"(314쪽)이라고 제안한다.

2) 죠몬시대 연구의 과제

저자는 죠몬시대 연구에서 두 세 가지 과제를 제시한다. 이 시대에 대한 기존의 연구에서 "가장 긴 연구사"와 함께 "일찍부터 자연과학적 시각에서 연구"(314쪽)가 이루어져 왔다고 진단한다.

저자는 죠몬시대 연구에서 가장 기본적인 문제로 시기를 든다. 선先 토기시대로 상징되듯이 이 시기 가상 오래된 계통의 토기로 세융선細隆線토기를 든다. 방사성탄소연대측정도 이루어져 나가사키현 기타마츠군北松郡 요시이쵸吉井町 후쿠이동굴福井洞窟 제3층에서 출토된 융선문隆線文토기

를 측정한 결과 B.P.12700500(B.P.는 Before Physics의 약어), 압형문押型文
토기를 동반한 가가와현 요코스가시橫須賀市 나츠시마쵸夏島町패총에서 검
출된 패각貝殼과 목탄 중 패각은 B.P.9450400, 목탄에 대해서는 B.P.
9240500의 측정결과가 나왔다(315쪽).

저자는 이러한 방사성탄소연대측정결과를 그대로 신뢰해서는 안 되며
참고 정도로 하고 "고고학자로서는 유적 혹은 유물 그 자체에서 연대를 구
명하는 일"(315쪽)이 중요하다는 점을 강조한다. 토기형식에 의한 편년적
서열, 패총에 대한 발굴과 형태, 집락에 대한 발굴과 구조, 묘지 등에 대
한 연구도 진행되었다.

그리고 그 시대 사람들의 사고방식과 관련하여 에히메현 카미우케나군
上浮穴郡 미카와촌美川村의 이와가게岩蔭 유적에서 발견된 모발이나 유방을
가는 선으로 새긴 인체를 보여주는 편평한 역석礫石이라든가 토우나 뱀의
몸이 구연부 등에 나타난 토기, 또 유아의 발 압흔을 압날한 토제품 등에
도 주목했다.

저자는 죠몬시대의 농경생활에 대해 언급하면서 대형의 타제석부를 흙
을 파는 도구로 생각한 오야마 카시와大山柏, 중기 신슈信州지방의 원시농
경에 대한 주장(후지모리藤森榮一) 등을 소개했다. 이뿐만 아니라 이와 같은
죠몬시대의 농경에 대해 그 기원을 비판한 연구자로 사하라 마코토佐原眞
(1932~2002)에 대해서도 언급한다(317쪽).

3) 야요이시대 연구의 과제

야요이시대 연구에도 진전이 있어서 스기하라杉原莊介, 고바야시小林行
雄에 의한 『야요이식토기집성』도 1964년에 그 I이 정리되어 야요이식토
기 연구에 하나의 기준이 마련되었다. 또로登呂유적이 발굴된 이래 농경생

활을 배경으로 하는 집락이라든가 농경기술에 대해서도 깊은 관심이 생겼고 집락의 입지, 그 형태 등에 대해서는 일찍이 1950년부터 1952년에 걸쳐서 고노小野忠熙에 의해서 야마구치현 시마다가와 유역의 유적에 대해 그 조사가 이루어져『시마다가와島田川』로 발표되었다. 그 후 1962년 이후 조사된 효고현 가고군加古郡 파마쵸播磨町 오나카大中 유적에 대해서도『파마대중播磨大中』(1965)으로 간행되었다. 또 차제에 고지성高地性의 집락에도 관심이 생겨 무라카와村川行弘, 이시노石野博信에 의한『회하산會下山』(1964), 또 고바야시小林行雄, 사하라佐原眞에 의해『자운산紫雲山』(1964) 등의 보고서도 간행되었다(이상 318쪽).

일본고고학협회 야요이식토기문화 종합연구특별위원회에서는 스기하라杉原莊介를 중심으로 이루어진 사업의 성과로서 1961년에 간행한『일본농경문화의 생성』에서 각지의 관계유적 자료를 소개하였다.

묘의 연구도 현저히 진행되었다. 기타큐슈北九州에서는 많은 중요한 옹관유적甕棺遺跡이 조사되었고 특히 지석묘, 토광묘, 상자식 석관 등의 실태도 밝혀졌는데 야마구찌현 도요우라군豊浦郡 기타쵸北町 츠키이가하마土井ヶ濱유적이나 효고현 니기시尼崎市 다노우田能유적 등에서 각 형식의 매장사례가 알려졌다. 방형주구方形周溝토광묘도 이 시대의 피장자군被葬者群의 사회적 배경을 생각할 때 처음부터 고분시대의 다카츠카高塚분묘와의 관계에서도 주목을 끌었다.

저자는 이 시기 한층 진전된 연구로 청동기 분야를 뽑는다. 특히 제2차 세계대전 이후 활발한 개발사업은 생각지도 않게 다음과 같이 많은 중요한 신자료를 검출시켰다. ① 1958년 6월 후쿠오카현 이시츠카시飯塚市에서 옹관묘군의 발견으로 10면 전한前漢 거울 등 검출, ② 1964년 12월 효고현 고베시 나다구灘區 사쿠라가오카櫻ヶ丘에서 동탁 14구와 동과銅戈 7본 발견, ③ 1962년 7월에는 사가현 나가주군長洲郡 노주정野洲町 코시노하라小篠原에서 3구씩 팔자八子로 되어 있는 3조의 동탁 발견, ④ 후쿠오카현 치쿠시군筑紫郡 가스가이쵸春日町, 도치기현 고야마시小山市, 가나가와현 에비나시海老名市 혹은 오카야마현 마니와군眞庭郡 오치아이쵸落合町 시모이찌세下市瀨 등에서 동소탁銅小鐸 발견.

이러한 관련 유물의 발견과 함께 청동기의 형태적 연구나 주조기술의 연구 그리고 그 분포나 그 배경의 문제에 대한 연구가 진전되었다. 저자는 스기하라 쇼우스케, 오츠카大塚初重에 의한「일본원시미술」 4로 정리된『청동기』(1964)라든가 미키 후미오三木文雄(1902~1971)의 연구에 주목한다. 그는 동탁을 새롭게 8형식의 문양으로 분류하고 동탁은 대량의 원료를 확보하여 엄정한 규격 하에서 만들어진 것이라는 점을 밝혔고 동범동형同范同型의 분포나 같은 계통의 시문施文을 가진 동탁의 분포 등에 대해 상세한 연구를 하였으며「유수문동탁고流水文銅鐸考」(『동경국립박물관기요』 3, 1967),「유수문동탁고流水文銅鐸考」(『동경국립박물관기요』 3, 1967),『유수문동탁의 연구』를 계속 발표했다. 1966년에는 풍부한 사진과 함께 동탁의 탁본 등을 붙여『사쿠라가오카櫻ヶ丘 동탁동과』라는 보고서도 간행되었는데 그 자료의 소개와 함께 동탁연구에 크게 기여하였다. 최근 동탁용범銅鐸鎔范의 조각들이 각지에서 발견되어 연구과제가 되었고 다른 한편 대륙의 청동기에도 주목하여 니시타니西谷正에 의한「조선에 있어서 금속기의 기원문제」(『사림』 50-5, 1967)이나 모리사다森貞次郎의「야요이식시대에 있어서 세형동검의 유입에 대해」(『일본민족과 남방문화』 수록)도 풍부한 시사를 제공했다(320쪽)고 저자는 평가한다.

야마타이쿠니邪馬台國의 연구도 활발하게 전개되었는데 더욱이 다이쇼 연간 고고학자는 그 위치에 대해 처음으로 발언한 이래 1952년 6월에 고바야시小林行雄에 의한「야마타이쿠니의 소재에 대해」, 1960년『준태사학駿大史學』(10)의 야마타이쿠니에 관한 심포지움에서의 스기하라森原莊介의 발표, 저자의 「야마타이쿠니의 위치에 대해」(『야마타이쿠니』, 1954) 등 연구성과가 제출되었다. 야마타이쿠니의 위치 문제는 야요이식시대 후기의 문제로 더욱이 『위지魏志』〈왜인전〉의 기록이 근거가 된다(321쪽).

저자는 야마타이쿠니의 문제를 다루면서 "이와 같은 문제에 대해 고고학자가 취해야 하는 태도는 우선 3세기 전후의 유적유물에 대한 철저한 자료 분석 후에 문화의 실태나 사회구조를 밝히는 일이 될 것이다. 더욱이 문헌이 기초적 자료인 이상 그 내용을 분석하는 일도 필요하다. 그리고 동아시아 전체의 정치적 정세나 문화상태 등도 넓은 시야에서 응시할 필요가 있을 것"(321쪽)이라고 주장한다.

4) 고분시대연구의 과제

저자는 이 시기의 일본고분연구의 특징을 다음과 같이 지적한다.

첫째로, 연구의 다채로움을 보여주었다. 저자는 그 "신예新銳"(321쪽)의 예로서 곤도 요시로近藤義郎에 의한 『사라야마佐良山 고분군古墳群의 연구』(1952), 나라사키 쇼우이치楢崎彰一에 의한 「후기고분시대의 제諸단계」(『名大十周年記念論集』, 1949)를 든다. 방형주구方形周溝토광묘의 발견으로 고분발생의 문제에 대한 연구도 진행되었다. 그와 함께 기나이畿內는 본래 "각지의 전방후원분이나 전방方후방方분 등 대형고분"에 대한 조사연구뿐만 아니라 고분군이라든가 횡혈군群에 대해서는 개발사업과 관련하여 "군群 전체를 종합적으로 조사"하는 방향으로 진행되었다. 고대능묘의 자료도 자유롭게 이용되기에 이르러 고대 천황릉에 대한 연구도 전개되었고 전방후원분에 대한 "항공촬영"도 이루어질 정도로 "고분의 전체 형태나 그 주변을 파악"(322쪽)하려는 노력이 나타났다.

둘째로, 매스컴을 통해 국민들의 고고학에 대한 관심을 불러일으켰다.

그 대표적인 예로 나라현 다카이찌군高市郡 아스카촌明日香村 다카마츠총高松塚고분을 들고 있다. 이와 아울러 "장식고분 또는 장식횡혈"이라고 이야기되는 특색을 가진 유적이 새롭게 관심을 끌었다. 저자는 "종래 이런 류의 것은 벽면만이 미술적인 관점에서 파악되기 십상이었으나 (향후 : 필자 주) 그 피장자·분포·편년 문제 등이 고찰되어 이것들이 고분문화상 차지하는 위치나 대륙과의 관계라든가 그 배경이 되는 사회구조 등을 새롭게 검토"(322쪽)할 과제로 제시하고 있다. 또 저자는 후쿠오카현 무네죠군宗像郡 오시마무라大島村 오끼노시마沖ノ島 유적과 같이 중요한 제사유적 조사는 "고대제사의 형태 더 나아가 고대문화나 고대정치사에 새로운 시사"(323쪽)도 던졌다고 평하였다. 당대 생활 실태를 보여주는 집락터도 조사되었고 "토사기土師器의 편년 연구"도 진행되었으며 하니와, 무기, 무구, 석제품 등에 대한 새로운 연구도 진행되었다.

저자는 이와 같은 고분연구에서 두 가지 과제를 제시한다.

첫째 과제로 고분의 형태나 축조기술을 들었다. 고대천황릉의 실측도나 그 외 대형 전방후원분의 자료를 토대로 "형식학적" 연구의 기초이론이 시도되었고 연대적인 서열에 있어서도 밀접한 관계가 있었다는 점이 제기되었다. 그리고 "전방후원분의 구조는 설계에서부터 시공, 완성에 이르기까지 면밀한 기획과 막대한 재력, 노동력을 필요로 하는 대토목공사"(323쪽)라는 점, "전방후원분의 설계건조建造는 당시로서는 매우 한정된 사람들밖에 가능하지 않았던 특수기술"(323~324쪽)로 보았다. 전방후원분과 척도의 문제에 있어서는 "그 근본적인 자료가 되는 고대 천황릉 등의 실측도에서 분구의 주거周裾를 어떻게 파악하였는가의 문제가 있다. 아마 실측 당시의 주호周壕의 수면으로 주거의 끝을 파악한 것이고 그 점에서 그 실측도에 토대한 척도의 고찰은 재검토를 필요로 하는 경우도 있는 것 같다. 또 분구 건조 당시는 아마 초목이 무성해 있던 들판이기도 하였을 지역에서 예를 들어 대륙출신 사람들의 기술적인 지도가 있었다고 해도 어떻게 분구를 일정한 비율로 설정하였는가 하는 실제 방법을 고찰"(324쪽)하는 방법도 필요하다는 견해를 제시하고 있다.

저자는 이러한 고대 천황릉의 연구성과로서 저자 자신의 「스진천황崇神天皇에 관한 고고학상으로부터의 한 시론」(『고대학』 13-1, 1967)을 통해 숭신 "천황의 실재를 논한 것"(324쪽)이라든가 이시베 마사시石部正志에 의한 「백설조百舌鳥 두 능에 대한 의문」(『고대학연구』 50, 1968)에서 진도쿠仁德천황릉을 논한 것들이 "학문적으로 가장 확실한 것"이었던 만큼 영향도 컸지만 저자는 "모든 각도에서 매우 신중하지 않으면 안 된다"(325쪽)라는 주문도 하고 있다.

두 번째 과제로 동범경同范鏡의 문제를 든다. 우메하라 스에치梅原末治에 의하여 1946년에 「일본 고분출토의 동범경에 대한 한 두가지 고찰」(『사림』 30-3)이 발표된 이후 1953년에 경도부 소우라쿠군相樂郡 죠우난마치城南町 아자 츠바이椿井 오츠카大塚고분에서 33면 여의 삼각녹신수경三角綠神獸鏡의 출토발견을 계기로 "각지에서 동범경의 문제가 정치精緻한 연구로 밝혀지게 되었다"(325쪽). 그러한 예로서 저자는 「초기 야마토정권의 세력권」(『사림』 40-4, 1957)이라든가 「동범경론재고」(『상대문화』 27, 1957. 『고분시대의 연구』에 수록) 등 고바야시小林行雄에 의한 일련의 연구성과를 통해 "각지에서 동범경의 존재는 기나이畿內의 유력 신분을 가진 사람들의 것, 특히 츠바이椿井대총 고분의 피장자로부터 하사라는 형태로 나누어 가지게 된 것"이라는 고바야시의 주장에 반박도 없지 않았는데 그의 연구가 끼친 영향은 컸다고 저자는 평한다.

저자는 이 가운데 삼각녹신수경三角綠神獸鏡의 국산 여부를 놓고 논의가 전개된 예를 소개한다. 종래 국산이 아니라는 정설에 대해 "이런 류의 거울이 중국에서는 하나도 발견되고 있지 않다"(326쪽)는 점을 들어 "(그것을 :

^{필자 주)} 국산이라고 생각하는 연구"(326쪽)도 나타났다. 그렇지만 저자는 명문 등을 볼 때 "국산으로 생각하는 데에는 무리가 있다"는 입장이다. 또 "국산 거울에 중국 연호가 있어도 지장 없는 것이라 하여 「나스노국조비那須國造碑」 비문에 중국 연호가 있다는 것과 비교하는 경향도 있는데 연대가 새롭고 더욱이 사회배경이 다른 「나스노국조비那須國造碑」 비문과 비교할 만한 문제가 아니다"(326쪽)라는 입장의 저자는 "오히려 중국에서 주조된 거울이 무슨 이유로 중국에서 발견되지 않는가에 대한 역사적 사정을 깊이 검토하는 과제"(326쪽)가 우선 해결되어야 한다는 뉘앙스를 던지고 있다.

저자는 고분을 고대사와 관련시켜 연구한 성과로서 1961년 니시시마 사다오西嶋定生에 의한 「고분과 야마토정권」(『岡山史學』 101)을 든다. 그는 전방후원분이 야마토정권과의 정치적 관계를 매개로 한 것으로 보고 야마토정권을 중심으로 하는 신분적 질서 하에서 조영된 것으로 주장한 그 연구는 큰 영향을 끼쳤다고 저자는 보고 있다. 니시시마는 대화 2년의 부장령薄葬令에 주목하고 이것이 다름 아니라 "신분적인 질서의 규정"으로서 "대화 이전의 고분도 신분적인 질서라든가 엄격한 규제 하에 만들어진 것이며 야마토정권의 정치적 질서에 대응하는 것으로서 발생"(326쪽)한 것이라고 주장했다. 이러한 연구의 영향으로 이른 바 범립패식帆立貝式 형태의 고분이나 전방후방분에 대해서도 야마토정권에 의한 규제가 나타난 것으로 보는 쪽으로 발전했을 뿐만 아니라 전방후원분 등의 지방 전파에 비추어서 종래 "단순하게 중앙으로부터의 파급으로 정리하려는 것은 피상적인 견해"(327쪽)였다는 점이 드러났다.

저자는 이러한 연구동향에 대해 다음과 같이 문제제기를 한다.

> 대화(大化)의 조(詔)에서 볼 수 있는 부장령(薄葬令)과 같이 질서제약이 과연 보다 거슬러 올라간 시대에 행해졌을까. 이것과 함께 생각하지 않으면 안

되는 것은 관위12계(冠位十二階)의 제정이다. 이것은 신분에 의해 형태, 색채를 달리한 관을 하사하여 사용하게 하는 규정이었는데 5세기나 6세기경 각지의 고분에서 발견되는 관에 이와 같은 신분적 규정에 의한 것이 있었다고는 생각할 수 없다. 하물며 전방후원분 등과 같은 것은 관(冠)과 달리 매장풍습이 구현화된 것이고 각 지역에 사는 씨족 사이에 뿌리 깊은 전통이 있음과 동시에 경제력 등에 의해 여러 변차(變差)가 있다는 점도 생각할 수 있다. 야마토정권과 정치적인 관련성의 문제는 특히 날카롭게 구명되지 않으면 안되지만 고분이 이와 같은 습관을 나타내고 있는 묘제라는 입장에서도 고찰과 함께 분묘가 관과 같은 신분적인 질서를 명확히 하는 것과 그 성격을 달리하는 점 혹은 대화의 조에 볼 수 있는 묘제규정과 비슷한 것이 과연 이른 시기부터 행해졌는가 등의 문제도 충분히 검토할 필요가 있을 것이다. (327쪽)

저자는 그 다음 제2차 세계대전 이후 에가미 나미오江上波夫에 의해 제기된 기마민족설을 언급한다. 에가미는 고분시대를 전기와 후기로 구분하고 그 사이 현저한 간격이 있으며 후기에는 마구, 무기가 많았는데 기마를 상습으로 하는 민족이 말을 이끌고 매우 많은 수가 대륙에서 일본으로 건너왔다고 생각하였다. "전기 고분문화인이 되는 왜인이 자주적인 입장에서 기마민족적 북방계 문화를 받아들이고 그 농경민적 문화를 변질시킨 것이 아니라 대륙으로부터 조선을 경유하여 직접 일본으로 침입하여 왜인을 정복지배한 어느 유력한 기마민족이 있어 그 정복민족이 이상과 같은 대륙북방계문화복합체를 스스로 대동해 와서 일본에 보급시켰다"(「일본에 있어서 민족의 형성과 국가의 기원」, 『동양문화연구소기요』 32분책, 1965)라는 그의 주장에 고바야시小林行雄는 「상대上代 일본에 있어서 승마의 풍습」(『사림』 34-3, 1961)에서 비판했다. 저자 역시 「기마민족정복설에 대한 비판」(『사원』 2-2, 1966)의 이유로서 에가미와 같이 "고분시대의 이른 바 전기와 후기 사이에 현저한 단절을 생각할 수 없기 때문"(328쪽)이고 더욱이 "일본에 이와 같은 형태로 기마민족이 침입하였다면 당연 고대 남조선에서도 기마민족이 하나의 기반을 형성하고 거기에 그 문화 흔적도 나타날 법하지만 이러한 것들이 지적되지 않기 때문"(328쪽)이라고 말한다. 저자는 "오히려 고대조선에 있어서도 일본에 있어서도 어느 시기에 문화의 비약, 발전은 인정될 수 있다고 하더라도 남조선에서는 선진 중국문화나 고구려문화의 수용이라는 점에서 또 일본에서는 마찬가지로 중국문화나 조선문화의 수용이라는 점에서 이해되어야 할 것"(328쪽)이라고 말한다.

그러나 한 가지 저자는 이러한 기마민족론이 일부 일본 국민들 사이에 큰 환영을 받고 있으며 "앞으로도 여전히 지지될 것"(328쪽)이라고 내다보았다.

5) 역사시대 연구의 과제

문헌을 이용한 고고학으로서 역사고고학은 개발에 대처하거나 보존의 조치를 취하기 위하여 조사연구의 중요성이 증가하고 있지만 예를 들면 중세의 유적 중 각지의 성관城館터와 같은 것에 대해 그 구조라든가 규모 등은 구명되어 있지 않고 금석문과 같은 연구도 그렇게 진전이 없다고 저자는 지적하면서(330쪽) 문헌을 활용한 역사고고학의 전문가 육성이 중요하다는 점을 강조한다.

6) 현대 고고학이 직면하는 것

저자는 개발과 고고학의 문제, 즉 "지금 같으면 반드시 큰 문제"가 되었을 것이 "파괴되거나 혹은 인멸된 유적도 많지만"(330쪽) "보존운동이 전개된 것도 적지 않다"라고 말한다. 그러나 저자는 이전과 비교될 수 없을 정도로 현대에 개발문제 때문에 "가장 심각한 문제"(331쪽)의 하나로서 보존문제에 고고학자가 관심을 가지는 것은 "숙명"(332쪽)과 같은 것이기도 하였다고 생각한다. 고고학이 다른 인문과학과 비교하면 '실천적'인 측면, 즉 "유적이 매장문화재로서 취급되어 이것들을 후세에 남기지 않으면 안 되는 높고 큰 의무" 내지 부담이 있는 것은 사실이지만 "고고학 자료로서 중요한 의의"를 가지고 있다는 점에서 "고고학 연구자의 숙명"과도 같은 것이라고 저자는 말한다. 그럼에도 바로 그 점에 고고학자의 고민 또한 존재한다. 어떻게 보존해야 하는가를 책임져야 하는 일은 쉽지 않기 때문이다 (332쪽).

현대에 여러 이유로 유적이 파괴되는 현실을 직면하면서 저자는 고고학자의 '역할'에 대해 다음과 같이 말한다.

> 행정방면에 관계하는 많은 고고학연구자들은 그 문제에 관여하고 있는 것이다. 나는 현대 보존운동에 열의를 보이는 사람들이 단지 보존해야 한다고 발언하는 것뿐만 아니라 그 사실을 잘 인식한 뒤 어떻게 보존해야 하는가에도 책임 있는 언동을 취할 것을 절실히 바라고 싶다. 한편 보존에 노력해도 어쩔 수 없이 파괴되는 유적도 많다. 이 경우 사전에 이것을 조사할 필요가 있다. 그래서 「긴급조사」라든가 「행정조사」라든가 하는 새로운 단어도 생겼다. 또 이와 같은 조사에 대해 각 도도부현 혹은 시정촌에서 많은 고고학연구자가 전임으로서 그 일에 임하고 있다. 하나의 현에조차 고고학연구자가 전문적으로 관여하고 있지 않은 이전 시대와 비교하면 그야말로 금석의 느낌을 감당할 수 없을 정도이다. 다만 「긴급조사」 혹은 「행정조사」가 되든 조사 자체는 어디까지나 학문적이지 않으면 안 된다. 자칫 잘못하면 이런 류의 조사가 「파괴될 운명있는 것이기 때문에」라는 이유로 혹은 다반 발굴해서 한 보고서를 정리하면 좋다는 생각 하에 경시되고 그 분야의 전문의 연구

자도 참가하지 않은 채 이루어지는 경우도 많다. 우리들은 이러한 것에 대해서도 경계하지 않으면 안 될 것이다. (332쪽)

저자가 활동했을 시기 일본 고고학계가 안고 있는 문제를 정리해 보면 다음과 같다. 첫째로 고고학연구자의 부족을 들 수 있다. 이에 따라서 연구자 양성이 문제가 되었다. "발굴기술은 단기간이라도 습득될 수 있을지 모르지만 이 학문(고고학 : 인용자 주)의 기초가 되는 것은 긴 학습이 축적되어 도달되는 것"(333쪽)이기 때문에 중요한 과제는 그 학습의 장이 되는 대학이라든가 연구기관의 충실을 저자는 강조한다.

둘째로 전국적으로 출토되는 유물의 수장 공간의 부족이었다. 저자에 의하면 "많은 유물들을 검출시킨다고 해도 그 정리라든가 보관 장소가 없고 그대로 산더미 같이 쌓여져 있는 경우도 많다"(333쪽)라고 당시의 현황을 전한다. 저자는 유물들을 "질서정연하게 보관·수장하는 시설이 각지에 마련되지 않으면 안 된다"(333쪽)는 점과 함께 "고고학 관계 문헌 특히 보고서를 한 공간에 모아 활용에 도움이 될 수 있는 문헌센터의 설립"을 제안한다. 당시 일본에서는 도도부현都道府縣이나 시정촌市町村에서뿐만 아니라 각 사업단체에서 보고서를 발간하고 있어 연구자들이 그 보고서들을 찾아 이용하기가 어려웠던 상황이었다는 것을 알 수 있다.

셋째로, 고고학의 학술용어가 통일되어 있지 않았다. 저자는 "예를 들어 적절하지 않은 것이든 오랜 전통으로 고쳐지지 않고 그대로 사용되고 있는 것도 적지 않았으며"(333쪽) "같은 것이라고 해도 사용하는 사람에 따라서 그 어의語義가 제각각"(334쪽)이었다는 점을 지적한다. 앞으로 고고학이 "장래 점점 발전하고 더욱이 국민 사이에 이해"(334쪽)가 되도록 하기 위해서는 고고학 등 학문용어를 용이하게 고쳐야 한다는 점을 강조한다.

저자는 위와 같은 상황 하에 있는 일본 고고학의 '미래상'을 다음과 같이 제시한다. 첫째로 일본고고학의 정체성 확립이다. 저자는 이 책의 마지막 부분에서 고고학이 앞으로 아무리 발전을 한다고 하더라도 "고고학은 어디까지나 유적·유물을 대상으로 하는 연구라는 점"(335쪽)을 명심해야 한다고 일침을 놓는다. 즉 유적·유물연구의 견실한 지방 위에 서는 것에 고고학의 본도本道가 있다고 생각하는 저자는 고고학이 "다른 분야의 학문에 이끌리어 비약하고 혹은 그 본도로부터 일탈하는 것은 경계하지 않으면 안 된다"(335쪽)고 주장한다.

둘째로 일본고고학의 국제적 시야이다. 저자는 "앞으로 일본고고학 연구의 경우도 넓은 학문적 시야에 서는 것도 필요하고 이 점 학문의 국제적 교류도 한층 활발하게 이루어지지 않으면 안 되는데 이것과 함께 항상 전체를 파악하는 것도 잊어서는 안 된다"(335쪽)라는 말로 이 책을 마치고 있다.

• 읽고 쓴 이의 시작하는 글

학사(學史)의 인식은 확실한 자료 수집과 그 객관적인 인식과 분석이 우선 요구되는 것은 당연하다. 그런 뒤에 각자의 가치관과 입장에 따라서 구성된다. 일본고고학사, 특히 소화(昭和) 전반의 고고학사를 아직 학사의 대상으로서 냉정하게 논하는 데에 저항이 있는 것은 사실이다. 감정에 빠지지 않고 객관적으로 이야기하는 것은 쉽지 않다. 특히 중요한 것은 고고학사를 각시대의 흐름, 그 시점(時點)에서 "국민"으로서의 입장을 도외시하고 "고고학자"로서의 가치만을 뽑아 파악하는 불합리성을 범하고 있지 않은가 라는 불안감이 항상 따라 다닌다.

어떻든 내 나름대로 "태평양전쟁과 일본의 고고학계"에 대해 불충분하지만 정리해 본 것이 이 책이다. 일본고고학사의 "공백 시기"의 실태를 엿볼수 있었다고 한다면 그 나름의 의미도 있을 것이다.

〈저자 후기〉에서

주지하다시피 일제는 명치유신 이후 "탈아론脫亞論"을 주창하면서 군사력을 배경으로 청일전쟁을 시작으로 아시아·태평양지역에 패권을 장악하고자 하였다. 일본 고고학계는 그 상황 하에 있는 아시아·태평양지역에서 고고학적 조사와 발굴을 시도하였고 그것에 그치지 않고 그 곳에서 출토

된 유물들을 일본으로 가지고 가서 국내의 제국대학과 박물관 등에서 소
장한 것이 사실이다.

일본 고고학계에서 일본고고학사 연구의 '대표주자'는, 동경제국대학 구
로이타 가츠미黑板勝美[1]와 경도제국대학의 하마다 코사쿠濱田耕作[2] 그리고
후지타 료사쿠藤田亮策[3]의 배려와 추천으로 1934년 2월 경도를 떠나 조선

---

1) 1874~1946. 일본 나가사키현에서 태어나 동경제국대학 문과대학을 졸업 후 같
    은 대학 교수 겸 사료편찬관을 지냈다. 구로이타가 조선에서 고적조사를 한 것은
    1915년부터로 주로 경상남북도를 조사하였고, 전라남북도와 충청남북도의 일부
    및 평양 부근과 개성부근을 시찰하였다. 그 가운데 1931년 조선고적연구회의 설
    립에 중심적인 역할을 수행했다. 1938년에 동경제국대학 교수를 정년퇴직한 후
    일본고고학회 회장으로 추천되기도 하였다. 有光敎一, 『朝鮮考古學七十五年』, 昭
    和堂.

2) 1881~1938. 오사카에서 태어나 제3고등학교를 거쳐 동경제국대학에서 미술사
    를 전공하였다. 경도제국대학에 문과대학이 1906년에 설치된 이후 1909년에는
    하마다 코사쿠가 경도제국대학 문과대학 강사가 되어 미술사를 담당하였고 1910
    년부터는 고고학의 강의를 맡으면서 경도제국대학의 고고학의 기초가 구축되었
    다. 1913년 3월부터 고고학을 연구하기 위하여 유럽에 유학을 하였다. 1916
    년 3월 유럽에서 귀국한 후 경도제국대학 고고학연구실이 설치되면서 초대교수
    가 되었다. 『通論考古學』을 발간하여 고고학 전공의 교과서로서 장기간 베스트셀
    러가 되었다. 일본고고학사에서 '경도학파'를 형성할 정도였고 고고학의 방법에
    유럽의 고고학연구방법을 도입하였다. 일본 국내뿐만 아니라, 동아시아를 시야
    에 넣고 중국 및 조선에서 고적조사와 발굴에 종사하였다던 그는 '일본근대고고
    학의 아버지'로 불리고 있다. 吉井秀夫, 「京都帝國大學考古學硏究室からみた朝鮮
    總督府の古蹟調査事業」, 日仏會館·早稻田大學共催 國際シンポジウム 『植民地朝
    鮮における帝國日本の古代史硏究：近代東アジアの考古學·歷史學·文化財政策』,
    2016.4.22.~23(와세다대학) 및 일본 위키피디어사전 참조.

3) 1892~1960. 동경제국대학 의학부에 입학했다가 적성에 맞지 않아 문과대학으
    로 옮겨 국사학을 전공한 후 문부성유신사편찬보(文部省維新史編纂補)를 거쳐
    1922년 3월 대학 스승 구로이타 가츠미(黑板勝美)의 추천으로 조선으로 건너와
    조선총독부 고적조사위원에 임명되면서 조선과 관계를 맺었다. 그는 조선에 체
    재하는 동안 조선박물관협의위원, 조선총독부감사관, 조선총독부편수관을 역임

에 건너와 1940년까지 체재하면서 고적조사와 발굴에 종사했던 사이또 타다시齋藤忠이다. [4] 그는 1974년에 저술한 『일본고고학사』(吉川弘文館)에서 일본 열도 안에서 전개된 고고학적 조사와 발굴의 역사만을 기술하고 있을 뿐 일제가 강점 또는 점령한 지역에서 이루어진 일본인에 의한 고고학 성과들에 대해서는 언급조차하지 않았다. 사이또에 대해서는 이 책의 사이또 타다시의 저술 『일본고고학사』(1974)에 대한 필자의 읽고 쓰기(제1권)를

한 뒤 1926년 경성제국대학 조교수(법문학부 소속)로 임용되었는데 일본 역사 외에 고고학 연구를 위해 만 1년 3개월 동안 영국, 프랑스, 독일 및 미국에 유학을 한 후 1928년 8월에 귀국하였다. 그 후 1931년 조선고적연구회의 간사, 1933년 조선사편수회 위원, 조선보물고적명승천연기념물보존회의 위원, 1935년 조선총독부 임시역사교과용도서조사회 위원, 1937년 조선총독부 박물관건설위원 간사, 조선미술전람회 평의원, 조선총독부 금강산탐승시설조사회 위원, 1939년 이왕가미술관 평의원, 1940년 부여신궁조영 사무위탁, 1942년 조선총독부 교육심의위원회 위원에 임명되었다. 1933년 8월 「조선보물고적명승천연기념물보존령」 발포에 따라 보존회위원을 지내는 사이에 서봉총 조사, 함북 웅기 송평동(松平洞) 석기시대 유적 발굴, 낙랑 채협총 조사, 부여 조사 등에 종사하였다. 아마도 후지타만큼 일제의 조선 강점 기간 동안에 박물관과 미술관, 역사, 교육, 종교, 고적 발굴 등에 관여한 일본인은 없을 것이다. 필자 졸저, 『일제의 조선 「식민지고고학」과 식민지 이후』, 서강대학교출판부, 2015 참조.

4) 1908~2013. 사이또는 제2고등학교 문화갑류(文化甲類) 재학 중에 고적 관련 책을 읽기도 하고 글(리쿠젠쿠니陸前國 다이기카코이大木圍패총)을 발표하기도 하며 고향 센다이(仙臺) 주변의 유물을 답사하는 순적회(巡蹟會)의 간사로 활동하기도 하면서 동경제국대학, 동북제국대학의 교수들과도 교류를 할 정도로 고등학교 학생으로서 고적뿐만 아니라 민속에 대한 관심이 많았다. 동경제국대학 문학부 국사학과에 입학하였고 민속학에 대한 관심은 여전하여 일본 고대의 장제(葬制)로 졸업논문을 제출하였고 주임교수 구로이타 가츠미의 추천으로 경도제국대학 하마다 코사쿠의 조수로서 고고학교실의 일을 하게 되었다. 그 사이 그는 1934년 2월 경도를 떠나 조선 경주에 와서 조선총독부박물관 경주분관의 일을 맡게 되었다. 그 후 1937년 12월에 조선총독부박물관으로 자리를 옮겨 근무하던 중 일본 패전을 맞이하였다. 齋藤 忠, 『考古學とともに七十五年』, 學生社, 2002 참조.

참조하기를 바란다.

이러한 사이또의 저술은 여전히 일본 내외 고고학계에 큰 영향을 끼치고 있다. 그 저술의 한계점을 인식하였는지 모르겠으나 1945년 이전 외지에서 활동하였던 일본 고고학자들, 예를 들면 1990년 이전에는 조선에서 활동했던 고이즈미 아키오小泉顯夫,[5] 후지타 료사쿠, 우메하라 스에치梅原末治[6] 등이 자서전적 저술을 출간하였다. 각각 『조선 고대 유적의 편력』(1986), 『조선학논고』(1963), 『고고학60년』(1973)을 발간하는 정도였는데 1970년대에 니시카와 히로시西川 宏(명치대학에서 고고학을 전공하고 오카야마 산요우학원山陽學園 교원)에 의하여 조선 식민지고고학에 대한 논문(「日本帝國主義下にお

---

5) 1897~1993. 나라현에서 출생하여 가정 사정으로 중학교만 졸업한 후 주변의 고사사(古社寺)와 유적 등을 조사하였다. 나라(奈良)여자사범학교에 재직하고 있던 큰 형의 도움이었는지 모르겠으나 경도제국대학 교수 기다 사다기치(喜田貞吉)의 가르침을 받게 되면서 고고학의 길을 걷게 되었다. 그는 동경제국대학 교수 구로이타 가츠미의 추천으로 조선으로 건너와 후지타 료사쿠를 지원하는 역할을 맡았다. 그는 낙랑 한묘(漢墓)뿐만 아니라 대동강면 석암리 제194호분, 제200호분, 제20호분, 제52호분에 대한 발굴기록을 남겼고 평양 남정리 제116호분, 석암리 260호분을 발굴 조사하였으며 경주 금령총, 식리총 발굴조사에 참가하였고 서봉총 발굴조사를 총괄하였다. 평양부립박물관 초대관장을 역임하였다. 일본 패전 후 일본으로 돌아가 나라국립박물관 학예과장, 동경 천리(千里) 갤러리 관장을 지냈다. 小泉顯夫, 『朝鮮古代遺跡の遍歷』, 六興出版, 1986 ; 有光敎一, 『朝鮮考古學七十五年』, 昭和堂, 2007 참조.

6) 1885~1974. 일본 동경 간다에서 태어나 동경제국대학 문과대학 사학과와 대학원을 졸업한 이후 1921년 같은 대학의 조교수가 되었다. 그 이전 1918년에 조선총독부고적조사위원이 되어 경상남북도의 고분, 절터 등을 조사하였고 1925년에는 평양의 왕우묘(王旴墓) 조사발굴을 총괄하였다. 1930년부터 1937년까지 조선고적연구회의 연구원으로서 낙랑군 토성터 발굴조사를 감독하였고 1937년 이후 동아고고학회의 조사활동에 참여하였고 1938년에 동경제국대학교수로 승진, 1946년 정년퇴임한 후에는 일본고고학회회장, 다카마츠총(高松塚)벽화고분종합학술조사회 회장 등을 역임하였다. 有光敎一, 『朝鮮考古學七十五年』, 昭和堂, 2007 참조.

ける朝鮮考古學の形成」, 『朝鮮史研究論文集』 제7집, 조선사연구회, 1970)이 발표된 이래 간헐적으로 '외지 고고학' 연구가 진행되었다. 1990년에 들어서서 경도목요京都木曜클럽에 의하여 외지의 고고학사 연구가 본격적으로 이루어져 그 성과들이 『고고학사연구考古學史硏究』[7]라는 학술지를 통해 나왔다. 한편 한국의 고고학계에서는 필자가 아는 한 1980년 후엽에 정영호에 의한 일제하 경주조사에 대한 글(「신라유적 발굴조사의 연구사적 고찰 −경주를 중심하여−」, 『신라문화』 3·4합집, 동국대 신라문화연구소, 1987)이 그 단초가 아닐까 생각한다. 일본고고학사의 범주는 일본인이 일본 국내에서 행한 고적조사와 발굴의 역사로 한정하고 있다. 대만 영유가 이루어진 1895년 이후 1945년 이전까지 일본인에 의하여 외지外地에서 이루어진 고적조사와 발굴의 역사는 일본고고학사의 연구대상이 되지 않는다. 일본학계의 이러한 경향은 고고학사에서만 나타나지 않는다. 일본미술사에서도 연구지역을 일본 국내에 한정하고 있다. 사또 도신佐藤道信은 "「일본미술」의 지리적 범위는 기본적으로 근대 「일본」이 성립한 명치 초기 단계의 「일본」의 영유지역"에 있을 뿐 일본미술사에서는 "… (전략 : 인용자 주) 명치 중기 이후 진출進出이나 침략侵略에 의하여 확대한 지역의 미술은 기본적으로 포함하지 않는다"(佐藤道信, 『〈日本美術〉誕生』, 講談社選書, 1996, 20쪽)라고 말한다.

이와 같은 이유에서인지 몰라도 일본학계에서는 그들 외지에서 이루어진 고적조사와 발굴의 역사에 대한 연구 성과는 비교적 적은 편이다. 그런

---

7) 일본고고학계에서 고고학사라는 제목의 학술지가 발간된 것은 이것이 처음이 아닌가 생각한다. 이 학술지를 발간한 경도목요클럽은 40대 중후반에서 50대 초반의 발굴종사자로 구성된 조직으로 1990년 1월부터 1997년 8월까지 총 200회의 정례 발표회를 열면서 1945년 이전 일본, 조선, 대만, 중국 등에서 이루어진 고적 발굴조사에 대한 보고서와 자료들을 고찰한 결과들을 발표해 왔다. 그들은 협동연구를 통해 일본의 식민지에서 실시된 '일본고고학의 지성사'를 쓰고 있다. 필자 졸저, 『일제의 조선 「식민지고고학」과 식민지 이후』, 서강대학교출판부, 2015 참조.

데 일제의 외지였던 국가들 가운데 우리의 경우 고고학사는 주로 서구 고고학사를 소개하는 것이 대부분이고 일제에 의한 고고학사 연구는 상대적으로 적다. 필자가 외지의 고고학사를 다룬 저서로 사카즈메 히데이치坂詰秀—에 의한『太平洋戰爭と考古學』(吉川弘文館, 1997)에 주목하는 것은 태평양전쟁기에 일본 고고학계의 국내외 활동을 논하고 있기 때문이다.

사카즈메도 "일본고고학사 가운데「대동아공영권」과 고고학의 동향을 관련시키는 방향은 매우 드물다. 그것은 종래 그리고 현재에도 일본의「내지」의 고고학사 연구가 주체이고 일본「외지」의 고고학에 대해서는 아무튼 정면에서 논하는 것이 적었기 때문이다"(86~87쪽)고 말하고 있다. 사카즈메에게 사이또의『일본고고학사』가 "나의 좌우명적인 책의 하나"(222쪽)였지만 한 가지 아쉬움은 다름 아니라『일본고고학사』에서는 "일본을 중심에 두어「외지」의 고고학에 대해서는 언급하고 있지 않은 것"(222쪽)이었다.

그러나 저자는 외지 고고학을 취급해야 하는 이유를 다음과 같이 말한다.

> 일본의 고고학사에서 … (중략 : 인용자 주)… 사이또 선생은「태평양전쟁 중의 고고학이 침체한 수년」으로 파악하고 있다. 그러나「내지」에서도「외지」에서도 각각 고고학의 흐름은 있었다.「외지」의 움직임에 대해서는 해당하는 지역에 대한 문헌은 불충분하지만 남아 있으며 또 당사자의 총정리도 이루어지고 있다.「내지」에 대해서도 마찬가지이다.「외지」의「식민지」고고학,「내지」의「조국(肇國)」고고학에 대해 하나로 정리해 둘 필요도 있을 것으로 생각하기에 이른 것이다. (223~224쪽) 〈저자 후기〉

이 책은 사카즈메가 연구과정에서 이시다 모사쿠石田茂作[8]와 사이또 타

---

8) 1894~1977. 아이치현에서 태어나 동경고등사범학교를 윤리교육 전공으로 졸업(1923)한 후 동경제실박물관 감사관보(1925~)와 감사관(1935~)을 지냈다. 불

다시로부터 학문적으로 영향을 받았고 태평양전쟁기의 고고학에 대해 "언젠가 써보고 싶었던"(222쪽) 성과이다.

고고학사에 관심을 가진 것은 학생시절에 이시다 모사쿠(石田茂作) 선생으로부터 「학문은 학사 공부부터」라는 시사를 받고부터이다. 그 후 사이또 타다시(齋藤忠) 선생의 가르침을 받게 되면서부터 그 관심은 배가 되어 갔다. 사이또 선생이 수집한 방대한 학사 관련 살아 있는 자료를 보고 학사 연구는 선생의 독무대이고 다른 사람들이 들어갈 틈이 없는 것 아닌가 라고 감명을 받은 것이다.

사이또 선생은 『일본의 발굴』과 『일본고고학사』를 시작으로 『일본고고학사자료집성』, 『일본고고학사사전』 등 일련의 일본고고학사의 노작을 차례차례 학계에 내놓았다. 그것은 대부분 사이또 선생 자신이 수집정리하고 활용한 자료에 의한 것이었다. 선생은 「사실을 충실하게 재현하는 것이 학사연구의 제1보」라는 관점에서 수집 자료를 아낌없이 공표해 왔다.

일본 연구자에 의한 「외지」 고고학에 대해서는 1945년대부터 1955년대에 걸쳐서 직접 거기에 종사한 연구자를 중심으로 이전의 조사를 총괄하는 연구회가 진행된 적도 있었는데 그 자세한 것은 발표되지 않고 있다.

태평양전쟁 중에 일본 연구자가 「외지」에서 어떠한 시각에서 유적을 발굴하고 있던 것인가, 그것을 알고 싶은 것도 있고 관련 보고서 등의 수집을 주의하면서 약간의 사견(私見)을 발표해 왔다(『고문화담총古文化談叢』 제30집, 『立正大學文學部論叢』 제99호, 『立正大學文學部研究紀要』 제11호 등). 그리고 언젠가 일본고고

교고고학의 분야에서 활동하였고 특히 조선과의 관계는 조선고적연구회 연구원으로서 1930년과 그 다음 해 부여 군수리 폐사터, 1939년에는 부여 동남리 폐사터 조사를 하였다. 1941년에는 동경제국대학으로부터 문학박사학위를 받았다. 일본 패전 후에는 동경국립박물관 진열과장(1947~)과 학예부장(1951~)을 거쳐 나라국립박물관장(1957~)을 역임했다. 有光敎一, 『朝鮮考古學七十五年』, 昭和堂, 2007 ; 일본고고학회, 『考古學雜誌』 63-2, 1977 참조.

학의 측면 역사를 써보자고 생각하고 있었다. (221~222쪽)

저자는 "다이쇼大正 말부터 소화昭和 전반기에 걸쳐서 일본의 특히 「관官」의 고고학자들이 「외지外地」의 유적조사에 적극적으로 나섰다"(2쪽)라고 말하고 있지만 실제로는 다이쇼大正 말부터가 아니라 1900년부터 소화昭和 전반기를 사이또의 시기구분에 따라 1940년까지로 본다고 하더라도 일본 패전까지 45년 동안 「외지」 대만을 시작으로 식민지고고학(colonial archaeology)이 전개되었다. 명치시기에 이미 동경제국대학 인류학교실의 야기 쇼자부로八木奘三郎9)가 1900~1901년에 동경제국대학의 명령으로 우리의 선사시대 유적, 고분(평양 대동강 앞 벽돌고분 등), 불교유적, 성곽 등을 조사하였고 1902년 9월부터는 대만총독부 학무부로부터 초빙을 받고 대만을 조사하였다(필자 졸저, 『일제의 조선 「식민지고고학」과 식민지 이후』, 서강대학교출판부, 2015, 172~175쪽)는 것을 보아도 저자가 말하는 다이쇼 말부터 일제의 식민지에서 관 차원의 고적조사가 이루어졌다는 서술은 수정이 필요하다. 사이또 타다시의 소화 전반기를 1945년 8월까지 확대할 필요가 있다고

---

9) 1866~1942. 호는 동령(冬嶺), 정산(靜山). 에도에서 태어나 상가나 인쇄국에서 일을 하면서 야학을 다녔고 주로 한학을 공부했다. 그는 동경제국대학 인류학교실의 와카바야시 가츠쿠니(若林勝邦)와 먼 친척관계에 있었고 그의 소개로 인류학교실과 인연을 맺고 표본정리를 하였다. 야기가 인류학에서 역사고고학으로 전공분야를 결정한 이유에 대해 인류학이 너무나 주제가 광범위하고 자신들과 같이 "학문은 얇고 재주가 없는 사람"에게는 버티기 어렵다고 판단하였고 체질적으로도 더위를 이기지 못하여 더운 지방에서는 병에 걸리기 쉽다는 판단도 하였기 때문이다. 1900년, 1901년에 동경제국대학 인류학교실 파견으로 조선 조사를 하였고 1902년 대만총독부 학무과 촉탁이 되었으나 1년 만에 동경으로 돌아와 1913년까지 특정한 직업 없이 지내다가 1913년 6월에 이왕가박물관 촉탁이 되었다. 八木奘三郎, 「明治考古學史」, 『도루멘』 제4권 제6호, 1935 ; 川村伸秀, 「坪井正五郎 : 日本で最初の人類學者」, 弘文堂, 2013, 168쪽 참조.

말하는 저자의 언급에는 필자도 동감한다. 그 기간 중 특히 관 주도가 아니라 「민간」의 고고학 연구자들이 학회를 조직하고 기관지를 간행하여 새로운 고고학을 표방하며 활동한 시기를 소화 전반기(1940)로 보았다. 저자는 후자에 대해 태평양전쟁이 수행되던 상황 하에서 고고학이 침체한 것은 사실이지만 그렇다고 전혀 성과가 없었던 것은 아니라고 평가한다.

저자가 주목한 대목은 태평양전쟁기 일본고고학의 외지활동이다. 그 동안 일본고고학사에서 빠져 있었으나 이를 채우는 작업의 의미는 일본고고학사의 '전체상'을 그리는 데 있다고 저자는 강조한다.

전쟁과 고고학, 이를 생각하면 일본 태평양전쟁기에 전쟁에 징용된 고고학 전공자 중에는 그 와중에도 고적조사와 발굴에 종사하였는데 이는 일본의 인류학자들이 일본이 통치와 점령을 위해 수행한 전쟁 상황을 이용하여 해당 지역에 가서 인류학적 민족학적 조사를 수행한 것과 일맥상통한다. 대표적으로 일본 민족연구소의 조사활동(中生勝美, 『近代日本の人類學史』, 風響社, 2016)이나 동경제국대학 인류학교실의 도리이 류죠鳥居龍藏의 조사·연구활동을 들 수 있다.

사카즈메는 위와 같은 문제의식을 토대로 다음과 같은 내용으로 태평양전쟁과 일본고고학사의 문제를 다루었다. 「외지」 지향의 관官의 고고학뿐만 아니라 민간고고학의 발흥을 필두로, 「대동아공영권」의 고고학이라는 범주 안에서 조선, 「만주국」, 중국대륙과 「대만」, 「남양南洋」과 그 주변, 사할린, 브라질 이민과 고고학을 다루었다. 끝으로 조국肇國의 고고학의 범위 안에서 조국의 사적과 고고학, 일본고대문화학회日本古代文化學會의 탄생과 활동, 고고학자와 「일본정신日本精神」을 논하였다.

사카즈메의 저서는 사이토 타다시의 저서에서 빠뜨린 부분(식민지고고학)을 채운 것으로 두 책은 상호보완적 관계에 있다고 말할 수 있다.

1964년에 일본 고고학연구회 10주년 기념 논문집으로서 발간된 『일본

고고학의 제문제』(河出書房新社)에서 콘도 요시로近藤義郞는 일본 패전 전의 고고학에 대해 다음과 같이 평가하였다.

> 천황제국가 권력의 엄한 억압 하에서 … (중략 : 인용자 주) … 연구자의 대부분은 현실로부터 눈을 돌리고 사상성을 제거함으로써 개별적인 고증, 개개 사실에 대한 실증적 형태적 연구에 침잠하는 방향을 걸었다. … (중략 : 인용자 주) … 즉 현실에 눈을 감고 사상의 개재를 거부함으로써 「최저의 과학성」을 가질 수 있었다. 스스로 왜곡적인 고대사의 체계와 단절함과 동시에 스스로 정말 체계적인 서술도 단념한 것이 지배계급에게 일정한 안심감을 주었던 점도 고려되지 않으면 안 된다. … (중략 : 인용자 주) … 즉 고고학은 황국사관적 역사체계는 물론 일본역사와는 전혀 이질로서 개별적인 존재로 있으려고 혹은 있었기 때문에 그 개별성과는 반동적 지배나 침략 고무(鼓舞)의 이데올로기적 기초가 되기에는 너무나도 「무가치」였다. 그 때문에 천황제와 군국주의는 고고학을 활용하는 장을 찾는 것이 거의 가능하지 않았다. … (중략 : 인용자 주) … 고고학이 「연구의 자유」를 마치 그늘의 잡초와 같이 보증을 받은 이유이다. (311~312쪽)

콘도의 위의 평가는 당시 일본 국내 고고학에 대한 것이고 일본의 외지에서 이루어진 일본 고고학에 대해서는 "일본의 아시아침략과 밀접하게 관련되어 탄생하고 발달해 왔다"고 전제하고,

> 아시아 각지의 고고학의 많은 조사발굴은 특히 대규모로 중요시된 많은 것은 흥아원(興亞院), 외무성뿐만 아니라 조선총독부, 「만주국」, 「만철」, 관동군 등을 비롯해 각지의 지배기관이나 군부의 비호와 원조로 수행되었다. 이러한 조사연구의 경우도 또 대동아공영권의 이데올로기적 기초가 되기도 한 신국(神國)사관의 체계와 직접적으로 저촉되지 않는 한 그 「자유」가 보증되어 있었는데 위와 같은 침략기관의 원조가 있었다는 사실은 일본고고학과 비교

하여 오히려 문화공작의 일환으로서 침략세력에 의해 그 이용가치가 인정되고 있었다는 것을 의심할 것 없이 보여주고 있다. (313쪽) 방점 필자

일본 고고학자가 그 당시 어떠한 의식을 가지고 고고학 조사와 발굴과 논문발표에 임하였을까. 콘도에 의하면 아시아에서 고고학 조사와 발굴 등을 수행한 일본 고고학자들은 "어느 정도 특권적이라고도 말할 만한 위치에 있었"을 뿐만 아니라 당시 관학 아카데미즘과 관련되어 있었다고 주장한다. 과연 그들은 일본의 침략행위에 대해 어떠한 의식을 가지고 있었을까. "일본인 학자에 의한 아시아 고고학의 연구는 일본고고학의 빈곤 즉 연구자의 사상성 결여라는 토양 위에서 군사적 침략의 진전에 촉발되어 발달되어 간 데에 그 역사적 성격"(313쪽)이 있었음에도 그들은 그러한 의식을 표면적으로는 드러내지 않은 채 오로지 "자료축적과 개별고증"에 힘을 기울였다. 도리이 류죠도 그러하였지만 일본의 아시아 침략과 지배에 대해 일정한 거리를 두었고 비판을 하기보다는 그들이 고고학 전공자로서 고고학 연구를 진전시키기 위해서는 그러한 비판의 필요성을 느끼지 못하였다고 보는 것이 현실적으로 맞을 것이다. 오히려 일본의 아시아 침략을 이용하여 학문의 발전을 도모하는 방향으로 생각하였을 것이다. 그들에게 전쟁에 대한 비판과 학문의 발전 도모는 별개의 차원이었다. 여기에서 그들에게 그것을 왜 비판하지 않는가 라고 묻는 것은 '의외의 질문'일 수 있다.

제1장

관官과 민간 고고학

1. 일본고고학사 가운데 동아고고학회와 동방고고학협회

저자가 1930년 2월에 『동아문명의 여명』(刀江書院)을 저술한 하마다 코사쿠에 주목한 것은 그가 일본 고고학을 "인문과학의 하나"(齋藤忠, 「浜田耕作」, 『日本考古學史辭典』, 東京堂, 1984)로 자리 매김을 하였다는 사이토 타다시의 평가에 기초한 것이다. 그 외에도 1927년 3월 26일에 동경제국대학에서 열린 동아고고학회의 창립자 가운데 한 사람으로서 일본 고고학을 새로운 차원, 즉 "넓은 시야에서 동아시아 고고학의 기초"(6쪽) 위에 올려놓았다는 점을 든다. 여기에서 새로운 차원의 고고학은 다름 아니라 일본고고학의 "아시아 고고학계 군림"(9쪽)을 가리킨다.

동아고고학회에서는 왜 「동아 여러 지방에서의 고고학적 연구조사」(「동아고고학회회칙」 제2조)를 목적으로 하였는가. 동경인류학회가 발족된 지 10년이 지난 1895년에 창립된 일본고고학회에 의한 국내 여러 지방의 고적조사와 발굴활동은 일본민족의 '발견'과 일본사 서술과 밀접한 관련이 있었다. 그 해 청일전쟁 승리로 영유한 대만에 대한 고적조사는 1900년이 되어서야 동경제국대학 인류학교실의 야기 쇼자부로八木奬三郎(1866~1942)에 의하여 이루어졌다. 다른 한편 구관舊慣조사는 대만 영유 직후에 동경제국대학 인류학교실의 이노우 카노리伊能嘉矩(1867~1925)와 도리이 류죠鳥居龍藏(1870~1953)에 의하여 진행되었다. 그만큼 대만의 소수민족에 대한 인종학·민족학적 조사가 식민지정책 수립에 시급하였다는 것을 말해 준다. 그러나 대만의 고고학적 조사는 일본민족이나 일본역사의 구명에 직접 관련되어 있지 않다고 판단한 것인지 시급한 과제는 아니었던 것으로 생각된다.

동경인류학회가 창립된 1884년 전후에는 인류학과 고고학의 연구개념·방법 등이 뚜렷하게 구별되어 있지 않았지만 구분의 필요성이 제기되면서(坪井正五郞, 「彙報」, 『考古界』 제3편 제12호, 일본고고학회, 1904, 727~728쪽) 회원들 사이에 전공분야가 나누어지는 경향이 나타났다. 인류학에서는 형질인류학부터 민족학, 토속학 등을 지향하면서 일본 국내뿐만 아니라 일본의 외지, 만주, 몽골 등에까지 연구의 지역적 영역을 넓혀가면서 일본민족의 '기원'과 인류학적 미션을 수행하였다. 이에 반해 고고학은 학회 창립 후에도 고고학의 학문적 정체성이 세워지지 않은 채였고 여전히 일본 고고학이 나아가야 할 방향 등을 논의하고 있었다. 경도제국대학 안에 고고학연구실이 설치된 것은 1916년 7월에 이르러서였다. 그 설치의 중심에 있었던 경도제국대학의 하마다 코사쿠濱田耕作(1881~1938)는 동경제국대학 문과대학 사학과(서양사)를 졸업한 이후 경도제국대학 교수로서 1913년부터 1916년까지 유럽 유학을 하였다. 일본 최초로 경도제국대학에 고고학연구실을 열었고 특히 『경도제국대학문학부고고학연구보고』(16책)의 편집집필은 그 후 일본에서 고고학연구의 모델이 되었다. 특히 그는 일본 국내뿐만 아니라 조선과 중국을 시야에 넣고 동아시아 전역의 고고학적 연구를 실천한 사람이다(櫻井淸彦·坂詰秀一 編, 『論爭·學說 日本の考古學』, 雄山閣, 1989 참조).

경도제국대학 출신의 동양사 전공자들과 하마다 코사쿠 중심의 경도제국대학 고고학연구실 출신들은 동아시아로 연구 시야를 넓혔고 이는 일본 민족의 역사에 대한 구명과도 깊은 관련을 가지고 있었기 때문에 그러한 시도는 '일본 고고학계의 필요'에 의한 것이었다. 이 필요는 정치적인 측면을 함께 고려하면 일본의 중국대륙 침략과도 궤를 같이 한 것이었다고 생각할 수 있다. 즉 '고토故土회복을 위한 고적발굴의 정치학'이 작용한 것이었다.

동아고고학회가 표면상으로는 노골적으로 드러내지 않았지만 하마다가 주창하였듯이 "동아 여러 지역의 고고학적 연구를 촉진하고 아울러 각국 특히 중화민국의 고고학계와 친호親好의 우의를 돈독히 하여 지식 교환"(14쪽)을 제창한 것이 과연 정치색이 없었다고 말할 수 있는가. 중국을 자극하지 않기 위해서 굳이 "지나支那"가 아니라 "중화민국"으로 표현하고 있는 데에서도 단적으로 그들의 의도를 엿볼 수 있다. 그러한 제안에 대해 중국 지식인 사이에서는 어떠한 반응이었을까. 이 점은 현재 밝혀진 것은 없지만 향후 고찰이 필요한 주제이다. 동아고고학회는 위의 목적을 달성하기 위하여 마형馬衡이 주최하는 북경대학 고고학회와 협력하는 방향을 모색했다.

필자는 동아고고학회의 회칙을 읽으면서 주목할 만한 조항을 발견할 수 있었다. 그것은 제6조였는데 그것은 동아고고학회의 조사를 통해서 얻은 자료는 그 조사지에 속하는 국가에 그것을 둔다는, 다시 말하면 조사발굴로 획득한 자료와 유물 등에 대한 '현지보존주의'를 견지한다는 조항이었다. 이것은 조사와 연구를 이유 또는 명분으로 삼아서 일제의 식민지에서 획득한 유물들을 일본 국내의 제국대학이나 박물관으로 가지고 간 후 돌려주지 않는 상황에 대한 학자적 '반성'으로 생각할 수도 있다. 그러나 당시 중국에서는 미국의 앤드리우스 몽골탐험대의 반출품이 문제가 되어 있었고 또 스엔 헤덴의 신강新疆여행도 문제가 되어 있었기 때문에 동아고고학회에서 그와 같은 조건을 내세우지 않으면 중국과의 발굴조사 협력은 성립하기 어려울 것이라는 점에 대한 고려라는 측면에서 조항설정을 생각해야 할 것이다. 이를 계기로 당시 일본 고고학계 안에서도 일제의 식민지와 점령지에서 획득한 유물들에 대한 처분을 둘러싸고 이견이 있었을 것으로 생각되지만 실제로는 일본 제국대학에 의한 조선 등에서의 고적발굴로 출토된 유물들을 현지의 박물관에 보존하기도 하였지만 일본 국내의 대학이나 박물관으로 가지고 갔다.

하마다의 저술『동아문명의 여명』은 중국어로도 번역되어 출간되기도 하였다. 1932년에는 왕복천王馥泉에 의하여『동아문화지여명東亞文化之黎明』으로, 1935년에는 양련楊鍊에 의하여『동양문명적서광東洋文明的曙光』으로 발간된 것이 그 책들이다. 이러한 중국어판은 중국의 고고학자들에게 동아고고학회 취지에 대한 동의와 동감을 불러일으키는 데에도 일정한 영향을 주었다고 생각한다. 이를 통해 동아고고학회의 중심적인 역할에 있었던 하마다의 주장과 취지에 동참하는 중국 고고학자들을 확보할 수 있었을 것이다.

동아고고학회는 그 목적을 달성하기 위하여 북경대학 고고학회와 손을 잡은 것에 그치지 않고 한 발자국 더 나아가 두 학회가 협동하여 동방고고학협회를 결성하였다. 동아와 동방이라는 이름을 붙인 학회와 협회, 이 두 단체의 존재는 당시 일제의 중국에 대한 정치적인 입장, 즉〈지나支那〉라는 멸시적 용어를 사용하면서 결국 1937년 중일전쟁을 일으켰지만 그 이전 일제가 중국의 대표적인 고고학자들과 손을 잡고 일본문화의 기원, 더 나아가 동양문화의 출발을 밝혀야 한다는 목적을 달성하기 위해서는 중국을 '적'으로 상정해 놓고 정치적으로 접근할 성격의 학술조사사업이 아니었다.

동아고고학회는 기부금으로 운영되었다. 이 운영에서 주목할 만한 간부로 호소카와 모리다츠細川護立(1883~1970)가 있었다. 그는 일본 궁내관료로서 미술품 수집에 많은 관심을 가졌던 사람이었다. 참고적으로 그는 조선총독부가 1930년에 들어서서 중국 침략 등으로 고적조사사업 추진이 어렵게 되자 그 외곽단체로서 구로이타 가츠미가 중심이 되어 1931년 8월에 조직된 조선고적연구회에 1932년에 6천엔의 기부금을 낸 사람으로도 유명하다(졸저, 『한국박물관 100년 역사』, 민속원, 2008, 88쪽). 또한 동아고고학회의 임시 사무실은 동경시외 이케부쿠로池袋 501번지에, 연구실은 "중화민국 북평北平"에 둔 점도 주목할 만하다.

저자는 동아고고학회의 초기 활동에 대해 일본 외무성의 외교사료관 소장 관련 자료를 발굴한 고바야시 또모小林和生(1910~1989)의 연구성과(「동아고고학회초기」, 『동아고고학회회고』, 웅산각출판, 1981)를 토대로 하여 동아고고학회의 조사활동의 실태를 보여주었다. 동아고고학회를 대표하는 상무위원으로 1926년 8월부터 1929년 중엽경까지는 하마다 코사쿠, 하라다 요시또原田淑人가 활동하였고, 간사에는 시마무라島村孝三郎가 종사하였으나 1929년 이후는 상무위원으로 회장 호소카와 모리다츠細川護立가 활동하였다.

동아고고학회의 첫 발굴조사의 대상은 관동주의 히시카貔子窩로 이는 요령성의 보란점普蘭店에 가까운 유적으로서 탄다시單砣子라는 작은 섬과 그 대안對岸에 있는 고려새高麗賽라는 대지 위의 두 지점을 총칭한 말로 전자는 신석기시대, 후자는 신석기시대에서 전국~한대에 이르는 유적이라고 한다. 이 조사를 위해 동아고고학회는 1926년 8월에 외무대신 시데하라 기쥬로幣原喜重郎 앞으로 조성금助成金 1만엔을 신청 제출하였다. 이 조성금 지원은 외무성 문화사업부의 사업 가운데 하나였다(18~21쪽).

비자와P'I-TZU-WO는 이 발굴에 일본 측에서는 하마다 외 하라다 요시또, 고마끼 사네시게小牧實繁, 시마다 사다히코島田貞彦(1889~1946),[10] 다

---

10) 경도고등공예학교를 졸업한 후 경도제국대학 문학부 부수(副手)와 강사가 되었다

자와 킨고田澤金吾(1892~1952),[11] 미야사카 미츠츠기宮坂光次가, 북경대학에서는 마형馬衡, 심겸사沈兼士 그리고 하얼빈박물관의 토루마츄브 등이 각각 참여하였다(21쪽).

1927년 4월 말부터 5월까지 15일 동안 하마다의 지도로 발굴이 이루어졌고 그 발굴결과는 1929년 3월에 「동방고고학총간東方考古學叢刊」(B4판)의 갑종 제1책 『비자와—남만주 벽류碧流 하반河畔의 선사시대 유적—』이라는 보고서로 출간되었다.

또 1930년에는 2월 4일부로 엔성터河北省 易縣의 발굴을 위한 「조성금교부원」이 「동아고고학회회장 호소카와 모리다츠」 명의로 외무대신 시데하라 앞으로 제출되었다. 이 전국시대의 연나라 하도下都의 발굴에는 북경대학의 마형 외 장엄莊嚴, 상혜常惠, 전진윤傳振倫이 참가하였고 동아고고학회에서는 하라다 등이 참가하였는데 그 주체는 1928년에 성립한 북평연구원北平研究院이었다(21~22쪽).

북평연구원의 연나라 성터 발굴에 대한 조성금이 교부된 배경에는 동방고고학협회의 중화민국 측의 받침역할이었던 북경대학 고고학회의 요청에 대한 동아고고학회의 양해가 있었다. 그 때문에 하라다를 비롯하여 코마

___

가 여순(旅順)박물관 주사가 되었다. 조수 시절에는 1917년부터 간행된 『경도제국대학문학부고고학연구보고』가 출판되는 데 큰 힘을 기울였다. 중국 요령지역의 고고학 조사에 참여하기도 하였다. 櫻井淸彦·坂詰秀一 編, 『論爭·學說 日本の考古學』, 雄山閣, 1989 참조.

11) 내무성사적명승조사촉탁, 동경제국대학 문학부촉탁, 문부성국보보존조사촉탁 등을 거쳐 문화재보호위원회의 미술공예과에 들어가 중요문화재의 조사와 지정, 보존사업에 관여하였다. 1925년에는 구로이타 가츠미의 추천으로 동경제국대학 문학부 사업으로서 조선 낙랑군의 왕우묘(王旴墓)를 하라다 요시또를 보좌하여 발굴에 참여하였다. 櫻井淸彦·坂詰秀一 編, 『論爭·學說 日本の考古學』, 雄山閣, 1989 참조.

이 가즈찌카駒井和愛(1905~1971),[12) 미즈노 세이이치水野淸一(1905~1971),[13) 에가미 나미오江上波夫도 발굴에 참여하게 되었다.

앞서 언급한 동방고고학협회의 설립에 대해서는 밝혀진 것이 없지만 그 것에 직접 관여한 시마무라島村孝三郎의 단편적인 회상(「하마다군을 추상한다」, 『고고학논총』 제8집, 1943년 8월 ; 「동아고고학협의 창립에 대해 청릉靑陵박사를 추억한다」, 「하 다마선생추도록」)을 토대로 동방고고학협회의 실태가 드러났다.

1926년에 하마다와 시마무라는 북경의 부상관扶桑館에 머물며 육국반점 六國飯店에 칩거하고 있던 북경대학 연구소장 장몽린蔣夢麟과 중국의 역사자 료에 관한 의견을 나누고 있었다. 일본 측은 이미 1925년 가을 설립준비 를 완료한 동아고고학회의 회칙 중 「본 학회의 조사에 의하여 얻은 자료는 그 조사지에 속하는 국가에 그것을 두는 것으로 한다」(제6조) 등을 조건으로 일본과 중국 간 공동 조사연구조직의 결성에 대한 의견을 교환한 바가 있 었다.

하마다의 주장은 장몽린의 의견과도 일치하였고 서둘러 중국 측의 인선 이 진행되었으며 1926년 6월에 북경대학 고고학회와 일본의 동아고고학 회 사이에 잠정협정이 이루어졌다. 위원장에는 채원배蔡元培가 추천되었고 중국 측 위원으로서 이서광李西光(지질), 심겸사沈兼士(국학), 서병한徐炳昶(철학),

12) 와세다대학 문학부 동양사학과 졸업. 1927년 동경대학 부수(副手)를 거쳐 하라 다 요시또의 지도 하에 중국고고학을 배우고 북경으로 유학 후 하라다와 함께 중 국 발굴조사에 전념. 1945년 동경대학 조교수 이후 문학부의 고고학강좌를 담 당. 櫻井淸彦·坂詁秀一 編, 『論爭·學說 日本の考古學』, 雄山閣, 1989 참조.

13) 경도제국대학 문학부 동양사학과 졸업. 하마다 코사쿠의 사사를 받은 후 만몽지 역에 대한 조사를 비롯하여 이란, 아프카니스탄, 파키스탄 등에서 불교 유적조사 를 하여 폭넓게 고고학, 미술사, 민족학 연구에 힘을 기울였다. 櫻井淸彦·坂詁秀 一 編, 『論爭·學說 日本の考古學』, 雄山閣, 1989 참조.

주희조朱希祖(사학), 진원陳垣(사학)이, 간사로서 마형(금석학)이 취임하였다. 일본 측의 위원으로서는 하마다와 하라다, 간사로서는 시마무라가 각각 선임되었다. 협회 간사에는 북경에 사는 고바야시 야스오小林胖生가 취임하였다. 이렇게 동방고고학협회는 1926년 6월, 북경대학 제2원第二院에서 제1회 총회를 개최했다(23~24쪽).

중국과 일본의 고고학계가 함께 동방고고학협회를 결성하게 된 이유는 무엇인가. 이에 대해 저자는 1920년대 후반 다이쇼大正가 끝나는 시기에 중국에서 협동조사의 상담이 진행되고 있던 은허 발굴에 있었던 것으로 보고 있다.

은허 발굴은 중국연구원의 동작빈董作賓, 이제李濟에 의하여 이루어져 『안양安陽발굴보고』 제1책으로 발간되었는데 문제는 현지의 하남성에서 반대가 있었고 개봉開封박물관의 관백익關百益에 의하여 발굴이 되어 혼돈상황에 있었다. 한편 중앙연구원(1927년 성립)보다 1년 늦게 설립된 북평연구원은 북경대학과 일본 동아고고학회와 밀접하게 서로 연락하며 하북성에서 조사가 진행되고 있었다. 이러한 상황 하에서 은허 발굴은 관동주關東州로 초점이 옮겨져 간 것 같다고 저자는 말한다(25쪽).

동방고고학협회의 제2회 총회는 1927년 3월 26일 동경제국대학에서 열려 동아고고학회의 발회식 및 제1회 총회가 함께 이루어져 중화민국으로부터 심겸사沈兼士(북경대학연구소 국학부문 주임교수), 마형馬衡(북경대학 교수), 나용제羅庸諸(국립역사박물관 편집주임)가 참석한 가운데 이루어진 강연은 1928년 7월에 『고고학논총考古學論叢』1에 수록되었고 동아고고학회와 동방고고학협회의 연명(대표자 시마무라)으로 출판되었다. 그 후에도 동방고고학협회의 제3, 4회 총회가 계속 열렸고 강연회의 성과를 담은 『고고학논총』2가 1930년 5월에 출판되었다(27~28쪽).

저자는 이와 같은 "동방고고학협회의 발족과 그 전제적 학회조직으로서 설립된 동아고고학회는 소화昭和의 고고학의 방향"(28쪽)을 보여주는 것으로 평가했다.

동방고고학협회의 사업 가운데 일본과 중국의 고고학자의 인적 교류는 일본과 중국의 고고학 발전에 영향을 끼쳤다. 1928년 봄에 중국 측의 제1회 유학생은 장엄莊嚴(후에 대만고궁박물원장)이었고 일본 측에서는 코마이駒井가 파견되었으며 이후 일본 측은 코마이에 이어서 미즈노 세이이치水野淸一, 에가미 나미오江上波夫, 다무라 찌츠죠田村實造, 미카미 츠기오三上次男, 고바야시小林知生, 아카호리 에이지赤堀英二, 세끼노 다케시關野雄 등을 계속해서 북경으로 파견하였다(29쪽).

동아고고학회가 파견하는 유학생은 조건이 있었다. 동경제국대학과 경도제국대학에서 「고고학, 고대사, 인류학 등」을 전공한 사람으로 제한하였다. 일본 측의 목적 가운데 하나는 「북경을 중심으로 중국의 역사적 환경에 익숙해지게」하려는 것이었다(야와타 이치로, 「고고학계의 전환기」, 『동아고고학회회고』, 1981). 저자는 이와 같이 일본의 제국대학에서 중국에 유학생의 파견을 "대륙에서의 고고학적 조사의 기동력"(30~31쪽)이 되었다고 평가한다.

그러나 동아고고학회에 의한 유학생의 파견은 중국에서의 고고학적 조사의 토대 구축이라는 의미 외에도 동아고고학회가 외무성의 문화사업부의 외곽단체적 역할로서 「대對중국문화사업」을 수행하고 있었다는 점에도 주목할 만하다. 「대중국문화사업」은 의화단 사건 후 청나라로부터의 배상금에 의한 「문화사업」을 말한다. 내용적으로 보면 그것은 동방문화학원(동경, 경도)·자연과학연구소(상해)·인문과학연구소(북경)를 설립하고, 농사시험소(靑島)를 경영하는 것 등이었다(31쪽).

동아고고학회에서 파견된 유학생들은 인문과학연구소 도서관장 스기무라杉村勇造 등의 호의로 초기의 목적을 달성하기 위해 중국 각지를 여행하며 견문을 넓혀갔는데 그 가운데에서도 1930년의 에가미, 미즈노에 의한

「내몽골 및 장성長城지대」 조사, 1931년의 에가미, 아카호리 에이지赤堀英二(동아고고학회 몽골조사반)에 의한 「내몽골(錫林郭爾 지방, 烏蘭察市)」 조사, 1932~1934년의 미즈노, 코마이, 미카미에 의한 「북만」 조사, 1940년, 1941년 세끼노 다께시關野雄14)에 의한 「재도임류齋都臨溜」 조사가 있었다. 그들은 1년 내지 2년의 중국유학을 마친 후 유학 기간 중에 얻은 연구 성과를 토대로 동아고고학회의 조사사업과 연구에 적극적으로 관계하였다(32쪽).

2. 민간고고학

1) 나오라 노부오直良信夫의 연구소

관 주도 고고학 외에 민간고고학자로서 나오라 노부오(1902~1985) 이력을 櫻井淸彦·坂詰秀一 編, 『論爭·學說 日本の考古學』(雄山閣, 1989)을 토대로 소개해 보면 아래와 같다.

오오이타(大分)현 출신. 이와쿠라(岩倉) 철도학교 공업화학과 졸업. 와세다대학 교수. 문학박사. 독학으로 고고학, 인류학, 고생물학을 배우고 일찍부터 그 성과를 『고고학잡지』, 『인류학잡지』, 『사전학(史前學)잡지』 등에 발표. 1931년 아카시시(明石市) 니시야기(西八木) 해안에서 화석인골(허리뼈)을 발견하여 일본 구석기시대 인골의 존재를 주장하고 1932년 와세다대학 이공학

---

14) 1915~2003. 1939년 동경제국대학 동양사 전공 후 북경 유학. 1941년 귀국 후 동경제국대학 문학부 조수. 1943년에 전쟁에 응소하였고 일본 패전 후에는 호세이대학(法政大學) 교수를 역임하였고 1967년에는 동경대학 교수로 1976년에 정년퇴임하였다. 그 후에도 오차노미즈여자대학 교수와 호세이대학 교수를 지냈다.

부 도쿠에이 시게야스(德永重康) 교수의 개인조수로서 화석 짐승뼈의 정리를 담당. 이후 와세다대학을 거점으로 연구를 전개. 동경도 에고다(江古田) 식물 화석층의 발견을 비롯하여 도치기(栃木)현 쿠즈우인골(葛生인골), 동경도 니혼바시(日本橋) 인골, 도토리현(鳥取縣) 야미하마(夜見浜) 인골 등의 발견 채집으로 일본 구석기시대 연구에 많은 문제를 제기하였다. 또 일본 고대 농업에 관심을 가졌고 그 성과는 학위논문이 되었다. 자연계의 관찰기록이나 뛰어난 문체에 의한 계몽서도 많고 정밀한 관찰에 의한 스케치는 훌륭하고 예술적이기도 하다.

흔히 연구소라고 하면 여러 동인들이 모여 창립하는 것이 보통인데 그렇지 않고 단 한 사람이 세운 연구소가 1925년에 아카시시 오쿠라타니大藏谷 소십小辻 2542-1에서 문을 연 나오라석기시대연구소였다.

나오라는 개인 연구소를 열고 그 연구성과를 소식지 「소보所報」를 통해 알렸다. 저자에 의하면 나오라가 이렇게 개인적으로 연구소를 열고 체계를 갖추려고 한 데에는 "경도제국대학문학부고고학연구보고」와 「동경제국대학 이학부 인류학교실연구보고」로부터 자극"(37쪽)을 받았다고 한다. 저자는 그 「소보」를 다음과 같이 평가한다.

경도제국대학과 동경제국대학의 「연구보고」에 비견할 만한 것은 아니었는데 나오라에게 「본격적으로 고고학 연구자로서 서고자 결심을 굳히고 자택을 연구소로 칭하고 거기에서 발행(春成秀爾, 「直良信夫氏と大歲山遺跡」, 「大歲山遺跡の硏究」, 眞陽社, 1962.11)한 것이 「소보」였다. 특히 제1집에 실렸던 오또시야마 유적 연구는 그 후 60여 년이 지난 후에도 오또시산 유적연구의 기준 문헌으로서 학계에 회자되고 있다. (39쪽)

그러나 제국대학 출신 고고학자들 중심의 학회 속에서 한 사람이 세운 연구소의 나오라에게 그 후 연구활동은 결코 평탄하지 않았다. 그 사이 그는 대외적으로 1927년에는 모리모토森本의 고고학연구회에 참가하여 집필도 하고 특히 고고학연구회의 발전적 조직─동경고고학회의 중추 멤버로서 활약하기도 하였다. 「하리마쿠니播磨國 니시야기 해안 홍적층 중 발견의 인류유품」을 『인류학잡지』(제46권 제5·6호)에 발표한 직후 1931년 4월 18일, 어느 「아카시明石원인猿人」 허리뼈를 아카시 니시야기西八木의 해안에서 채집하기도 했다. 또 1932년 11월에는 동경도 나카노쿠中野區 에고다江古田로 이사를 하고 연구활동을 전개해 갔다.

1941년 동경고고학회는 모리모토의 고고학연구회, 중부고고학회와 합병하여 일본고대문화학회가 결성되었는데 이 학회는 「대동아공영권구상」에 공명하는 재야회원에 의하여 운영되었고 나오라도 그 학회에 참여하였다(41쪽).

2) 고고학연구회, 동경고고학회

모리모토 로쿠지森本六爾와 츠보이 료헤이坪井良平, 미와 젠노스케三輪善之助, 카야모토 카메지로榧本龜次郎 등이 중심이 되어 고고학연구회를 조직하였다. 그 모임이 국판 80페이지의 기관지로서 1927년 7월『고고학연구』제1집을 간행할 수 있었던 것은 츠보이의 진력과 니시가이서방四海書房의 협력의 산물이었는데 그것을 추진한 사람은 모리모토였다(41쪽).

모리모토는 이미 『고고학잡지』에 논문을 발표하고 있었는데 어떻게든 자신들의 학술지를 갖고 싶었다. 모리모토는 당시 대표적인 고고학 관련 학회로서 고고학회와 밀접한 관계에 있는 동경제실박물관의 다카하시 켄지高橋健自를 찾아갔다고 한다. 그의 소개로 동경고등사범학교 교장 미야케 요네기치三宅米吉를 만난 모리모토는 미야케의 도움으로 니시가이서방을 소개받았고 『고고학연구』지를 발행할 수 있게 되었다(41~42쪽). 참고로 다카하시 켄지는 1926년에 조선에 와서 경성, 경주, 부여, 평양 등 주요 지역을 답사하고 그 성과를 『고고학잡지』(19-21, 1929)에 발표하였다.

그러면 1895년에 창립된 이래 당시 일본고고학회는 어떠한 상황에 있었는가. 저자에 의하면 『고고학잡지』를 간행하는 일본고고학회는 동경제실박물관과 밀접한 관계에 있었고 당시는 그 박물관의 역사과장 다카하시가 중심에 있었다고 한다. 다카하시는 일본고고학회의 사무소를 그의 자택(동경시 시타야구下谷區 네기시쵸根岸町)에 두었다. 그 시기의 『고고학잡지』에는 「신문소견」이라는 제목의 전국 신문지에 보도된 고고학 관계의 기사가 소개되어 전국적으로 이루어지는 고적조사와 발굴에 관한 정보들을 회원들이 공유할 수 있도록 하였다. 그것은 독자에게 신선한 정보원이 되었을 것이다. 월간이었던 그 잡지의 편집은 일상적으로 다카하시의 자택에서 이루어졌다. 그 때문에 거기에 모이는 사람에 대해 누구라고도 할 것 없이 「근안학파(네기시학파)」라는 호칭이 생겼다(42쪽).

그 시기의 고고학회는 회장 미야께 밑으로 평의원에는 이또 쥬타伊東忠太, 이마이즈미 유사쿠今泉雄作, 이리다入田整三, 오시마 요시나가大島義脩, 구로이타 가츠미黑板勝美, 고또 슈이치後藤守一, 시바다 쵸에柴田常惠, 시모무라 미요기치下村三四吉, 세키 야스노스케關保之助, 세끼노 타다시關野貞, 다카하시 켄지高橋健自, 츠카모토 야스시塚本靖, 츠다 노리다케津田敬武, 츠보이 쿠메죠坪井九馬三, 도리이 류죠鳥居龍藏, 누마타 요리스케沼田賴輔, 하라다 요시또原田淑人, 하마다 코사쿠濱田耕作, 마사키 나오히코正木直彦, 미조구치 레이지로溝口礼次郎, 야츠이 세이이치谷井濟一, 야나기다 쿠니오柳田國男의 명단이 있고 간사에는 다카하시, 이리다, 고또, 이시다 모사쿠石田茂作, 다카하시 이사무高橋勇가 참여하고 있었다(42쪽).

일본고고학회는 당연히 고고학의 연구에 종사하되 목적은 "주로 유물유적에 의하여 고대의 풍속 제도 문물 기능을 밝히는 것"(42쪽)이었고 월례 모임에서도 그 목적에 따라 "풍속사, 유직고실有職故實, 건축사"(44쪽)에 관한 분야의 발표가 많았다. 또 특이하게도 총회를 개최할 때 소장가의「고고자료전람회」를 열고 공개강연회(2명) 후에 회무보고, 좌석 연설, 만찬회 순으로 총회가 진행되는 것이 통상적이었다(44쪽).

그런데 저자가 지적하고 있듯이 인류학회도 동경제국대학 인류학교실을 중심으로 운영되는 경향이 강하여 "부외자部外者"(44쪽)들이 접근하기가 어려운 분위기였다고 한다. 모리모토에게도 "기존의 학회와 함께 잘 어울리는 데에 저항이 있었는데 그렇지만 더욱 자유롭게 논문을 발표하는「장場」이 있었으면 하였다"(44쪽). 그에게 고고학연구회 발족과 연구성과의 발표에 그치지 않고 그것들을 인쇄하여 관계자들과 공유함으로써 그것에 대한 비판과 수용을 거듭하면서 학문발전을 도모하는 것이 중요하였을 것이다.

1929년 6월,『고고학연구』는 7번째(제3년 제1호) 간행을 끝으로 폐간되었다. 그 폐간에는 재정적인 문제가 가장 컸을 것이다. 폐간 후 얼마 안 되어 같은 해 10월 19일에 다카하시 켄지, 11월 11일에 미야케 요네기치가 세상을 떴다. 저자는 두 은사의 서거는 모리모토에게 이제 독립적이고 독보적인 길을 걷지 않으면 안 되는 결심을 하게 한 계기가 되었을 것(47쪽)으로 생각하고 있다. 모리모토는 고고학연구회를 기초로 새로운 조직 만들기에 착수하였다. 그는 서해서방, 일동서원日東書院으로 출판소가 변경된『고고학연구』에 대신하는 새로운 잡지의 창간을 모색하였다(47쪽).

한편 1929년 3월, 오야마 카시와大山柏[15]가 주재하는 사전학회史前學會

---

15) 1889~1969. 동경에서 태어나 육군사관학교에 입학(1905)하여 졸업(1910) 후 퇴역(1928)할 때까지 군복무 중에도 류큐 이하(伊波)패총 조사, 유럽 유학 중 남

는『사전학잡지』의 창간호를 발간했다.『사전학잡지』의 창간에 이은『고고학연구』의 정간은 1929년도 "재야 고고학계의 큰 사건"(47쪽)이었다. 저자에 의하면 당시 고고학계에서 대표적인 잡지는 고고학회의『고고학잡지』, 동경인류학회의『인류학잡지』였는데『사전학잡지』가 덧붙여지게 되었다고 한다.

1929년 후반, 이전 고고학연구회 회원이었던 모리모토, 츠보이, 미와三輪, 타니키 미츠노스케谷木光之助에다가 이시노石野瑛, 우에하라上原準, 오바 이와오大場磐雄(1899~1975), 도쿠후 다케오德富武雄, 나카야 지우지로中谷治宇二郎, 야와타 이치로八幡一郎가 찬동하여 동경고고학회가 발족되었다. 동경고고학회의 발족에 대해서는 "지금까지 일본의 고고학이 거슬러 온 길을 되돌아보고 지금부터 어떻게 나아갈 것인가를 생각해 보는 일은 적어도 전형기轉形期의 일본 고고학에게 필요하고 더욱이 하지 않으면 안 되는 것으로 생각하며 또 젊은 사람들의 자유로운 발표기관을 만들어 이 학문(고고학 : 인용자 주)이 새로운 방향으로 뻗어 나가고자 동경고고학회가 생겼다"(48쪽)(『고고학』 제1권 제1호「회보」)라는 선언은 분명 "모리모토가 심경을 솔직히 토로한 것"(49쪽)이라고 저자는 평한다.

다음 해 1월에 기관지로서『고고학』제1권 제1호가 발간되었다.『고고학』의 출판은 나카야 지우지로中谷治宇二郎로부터 소개를 받은 오카서원岡書院에서 간행하는 방향으로 정해졌다. 오카서원과는『카와야나기촌川柳村장

프랑스 돌도뉴 동굴답사, 진복사(眞福寺)패총 조사, 가츠사카(勝坂)유적 발굴에 종사하였다. 퇴역한 그 다음 해 1929년에 오야마사전연구소 개설과 함께 사전학회를 창립하여 일본 고고학연구에 진력하였다. 阿部芳郎,『失われた史前學 : 公爵大山柏と日本考古學』, 岩波書店, 2004 참조.

군총의 연구』(1929년 2월)와 『일본청동기시대지명표』(1929년 4월)의 출판으로 인연을 맺었다.

　모리모토가 지향한『고고학』은 고고학계의 중심적 잡지로서 논문, 보고, 서평뿐만 아니라 동향動向과 학계소식을 담는 것이었는데 학계소식에는 관의 학자와 재야 연구자의 소식을 똑같이 다루었다는 점에서 모리모토가 구상한 일본고고학의 지향을 읽을 수 있다. 그 후 모리모토는 유럽에 다녀온 후『고고학』제6권까지 편집을 맡았는데 그가 1936년 1월 22일에 세상을 뜬 이후에는 츠보이 료헤이와 후지모리 에이이치藤森榮一가 편집과 발행을 이어받아 제7권에서 제11권까지 발행하였다.

　동경고고학회는 일본 국내뿐만 아니라 외지外地의 고고학에도 관심을 기울였다는 점에서 주목할 만하다. 저자는 특히 하마다의 「열하적봉유기熱河赤峰遊記」(『고고학』 제6권 제8호, 1935년 8월)뿐만 아니라 「김해패총의 신발견」(『고고학』 제6권 제2호, 1935년 2월)과 미즈노 세이이치水野清一의 「만몽신석기시대요론要論」을 후자의 예로 든다. 또한 하마다 코사쿠, 하라다 요시토, 시마무라島村孝三郎, 에가미 나미오江上波夫, 코마이 가즈찌카駒井和愛, 미카미 츠기오三上次男, 야와타 이치로, 코노 이사무甲野勇와 모리모토가 함께 모여 「동아고고학의 좌담회」를 개최한 점에도 주목한다(50쪽).

　1930년대에 들어서서『고고학』에서 외지에 대한 연구성과들을 게재한 배경에는 만주사변 이후 중일전쟁으로 치닫는 정세 속에서 그 지역에 대한 동경고고학회의 고고학적 조사가 이루어졌고 관련 정보와 지식들이 전달되었다는 것이 작용하였다. 1936년에 「조선호朝鮮號」(『고고학』 제7권 제6호, 6월)를 특집으로 하였고 오스트리아의 고고학자 로버트 하이네 겔데룬(Robert Freiherr von Heine-Geldern, 1885~1968)의 「인도네시아에 있어서 고고학적 조사」(坪井良平 역, 『고고학』 제7권 제10호, 1936년 12월)를 소개하였으며 1937년에는 카야모토 카메지로榧本龜次郎, 미즈노 세이이치, 고바야시 유

키오小林行雄, 시치다 다카시七田孝志와 츠보이 료헤이의 「만선滿鮮의 문화를
말한다」(『고고학』 제8권 제2호)가 게재되었다. 특히 8월의 「편집자로부터」에 북
지北支의 상황이 급변하고 있으며 이에 관심을 가질 필요가 있다는 점을 전
하기도 하였다(50쪽).

1938년에는 미즈노 세이이치 「운강여신雲崗旅信」(『고고학』 제9권 제7호, 7월),
「대동통신大同通信」(『고고학』 제9권 제8·9호, 8·9월), 카야모토 「낙랑근황樂浪近況」
(『고고학』 제9권 제9호, 9월)이 계속해서 게재되어 외지의 상황이 알려졌다. 그
다음 해 1939년 1월 8일에 동경고고학회 제1회 총회가 열려 연구발표,
특별강연회, 동경제실박물관 견학이 이루어졌는데 주목할 만한 점은 회무
협의會務協議에서 "이번 사태에서 출정회원出征會員의 회비면제"(51쪽)가 가
결되었다는 점이다. 동경고고학회에서 전쟁에 출정할 것을 권장하고 있었
다. "신동아의 여명은 동시에 고고학에게도 새로운 동아학東亞學의 각성이
지 않으면 안 되며", "우리들은 지금 유위有爲한 학구진學究陣을 그 전력을
다해 대륙으로 보내지 않으면 안 될 것이다"(51쪽)라고 주장하기까지 하였
다(「편집자로부터」, 『고고학』 제10권 제5호, 1939년 5월). 1940년 1월, 「회고會告」로
서 다음의 문장이 발표되었다(『고고학』 제11권 제1호).

여기에 빛나는 기원 2600년(1940년 : 인용자 주) 봄을 맞이하여 국민이 일어
나 조국의 유원한 역사를 익히고 새로운 역사의 실천을 향하고자 결의에 불
타오르고 있을 때, 우리들은 또 동경고고학회를 발족한 이후 10년의 학문
적 성과를 쌓았고 창립 이래의 끊이지 않는 지도와 지원을 받은 여러 학자와
더불어 만 10주년의 기쁨을 함께하는 영광을 가진 것이다.
지금이야말로 흥아(興亞)건설에 해당하여 고고학에 부여된 대일본여명문
화의 임무가 중차대한 것을 생각하여 본 회는 더욱이 만진을 다하여 그 사명
의 달성에 노력해야 한다 … (51~52쪽)

필자에게 이러한 상황전개는 '전쟁과 고고학의 역할'을 생각케 하며 동경제국대학 인류학교실 출신으로서 도리이 류죠鳥居龍藏가 주장한 다음과 같은 '전쟁과 인류학의 역할'을 연상하게 만든다.

"여러분은 시베리아 출병의 실패를 말하기 이전에 스스로 마음 속을 되돌아봄 직하다. 특히 일본의 각 제국대학 및 그 외 학자가 그것에 대해 어떠한 행동도 시도하지 않았던 것이 내가 가장 유감스럽게 생각하는 바이다. … (중략) 시베리아 출병은 인류학, 인종학 및 고고학에 대해 귀중한 기여를 한 것으로 깊이 경의를 표하고자 한다"(필자 역주, 『인류학자와 일본의 식민지 통치』, 서경문화사, 2007).

3) 사전학史前學연구소와 사전학회

군인출신의 오야마 카시와大山柏(1889~1969). 그는 1924년 유럽 유학을 마치고 돌아와 사전史前연구실에 두고 있던 사전史前연구회를 발전시켜 자신의 이에家 씨氏를 붙인 오야마사전연구소(동경 아오야마靑山의 은전 : 현 시부야쿠澁谷區 신궁神宮 앞 5丁目)를 설립하고 1929년에는 그 안에 사전학회도 창립했다. 오야마사전학연구소는 오야마 소장 외에 코노 이사무甲野勇와 미야사카 미츠츠기宮坂光次가 연구원으로서 활동을 하였다(52쪽).

오야마는 누구인가. 그의 부친은 명치유신의 공로자 오야마 이와오大山巖 육군대신이었다. 그러니 오야마 카시와는 군인 집안의 차남으로 태어났고 육군사관학교에 진학하여 오야마家의 가독家督을 이어 공작公爵과 귀족원의원이 되었다. 그런데 군인으로서 그가 고고학에 관심을 가진 계기와 배경은 무엇인가. 저자에 의하면 그는 유년 학생시절부터 유물에 관심이 있었다. 유년시절에 들었던 나카자와 스미오中澤澄男의 「유사有史이전」(과외상식강연課外常識講演)과 사관학교 시절의 「측량測量 연습」(야외-시즈오카현 아시다카(愛鷹산록), 그리고 졸업 후 육군사관학교 도서관에 근무할 때 「야외연습」(봄, 가을)은 각지의 유적과 유물에 관심을 갖게 되는데 영향을 주었다. 위에서 그가 유년시절에 들었다는 과외상식강연은 문자 그대로 특별과외였을 것으로 생각된다.

또한 그는 그 당시 동경제국대학의 인류학, 해부학, 지질학 등 연구실(구체적으로는 교실)과 경도제국대학의 고고학, 병리학 연구실을 출입하면서 관련 분야의 연구자들과 친교를 넓혀갔다. 1923년에 「프리드리히 대왕 전쟁사연구」를 주제로 사비로 독일에 유학을 하였지만 독일(베를린대학 고고학 전공과정), 프랑스나 덴마크 등에서 석기시대에 대한 공부를 하고 그 다음 해 귀국했다. 그의 관심은 여전히 고고학에 있었다는 것을 알 수 있다. 유럽 유학 중에 독일의 슈미트(Hubert Schmidt), 프랑스의 브뢰이(Henri Edouard Breuil, 1877~1961)에게 배우고 덴마크의 톰센(Christian Jurgensen Thomsen)의 지도를 받았다. 특히 슈미트로부터는 중석기의 연구에 대해 시사를 받았다(55쪽).

한편 오야마는 1928년 군인의 신분에서 벗어나 게이오의숙慶應義塾대학 문학부 전임강사가 되었다.

사전학회는 기관지로서 격월로 『사전학잡지』를 발행하게 됨에 따라서 사전연구회에서 간행해 오던 「소보」와 「팜플릿」은 폐간되었다.[16]

---

16) 「연구소보」 제1호는 오야마 『가나가와현 신기무라아자(新磯村字) 가츠사카(勝坂) 유물포함지 조사보고』(1927년 4월), 제2호는 코노 이사무(甲野勇) 『사이타마현 백기(柏岐)무라아자 진복사(眞福寺) 패총조사보고』(1927년 4월)의 두 권이 간행 되었고 예고된 제3호 『형태학』(오야마 카시와)은 간행되지 않았다. 「팜플릿」은 제1호 『사전(史前)의 연구』 오야마 카시와(1927년 10월), 제2호 『석기시대의 기요』 오야마 카시와(1927년 11월), 제3호 『미개인의 신체장식 부록 일본석기시대 주

제1권 제1호 『사전학잡지』가 1929년 3월 15일부로 발행되었다. 저자는 오야마의 발간사를 인용하면서 사전학이 "넓은 의미의 고고학의 한 분과"이며 고고학이 다루는 범위는 "매우 광대하고 「사전史前, 원사原史, 유사有史」에 걸친 것"이며 "일본을 중심으로 하고 넓은 범위에 걸친 석기시대의 연구"(이상 57쪽)를 지향한다는 오야마의 의도를 읽는다. 당시 회원은 308명이었다.

사전학회는 전문연구자뿐만 아니라 일반인들에게도 문이 열려 있었다. 따라서 학회에서는 전문적인 질문 외에 일본의 석기시대 연대, 민족에 대한 질문도 있었다고 한다. 이를 통해서 사전학회의 활동이 명치유신 이후 일본민족에 대한 '상상공동체'의 구축에 기여한 측면이 작지 않았을 것이라고 추정할 수 있다.

그러나 오야마는 「사전학연구와 연대 및 민족문제」(제1권 제4호)를 통해서 "사전학이라는 것은 당시의 사실사물에 토대하여 사전史前문화를 연구하는 과학"으로서 "민족문제를 쉽게 언급할 수 없다"(58쪽)라는 입장을 보여주었다. 그래서 그는 「사전학과 우리 신대神代」(제3권 제1호)를 통해서 "우리 신대 사神代史를 연구하려고 한다면 주로 고사기, 일본서기 그 외 문헌에 의하여 더욱 이러한 기술들을 형식으로 하여 연구할 수 있는 것"으로 "직접 신대와 사전학史前學상의 이와 같은 연구에서는 관계 연고가 없기 때문에 양자의 상관관계에 대해서는 우리 모두 풀 수 없다"(이상 58쪽)라는 견해를 피력하였다. 저자에 의하면 그 후 오야마는 『사전학잡지』의 종간(제15권 제1호, 1943년 5월)에 이르기까지 이 문제에 대해서 다시 언급하지 않았다고 한다.

오야마는 유학을 통해 얻은 유럽의 석기시대에 대한 풍부한 지식을 토

민의 신체장식」 코야용(1929년 1월), 제4호 『석기시대의 유적개설」 오야마 카시와(1929년 1월)이었다. 「연구소보」는 국판, 「팜플릿」은 46판이었다.

대로 「유럽석기시대의 개황」(제1권 제3호), 「북유럽에서의 중석기中石器시대, 마구레몬지안문화개설」(제3권 제2·3호), 「구석기시대의 편년의 과정」(제4권 제2·호), 「일본구석기문화존부存否연구」(제4권 제5·6호대책), 「직전촉直剪鏃」(제8권 제2호), 「사전史前거석건조물」(제13권 제1·2호) 등을 집필하여 일본의 석기시대 이해를 높이는 데 영향을 끼쳤다(59쪽).

저자는 사전학회를 "『사전학잡지』 집필자는 오야마사전학연구소와 관계하는 사람들 외에도 많은 연구자들이 논문을 투고하여 (중략) 일본의 고고학 특히 석기시대의 연구를 추진하는 역할"(59~60쪽)을 하였다고 평가한다.

저자는 그 가운데에서도 야마노우치 스가오山內淸男의 「관동지방에서의 섬유토기」(제1권 제2호), 「사행승문斜行繩文에 관한 2,3의 관찰」(제2권 제3호), 오바大場 磐雄의 「일본 상대의 동혈유적」(제6권 제3호)은 각 분야의 주요논문으로서 인용되기도 하였고 토기土岐(酒男) 중남仲男의 「관동지방의 하히가히 방사조수放射助數와 패총패층 신구 관계에 대해」(제6권 제6호), 스즈키 하사시鈴木尙의 「동경만을 둘러싼 주요 패총에서의 『하마구리』의 형태적 변화에 의한 석기시대의 편년학적 연구」(제7권 제2호)는 특기할 만한 연구로 뽑고 있다(60쪽).

1938년 5월부터 6월까지 게이오의숙대학이 조직한 「지나대륙학술여행대」를 「북지」와 「중지中支」에 파견하였는데 「북지」를 담당한 사람은 오야마였다. 「북지」 조사단은 오오에 타다시大繪尹와 영화촬영 관계자 3명, 모두 5명으로 편성되었다. 그는 「북지조사행」(『사전학잡지』 제10권 제4·5·6호)에서 당시 「북지」 순회지역의 광경에 대한 묘사뿐만 아니라 지역조사 시 휴대품 목록을 게재하였는데 저자는 이에 주목한다. 이 목록 가운데 일장기 휴대는 당시 고고학과 국가와의 관계를 생각게 한다.

1. 일장기(대형 및 주머니 휴대용 함께)
2. 발굴도구, 측량도구, 촬영기(소형 촬영기 포함), 배낭에 들어갈 물품, 구

급상자, 예비식량, 회중(懷中)전지불, 방수외투 및 먼지를 피하는 눈안경, 작은 비누, 일상생활용품 등이었는데 이를 구체적으로 보면 발굴도구에는 대나무로 만든 작은 칼(대소 예비 포함 40개), 흙손(식용植用 채집용), 금속제 시봉(試棒), 작은 가래(원예용), 작은 휴대용 둥근 숟가락, 구멍을 파는 돌착(石鑿)과 망치(딱딱한 흙 안의 유물반출에 사용), 채집을 위한 보따리, 톱, 나이프, 흰 백묵, 확대경, 카드, 유물을 넣는 보따리, 뚜껑이 있는 시험관, 면, 끈, 귀중품 수납상자, 장갑, 철제 작은 칼, 먹물 등이었다. (60~61쪽)

『기초사전학』(1934년, 홍문사)은 오야마가 게이오의숙대학에 박사학위청구논문으로 제출한 것으로서 오야마가 오야마사전학연구소와 게이오의숙대학에서 강의한 「사전학」 강의 자료를 토대로 집필한 것이다. 그는 게이오의숙대학 문학부에서 1928년부터 1933년에 걸쳐 「인류학」 강좌명으로 「사전학」을 격년으로 강의하였다(64쪽).

「사전학」 강의자료는 『사전학강의요록』이라는 제목의 국판으로 「위의 반은 노트할 수 있도록 백지」였다. 오야마는 강의 때마다 새로운 「요록要錄」을 작성하였는데, 그것은 매회 10~20명 수강생의 텍스트로서 사용되었다고 한다.

저자에 의하면 『사전학강의요록』은 제1부 「기초사전학」, 제2부 「사실事實사전학」과 같이 두 권으로 이루어져 있으며 1928년도 강의부터 사용되었다고 한다. 이 『요록』이 만들어진 이후 1930년경에는 「증보판」이, 1938년에는 「3정판參訂版」이 작성되었다고 한다. 증보·삼판이 된 부분은 제1부이며 제2부의 사실사전학事實史前學은 1938년에 절판이 되었다는 것이다. 저자에 의하면 『요록』에는 「제3부 사전학연습」도 예정되어 있었는데 그 작성배포에 대해서는 알려져 있지 않다(65쪽).

『기초사전학』 전 7권은 완결하지 못하고 중단되었다고 하는데 저자는 이미 발표된 여러 논문에 의하여 오야마의 사전학구성의 대강을 제시한다.

제2권 「사전보안(史前保安)」 : 『요록』의 「제3장 보안」
제3권 「사전 생업」 : 「사전생업연구서설」(『사전학잡지』 제6권 제2호, 1934)
제4권 「구축술공(構築術工) 기타」의 1부 : 『사전예술』(1948년, 대팔주출판)
제5권 연구론 「유적학」 : 『석기시대유적개설』(『팜플릿』 제4호, 1929), 사전 거석건조물(『사전학잡지』 제13권 제1·2호, 1938) 등.
제6권 「유물학」 : 「사전유물형태학의 강요」(『사전학잡지』 제10권 제6호, 1938), 「형질상보(相補)」(『사전학잡지』 제13권 제4호, 1941), 「사전인공유물분류−골각기」(『사전학잡지』 제11권 제4−6호, 1939) 등

저자는 오야마의 사전학 구상에 대해 "매우 조직화된 웅대한 것이고 일본의 고고학자로서 드문 존재"(71쪽)였다고 평가한다.

저자에 의하면 오야마는 사전학의 자료를 사전학에서 그 연구대상이 될 수 있는 모든 사물, 사실을 자료(Material)라고 말하고 그 범위에 대해서는 "매우 넓고 오로지 물질적 사물에 그치지 않고 당시에 그 행위를 긍정할 수 있는 추상적 사실도 포함한다. 또 그것이 존재하는 것에 그치지 않고 이론상 당연히 존재했던 것을 긍정할 수 있는 것까지도 포함될 수 있다"(72쪽)라고 주장하였다고 한다.

또 오야마는 자료를 크게 "문화자료"와 "천연자료"로 대별하고 있는데 "현재 자연과학분야와 제휴하고 자연유물(오야마의 천연자료)의 분석적 연구를 하는 것이 일반적인데 그 필요성에 대해서 구체적으로 이야기한 오야마의 학문은 50여 년이 지난 오늘날에도 신선미를 잃고 있지 않다"(72~73쪽)고 저자는 평한다.

『기초사전학』의 집필 등 활발한 활동을 하고 있던 오야마가 1943년 12월 2일에 시부야 구청 병사계兵事係로부터 응소의 연락을 받았다. 소집을 받은 오야마는 『기초사전학』 제1권의 교정과 남은 원고 집필에 쫓기고 있었는데 그 뒷일을 핫토리 레이지로우服部礼次郎에게 맡겼다. 저자는 그가 남긴 「진중일기」와 함께 『북의 수비-대대장 진중일기』(1989년 8월, 鳳書房)에 기록된 내용을 토대로 임지에서의 집필 중심으로 그의 생활의 단면을 기술하고 있는데 이를 간략하게 소개하면 아래와 같다.

> 1943년 12월 3일 아침 : 아사카미(朝紙)에 도착, 그날 밤에 『기초사전학』의 남은 부분 집필.
> 1943년 12월 4일 : 미조노구치(溝ノ口) 동부 제62부대에 출두. 임지는 홋카이도의 네무로(根室). 12월 7일 오전 9시까지 아사카와(旭川)의 도착의 명을 받음.
> 1943년 12월 5일 : 출발하여 6일 오후 10시에 아사카와에 도착.
> 1944년 3월 8일 : 밤에 「서문」을 씀.
> 1944년 3월 25일 : 밤에 「범례」를 씀. 6월 24일자 『아사히(朝日)신문』에 광고가 게재되었음.
> 1945년 1월 16일 : 오야마 앞으로 『기초사전학』 제1권(1944년 11월 1일)이 송부되어 옴.
> 1945년 2월 28일 : 읽기 시작한 오야마가 자신의 저술을 다 읽음.
> 1945년 5월 25일 : 은전(隱田)의 오야마사전연구소는 오야마 저택과 함께 공습으로 전소.
> 1945년 6월 6일 : 전소의 통지 받음.

저자는 오야마의 사전학에 대해 아래와 같이 평가한다.

그의 사전학은 넓은 시야에 선 범세계적인 발상에 의하여 전개되어 있었는데 그 연구의 시점은 유럽의 석기문화연구를 일본에 소개하면서 일본의 죠몬시대 문화를 파악하는 것에 있었다.

가츠사카(勝坂)유적(가나가와현)의 발굴결과로부터 죠몬농경론의 시점을 제공하여 패총구성패종(貝種)의 함담(鹹淡)의 비율에서 해진해퇴(海進海退)를 상정하고 아울러 패총발굴의 결과로부터 죠몬시대의 편년관에 시사를 제공한 것은 이후의 연구에 하나의 기준을 제공하게 되었다.

『사전학잡지』의 간행은 석기시대의 전문지로서의 역할을 수행하였고 많은 논문을 게재하여 학계에 기여한 것은 분명한데 그것은 어디까지나 「사전학의 사실」을 게재하는 것에 주안이 있었다.

소화 전반, 사전학연구소를 배경으로 사전학회(『사전학잡지』)를 통하여 일본의 고고학계를 항상 살피고 있던 오야마에 대해 「영주님의 자리 고고학」이라고 평가하는 경향도 있었는데 그 영주는 일반인에 대해서는 사전학자로서 대응하였다.

그러나 일본 역사 특히 고대사에 대해서는 어디까지나 귀족원의원으로서의 발언으로 끝났다. 당시의 정세에 비추어 이것은 어쩔 수 없는 것이었는데 사전학 그 자체에 대해서는 많은 선구적 소견을 지금 전하고 있다고 말할 만할 것이다. (76쪽)

3. 경도의 고고학연구회

1936년 2월 「하마다 코사쿠 선생을 사표로 맞이한다」라는 취지로 경도제국대학과 관련이 있는 젊은 고고학자, 즉 주간主幹 미모리 사다오三森定男 외에 츠노다 분에이角田文衛(1913~2008), 네츠 마사시禰津正志, 나카무라中村淸兄, 나가히로 또시오長廣敏雄가 동인이 되어 조직된 고고학연구회에서 『고고학논총』 창간호를 발간하였다(77쪽).

이 『고고학논총』에 대해 저자는 「잡지 『고고학』에 비교하면 보다 학술적이며 약간 독선적이었다」(「해설」 복간 『고고학논총』 제3권, 1985년 3월)는 평에 대해 "그것은 모리모토의 『고고학』의 「자극」에 의한 창간"(77쪽)이었기 때문이라고 말한다. 『고고학논총』 제1집에 실린 나가히로의 「미술사와 고고학」, 네즈의 니콜스키의 「선사학방법론」은 "정말로 하마다가 좋아하는 명제"(77쪽)였고 또 츠노다의 「폐 광명산사光明山寺의 연구」와 같이 고고학적 자료와 문헌 고기록을 활용한 논문도 "경도제국대학다운"(77쪽) 것이었다고 말한다. 주간 미모리는 죠몬토기의 연구주제를 그 다음 호 이후도 게재하였는데 경도제국대학 이외의 사람들, 즉 야와타 이치로八幡一郎, 고또 슈이치, 곽말약郭沫若, 아카키 기요시赤木 淸, 세리자와 나가스케芹澤長介, 가또 아키히데加藤明秀, 에사카江坂輝彌, 다나카 시게히사田中重久 등도 기고했다. 저자는 이 학회지의 특색으로서 논문이나 보고서 외에도 번역이나 신간서평을 게재하였을 뿐만 아니라 「부록」(제1집)을 붙여 국제회의 상황, 『회보』(제1·2회)를 통해서는 소논문과 학계 동향을 게재한 점을 지적(78쪽)한다.

제15집(1940년 4월)으로 정간하기까지 경도제국대학 관계자의 집필로 『고고학논총』이 간행되는 가운데 나카무라의 「동아고고학서설」(제7집), 오야마 히코이치大山彦一의 「남양군도 원시사회의 연구」(제7,9,14,15집), 미즈노水野淸一의 「운강 석불사石佛寺 일기초」(제15집)가 게재되었으며, 특히 오야마의 「오늘날 『남진정책』은 오히려 경제적 사회적으로 즉 기업, 인구이민으로서 물이 스며드는 것과 같이 젖어 들어 퍼질 것」(78쪽)이라는 주장의 글도 소개되었다.

저자는 서구에서 발표(국제문화협회 『일본문화총서』의 1편으로서 발표된 것)된 일본문장의 하마다에 의한 「일본의 민족, 언어, 국민성 및 문화적 생활의 역사적 발전」(제7~9집)에서 「동양평화의 책임이 일본의 양 어깨에 있다」라는 기술에 대해 "시국時局의 존재양식을 보여주는 한 문장이었다"(78쪽)고 평한다.

이렇게 창립된 고고학연구회는 중일전쟁 중 활동한 학회였는데 오야마 카시와의 사전학회, 모리모토의 동경고고학회와는 이질적인 것이었지만 1941년 2월에 동경고고학회와 중부고고학회와 합병함으로써 그 모습은 역사무대에서 사라졌다. 그러나 그 후 고고학연구회는 츠노다 분에이角田文衛에 의하여 재단법인 고대학협회로 재생되어 오늘날에 이르고 있다(79쪽).

4. 지역고고학의 활동

저자는 일본고고학사에서 대정말기부터 소화 초기에 걸쳐서 나타난 특징 가운데 하나는 전국 각지에서 고고학 관련 학회가 발족되었고 기관지도 창간되기 시작하였다는 점을 들고 있다. 또한 그는 종래에『고고학회』를 발행해 온 일본고고학회,『인류학잡지』를 발간해 온 동경인류학회를 당시 고고학계에서 대표적인 2대 학회였다고 말한다.

1927년에 모리모토를 중심으로 한 동경고고학회, 이어서 1930년에 그 발전적 학회로서 동경고고학회가 조직되어『고고학연구』와『고고학』이 간행되었으며 1929년에는 오야마 카시와를 중심으로 창립된 사전학회의 『사전학잡지』가 창간되어 앞의 두 학회지 발행에 참여하였다. 앞서 보았듯이 1936년에는 경도제국대학 출신의 고고학 전공자들이 중심이 되어 고고학연구회가 창립되었고 전국적인 규모의『고고학논총』이 발간되었다(79~80쪽).

이와 같은 분위기에서 각 지역에서 고고학 관련 학회들이 속속 창립되었고 그에 따라 학술지도 간행되기 시작하였다.

저자의 서술을 토대로 간략하게 각 지역의 학회를 정리하면 다음과 같다.

① 키비(吉備)고고회 : 『고고』(1920년 9월 창간) 간행으로 시작. 1929년에 오카야마고고회(岡山考古會)로 명칭 변경하면서 『키비고고』 발행. 1930년 간행된 제6호 이후 다시 키비고고회로 명칭 변경. 1940년 『키비고고』 제45호는 『2600년 기념호』로 발행. 1942년 4월에 키비고고학회로 개칭하면서 1943년 5월 제57호부터 『키비문화』로 이름을 바꾸어 간행. 1947년에 제74호부터 『키비문화』로 세번째 명칭변경. 제91호(1956년 11월)로 종간.

② 아키다(秋田)고고회 : 1925년에 『아키다고고회회지』 창간. 제2권 제4호(1930년 12월)를 「拂田柵址」, 제3권 제3호(1931년 12월)를 「소관(沼館)」의 특집으로 편집하는 등 지역학회로서의 위상 구축. 제3권 제3호로 정간.

③ 시나노고고학회(信濃考古學會), 1929년 발족. 『시나노고고학회지』 창간. 1932년 정간.

④ 야마토(大和)문화연구회 : 1931년 발족. 『고고총서』 제1편 발간. 그 다음 해 1933년에는 야마토상대문화연구회로 명칭변경. 회지도 2권째부터 『야마토고고학』으로 제목변경. 1933년 5월에는 제3권 제5호를 간행.

⑤ 히다고고학회(飛騨考古學會) : 1933년 결성. 5월에 『회보』 제1호 창간. 그 다음 해 5월에는 『석관(石冠)』으로 제목 변경. 제4호가 간행되었으며 동시에 히다고고토속학회로 개칭. 이 『석관(石冠)』은 6책을 간행하였는데 1930년 1월부터 『히다사람』으로 제목변경, 1943년 3월까지 간행.

⑥ 1938년, 키이(紀伊)고고잡지발행회에서 『키이고고』 창간. 1941년 간행된 제4권 제6호까지 19책을 간행. 그 사이 1940년 1월에 간행된 제3권 제1호부터 기원(2600년 1월)을 표지에 기록한 것은 고고학 관계의 잡지로서는 이례적.

⑦ 아오모리의 나카무라(中村良之進)에 의한 『무츠(陸奥)고고』 간행. 1928년 4월부터 1930년 1월까지 7책이 간행. 가나가와현의 오카에이이치(岡

榮一)에 의한 『다치바나키(橘樹)고고학회지』가 1931년부터 1932년까지
6책이 발간. 야마나시의 니시나 요시오(仁科義男)에 의한 1933년에 『카
이(甲斐)의 고고』 제2편 발간.

⑧ 중부고고학회 : 1936년 5월 발족. 기관지 『중부고고학회휘보』가
1939년까지 발행.

⑨ 야마노우치 스가오(山內淸男)에 의한 선사고고학회 발족. 기관지 『선사
고고학』의 간행(1937년 1월). 제1권 제3호(1937년 3월)로 정간.

이상과 같이 소화 초기부터 1930년대에 걸쳐서 각 지역을 모체로 하여
고고학의 학회 창립과 그 기관지의 발행이 활발히 이루어졌다. 그와 같은
지역 학회의 활동에 대해 저자는 다음과 같이 평가한다.

그러한 학회들은 일부를 제외하고 오로지 지역의 고고학 조사와 연구에
전심하여 눈에 띄게 전개하는 정치정세 특히 「외지」의 고고학과는 관련이 없
었다. 거기에는 향토의 유적과 유물을 「고고학」에 의하여 밝히려고 하는 의
도가 충만해 있었다고 말할 만하고 "상민(常民)" 고고학이 거기에 존재해 있
었다. (82쪽)

제2장

「대동아공영권」의 고고학

일본고고학사에서 「대동아공영권」에서의 일본고고학계 동향을 살피는 연구가 매우 적다는 점에서 저자는 그 시기를 "누락된 일본고고학사"(84쪽)로 규정한다. 저자가 그렇게 규정하는 이유는 "일본 「외지」 고고학은 당시 일본고고학에서 최고의 두뇌와 기술을 가지고 전개되었고 그 학문적 성과는 흠잡을 데가 없었"(87쪽)음에도 불구하고 "종래 그리고 지금도 일본의 「내지」 고고학사 연구가 주체이고 일본 「외지」 고고학에 대해서는 정면에서 논하는 일이 적었"(86쪽)기 때문이라고 말한다. 저자는 고고학사에 대해 어떻게 기술해야 하는가에 대한 분명한 견해를 피력하고 있지는 않지만 "「일본인의 고고학연구」라는 시점에 입각"할 필요성은 제기하고 있다. 즉 넓은 의미의 일본고고학사, 국가 단위가 아니라 일본인 고고학자에 의한 고고학적 활동이라는 데에 초점을 두고 있다. 필자는 최근 일제 조선식민지상황 하에서 전개된 일본 「외지」 고고학사에 대한 「식민지고고학」에 대한 기초적 연구를 진행하였다(졸저, 『일제의 조선 「식민지고고학」과 식민지 이후』, 서강대출판부, 2015). 그 연구는 문화재반환이라는 문제에서 원산지 유물 반출에 대한 고찰과도 밀접한 관련을 가지고 있는 것이기도 하다. 앞서 언급했듯이 일본 「외지」 고고학사를 논하는 경우 그 대부분 직접적으로 「외지」 고고학에 종사한 학자들에 의한 회고를 담은 자서전이 대부분이었다.

저자가 이 책을 저술한 것도 일본고고학사에서 빠진 그 부분을 메우려는 의도가 작용하였다.

저자에 의하면 「대동아공영권」이라는 단어는 1940년 7월에 발족한 제2차 코노에 후미마로近衛文麿 내각의 외무대신 마츠오카 요우스케松岡洋右가 사용한 것으로 그 구상이 "이후 일본의 진로를 결정지은 것"(84쪽)이었다고 한다.

이러한 「대동아공영권」의 형성과 전개와 붕괴는 일본제국주의의 식민지 지배와 표리관계에 있었다는 것이다. 일본 고고학은 그러한 「대동아공영권」의 전개 속에서 그것과 어떠한 관련을 가지고 있었는가.

저자는 이에 대해 다음과 같은 견해를 가지고 있다.

① 명치시대부터 소화시대까지의 일본의 「외지」 고고학은 그대로 「식민지」 고고학의 시점(視點) 그 자체이다. 그것은 영국의 인도 등을 대상으로 한 그것에 비견할 만한 것이었다.

② 특히 1910년 8월 22일 「병합」 이후 대정시대를 거쳐 소화시대 전반(前半)에 조선 「식민지」 고고학연구의 실태는 그 전형이다. 그 가운데에서도 「동아고고학」으로 범칭되고 있던 분야는 「동아 신질서」와 「대동아공영권」 구상과 함께 진전되었으며 「대동아공영권」의 고고학은 「식민지」에서 국책 그 자체였다.

③ 조선, 중국, 대만 등의 고고학은 지역성을 넘은 일본 고고학사를 고려하는 것도 지금 요구되고 있는 하나의 시각(視角)이다. 「대동아공영권」의 고고학은 「동아」 고고학연구가 최고조에 이르렀다가 붕괴해 가는 프로세스 그 자체였고 또 소화시대 전반(前半)의 일본고고학사의 측면으로서의 자리 매김이 요구된다. (이상 87~88쪽)

1. 조선과 조선고적연구회

저자는 1930년대의 조선 식민지고고학의 상황에 초점을 두고 있기 때문에 그 이전의 고적조사와 발굴 사업에 대한 언급은 소략하다. 저자는 다음과 같이 이를 간략하게 기술한다.

1910년 10월 1일 조선총독부의 개설과 함께 내무부 지방국 제1과가 소관이 되어 동경제국대학 건축학과 조교수 세끼노 타다시關野貞에 의하여 고건축과 고적 조사가 이루어졌는데 저자는 이에 대해 "체제가 정비되었고 1913년에는 그것이 완료되었다"(90쪽)라고 기술하고 있는데 정비와 완료였다고 볼 수 있는가는 의문이다. 또 그 결과가 『조선고적도보』(전 15책, 1915~1935)로 "완결"되었다는 기술도 재검토의 여지가 있다.

그리고 저자는 "1911년"부터 총독부의 내무부 학무국의 조사사업으로서 도리이 류죠鳥居龍藏가 주로 석기시대 유적 등을 조사하였고 1920년까지 이루어졌다는 기술도 사실과 맞지 않는다. 왜냐 하면 도리이 류죠의 조선조사는 1910년 9월부터 시작이 되었고 석기시대 유적뿐만 아니라 김해 패총 등 고적발굴조사, 무속조사, 돌멘조사, 신체측정과 유리건판사진 촬영 등에 걸쳐서 고고학적, 토속학적, 인종학적 조사 등을 수행하였고 조사는 1917년까지 이루어졌다(이에 대해서는 졸저, 『일제의 조선조사와 식민지적 지식생산』, 민속원, 2012 참조). 또 도리이의 조사에 대해 "측량 및 사진의 기술원부터 통·역 헌병까지 수행한 대여행"이었고 "단순한 자료수집 여행이 아니었다"(91쪽)라는 저자의 평가는 적절하다.

저자는 1915년 12월에 조선총독부박물관이 개관(정확히는 12월 1일)되었다고 언급한다. 그 박물관은 개관되기 이전 조선물산공진회 미술관 본관으로 사용되었던 것이다. 그 다음 해 1916년에는 "조선 전역의 고적조사 연차계획"(91쪽)이 세워지고 같은 해 7월에 「외지」에서의 유물통제와 관리에 관한 법률「유물 및 고적보존규칙」(전체 8조)과 고적조사위원회가 제정되어 조선총독부박물관의 개관과 함께 조선총독부에 의한 본격적인 고적조사와 발굴사업이 전개되었다. 세끼노 타다시, 구로이타 가츠미黑板勝美, 이마니시 류今西龍, 도리이 류죠, 오다 쇼고小田省吾, 야츠이 세이이치谷井濟一, 후에 하라다 요시또原田淑人, 하마다 코사쿠, 우메하라 스에치梅原末治, 후지타 료사쿠藤田亮策가 고적조사위원으로서 고적발굴에 참여했고 그 결과는『고적조사보고』와『고적조사특별보고』로 간행되었다.

그러나 저자는 "이와 같은 조선총독부의 직할 조사사업은 (고적조사예산 계상이 여의지 않아 : 인용자 주) 대정말기부터 소화 초기에 걸쳐서 후퇴"(92쪽)하여 조선총독부 외곽단체로서 조선고적연구회의 발족과 그 활동에 주목한다. 이러한 경향은 1920년대 조선총독부의 행정조직의 변화에서도 나타났다. 1921년 조선총독부는 고적조사의 보다 조직적인 수행을 위해 서무부 문서과 소관의 박물관 및 고적조사사업, 그리고 종래의 종교과 소관의 고사사 및 고건축물 보존 보조사무를 학무국 안에 새롭게 고적조사과를 두어 통괄하도록 하였다. 그러나 1924년에 고적조사과를 폐지하고 인원 감축에 들어갔다(필자,『일제의 조선연구와 식민지적 지식생산』, 민속원, 2012).

저자는 조선고적연구회의 발족부터 구성원을 살피는 자리에서 조선고적연구회를 앞서 기술한 동아고고학회와 비교하면서 유사점과 차이점을 제시하였다.

이렇게 보면 조선고적연구회는 동아고고학회와 비슷하였다는 점이 분명하다. 두 조직이 「조성금」, 「보조금」, 「하사금」에 의한 경영이고 거기에는 항상 「국가[官]」가 끼여 있었다. 동아고고학회가 "동아" 고고학을 지향하였던 것에 대해 조선고적연구회는 "조선" 고고학을 대상으로 하였다. 그리고 두 「학회」에 직접적으로 관여한 사람이 경도제국대학 혹은 동경제국대학 그리고 제실박물관 소속의 「관」의 고고학자였고 거기에는 공통의 사람들의 이름을 찾을 수가 있다.

동아고고학회가 북경대학 고고학회와 공동으로 동방고고학협회를 결성하고 총회를 개최하고 강연회를 기획하여 학회로서의 체재를 갖추고 있었던 것에 대해 조선고적연구회는 총독부의 고적조사사업 자체를 이름을 바꾸어 실시하는 방향이었다. 따라서 이 두「회」는 그 활동을 보면 유사하지만 그 실질은 전혀 다른 것이었다. (96~97쪽)

1931년 8월에 조선고적연구회가 발족되었다. 구로이타 가츠미는 조선총독부에 대체하는 조사주체로서 기부금에 의한 총독부 외곽단체를 생각하였다. 이 연구회는 단순한 동호인들의 연구회가 아니라 총독부의 그 동안의 고적보물 조사연구 기능을 담당하여 총독부의 사업을 돕는 외곽단체였다. 저자가 언급한 조선고적연구회의 대략은 다음과 같다.

① 운영기금 : 일본학술진흥회와 궁내성(宮內省) 그리고 이왕가(李王家)로부터의 지출금. 민간 연구단체는 아니었다.
② 3개 연구소(평양, 경주, 부여) 경영, 조사경비 충당, 조사보고서 출판
③ 구성원 : 연구원, 조선총독부고적조사사무촉탁, 조선총독부박물관촉탁 등. 단, 연구원, 연구조수는 총독부의 관계자 아니면 일본 국내의 제국대학, 제실박물관 소속의 연구자들이었음. 다만 예외로서「선사」시대 관계 유적의 경우가 그것으로 민간 고고학연구자에 의한 조사의 사례가 약간 남아 있다.
④ 사무소 및 연구소 : 조선총독부박물관에 두고 평양부립박물관 안에 평양연구소, 경주박물관 분관 안에 경주연구소, 부여의 진열관 안에 백제연구소 각각 설치
⑤ 평양연구소의 활동 : 남정리(南井里)·석암리(石巖里)·정백리(貞柏里)의 낙랑고분의 조사를 기회로 평양 주변의 낙랑고분과 토성터 특히 대동, 평원, 강서, 용강, 영변 각 군에 소재하는 고구려 고분·토성터·사원

터 조사. 특히 1931년 발굴한 낙랑 채협총(彩篋塚), 1932년에 발굴된 낙랑 왕광묘(王光墓)는 목곽목관의 완존과 다종다량의 부장품 출토. 그 보고서는 『고적조사보고』 제1로서 『낙랑채협총』(1934), 제2로서 『낙랑 왕광묘』(1935) 간행

⑥ 경주연구소 : 신라·신라통일시대의 고분·성터·사원터 등 조사. 각 연도마다 『고적조사보고』 보고. 단 『조선보물도록』 제1의 『불국사와 석굴암』(1938), 제3의 『경주남산의 불적』(1940)은 함께 조선총독부 발간 이 되어 있는데 실제로는 경주연구소가 주체적으로 관계하여 이룬 보 고였다.

⑦ 백제연구소 : 공주, 부여를 비롯하여 익산, 반남(潘南) 등의 고분·사원 터 등의 조사 실시. 연도 마다 『고적조사보고』 발표. (92~96쪽)

저자는 이와 같은 조선고적연구회에 대해 "1931년 6월부터 1935년 8 월에 걸쳐서 조선의 고고학적 조사를 추진한 하나의 조직으로 분명히 「대 동아공영권」의 고고학을 담당한 것"(97쪽)이라는 역사적 평가를 내렸다.

2. 군수리軍守里 폐사터와 와카쿠사若草 가람 발굴

저자는 1930년대 일제의 외지 조선에서 이루어진 고고학적 성과로서 1935년과 36년, 1939년에 제실박물관 감사관 이시다 모사쿠石田茂作에 의한 백제시대의 3개 절터 발굴조사가 "백제 사원터 발굴의 효시"(98쪽)였 다는 점에서 주목한다. 구체적으로 1935년, 1936년에 군수리 폐사터, 1939년에 동남리 폐사터와 가탑리 폐사터에 대한 발굴조사이다. 특히 군 수리 폐사터 발굴은 일본 아스카시대 절터 연구에 큰 영향을 끼치게 되었 다고 평가한다.

저자의 기술을 토대로 이시다 모사쿠의 사원터 발굴과정을 간략하게 정리해 본다.

① 1935년 가을 : 동료 세끼네 류오(關根龍雄)와 함께 조선으로 건너와 후지타 료사쿠를 만난 후 사이또 타다시의 안내로 부여로 향함. 부여에 도착한 후 부여에서 백제시대의 고와(古瓦) 출토지 답사, 발굴후보지 검토. 사이또 타다시의 제언으로 군수리 폐사터를 발굴조사하기로 결정.

② 1935년 9월 29일(1차 조사) : 군수리 폐사터 발굴 개시. 그 후 10월 11일까지 13일 동안 발굴작업 인원 약 150명.

③ 발굴 결과 : 중앙·북남의 3개 기단 존재 확인. 다량의 기와 등 출토. 3개의 기단, 남북 직선상에 위치 확인. 부근의 작은 소나무 수풀 지대는 부여고적보존회에 의하여 매수.

④ 제2차 조사 : 1936년 9월 4일부터 10월 14일까지 후지타 료사쿠도 참가. 발굴작업인원 전체 460명.

⑤ 발굴 결과 : 절터인지 궁터인지 분명하지 않았던 유적은 당초 예측한 대로 절터라는 점이 판명. 탑터의 심초 윗부분에서 금동보살상과 석조여래상 등 출토. (98~99쪽)

저자는 2차에 걸친 군수리 폐사터 발굴 의의를 "탑-금당-강당이 남북 일직선으로 배치되어 그 탑-금당을 둘러싸고 회랑이 연결되는 배치는 마치 일본의 오사카 사천왕사四天王寺의 규모와 같은 것으로 새롭게 주목"(99쪽)을 받은 데 있다고 보았다. 또 "당-탑 배치의 거리관계」가 「사천왕사 야마토 야마다사山田寺 등 당-탑 관계 거리의 것과 매우 흡사」 하다는 점도 주목을 받았다"(99쪽)는 것이다.

이와 같이 군수리 폐사터 발굴성과는 일본 국내의 사원터 조사에 큰 영향을 끼치게 되었다.

법륭사에 대한 재건再建·비재건非再建론. 이것은 일본고고학사에서 유명한 논쟁 가운데 하나이다. 사이또 타다시는 그의 저서 『일본고고학사』(홍문출판사, 1974)에서 법륭사의 재건·비재건 논쟁의 전개과정을 정리하고 있다. 이에 대한 보다 구체적인 내용에 대해서는 이 책 제1권을 참조하기 바란다.

1939년 3월 기다 사다기치喜田貞吉와 아다치 야스시足立康에 의하여 법륭사의 재건再建·비재건非再建을 둘러싸고 연설회가 열렸다. 그 연설회에 대한 감상을 요구 받은 이시다 모사쿠는 「법륭사문제비판」(동경일일신문, 1939년 3월 28일)에 글을 실었다. 그 가운데 법륭사의 보문원普門院 남쪽 와카쿠사 가람터로 알려져 있는 곳에 대한 발굴 필요성을 제기했다. 그것은 군수리 폐사터의 발굴체험을 토대로 한 견해였다. 이 문장은 널리 지식인들이 주목하게 되었고 이전 와카쿠사에서 반출된 심초心礎가 법륭사에 반환되기에 이르렀다. 그 때의 법륭사의 관장管長은 사에키 죠우인佐伯定胤이었다. 사에끼와 친근한 사이였던 이시다는 부여에서의 체험을 포함하여 사원터 발굴의 중요성을 이야기한 적이 있었다.

와카쿠사의 지점으로 심초의 반환이 실현되었고 이전 위치로 추정되는 지점에 우선 돌려놓게 되었다. 이를 계기로 와카쿠사 가람터에 대한 발굴 기운이 한꺼번에 높아졌다.

발굴은 이시다와 스에나가 마사오末永雅雄에게 의뢰하기에 이르렀고 두 사람의 추천으로 야오이矢追隆家와 죠우다 마사이치澄田正一가 참가하여 실시되었고 법륭사에 대한 재건·비재건문제에 큰 획을 긋게 되었다(이상 100쪽).

3. 조선에서 민간 차원의 연구

저자는 조선에서의 민간 차원의 연구조직으로서 "관민官民 일체의 경주고적보존회", 회령會寧의 연구자, 평양명승구적보존회, 부산고고회를 다룬다.

일제 하 조선에서의 고적조사를 위한 관료조직의 중심은 조선총독부 학무국 고적조사과였는데 앞에서도 언급하였듯이 1924년에 그 과가 폐지되고 총독부 직할의 발굴이 일시 중단되었다가 1931년 8월에 구로이타 가츠미의 노력으로 조선고적연구회가 발족되어 이전 고적조사과의 조사연구 기능을 수행하게 되었다. 이상 고적조사를 위한 조직의 변화를 보면 다음과 같다. 조선총독부 내무부 지방국 제1과(1910년~) → 서무부 문서과(1916년~, *박물관 및 고적조사사업), 종교과(* 고사사 및 고건축물 보존사무) → (통합) 학무국 고적조사과(1921년~) → 박물관 및 학무국 종교과(1924~1931)의 변화가 있었다(졸저, 『한국박물관 100년 역사 : 진단과 대안』, 민속원, 2008).

한편 대략적으로 1915년부터 1920년대, 1930년대에 조선 각 지역에서는 "관민 일체"의 보존회(또는 보승회, 현창회), 민간 차원의 연구회가 조직되어 활동하였다. 저자가 각 지방의 보존회의 성격을 "관민官民일체"(101쪽)의 단체로 파악한 것은 사실과 부합한다. 후술하게 될 경주고적보존회가 지역의 보존회 가운데 가장 먼저 발족되었다. 1913년의 일이다. 그 보존회의 회장은 경상북도 도지사, 부회장은 경주군수였다는 점은 그 성격을 단적으로 보여준다.

저자는 경주고적보존회에 대해 구체적이지 않지만 출판물 중심으로 그 활동을 정리하고 있다. 『신라구도경주고적도휘新羅舊都慶州古蹟圖彙』 등을 편집·발간하고 있던 이 회는 1922년에 재단법인이 되었는데 "1926년 11월 간행한 그 책에 경상북도지사 스또須藤素의 「서序」가 게재"(102쪽)되었다는 점에서도 "관민일체"의 모습이 드러났다. 경주고적보존회는 1913년 출발부터 그러한 성격으로 창립되었다.

사실 1913년의 〈경주고적보존회규약〉에 의하면 경주고적보존회의 주된 사업은 고적 및 사찰의 유지보존, 매몰된 사적유물의 현창, 고적 및 유물의 현황 촬영 또는 모사模寫, 진열장 설치 등이었다. 경주고적보존회는 『신라 구도舊都 경주고적안내』, 『경주의 고적과 유물』의 그림엽서 등을 제작하였을 뿐만 오사카 긴타로에 의한 『취미의 경주』(1931년 3월, 동 1939년 7월 발행) 등을 발간하여 경주의 '고적관광화'에 노력을 기울였다.

저자는 1932년 11월에 간행한 하마다 코사쿠 『경주의 금관총』에 대해 "조선총독부의 고적조사특별보고 제3책 『경주금관총과 그 유옥遺玉』(上册)의 미간행분(하책)을 보완하는 의미로 주목할 만한 저작"(102쪽)이었다고 평가하고 거기에다가 "1921년부터 23년에 걸쳐 실시된 금관총의 발굴 때 진력한 모로가 히데오諸鹿央雄, 오사카 긴타로大坂金太郎에게 보답하는 집필이었을 것"(102쪽)으로 추정하였다.

오사카 긴타로는 누구인가. 그가 어떻게 하여 경주와 인연을 맺게 되었는가를 간략하게 보고자 한다. 그는 에도江戸에서 1877년에 태어나 1895년에 삿뽀로사범학교에 진학하였다. 에도에서 태어난 오사카가 삿뽀로와 인연을 맺게 된 것은 초대 하코다테函館 봉행奉行의 조력자로서 홋카이도로 건너가 생활하게 된 조부祖父의 외교 업무와 관계가 있었다. 오사카는 사범학교를 졸업한 후 7년 동안 도내 소학교 교사로 있으면서 한국연구를 했는데 그것은 러시아의 한반도 진출을 염려하여 "일조日朝연대"(高崎宗司, 『植民地朝鮮の日本人』, 岩波書店, 2002, 100쪽)를 위한 것이기도 하였다. 또한 삿뽀로에 설립된 러청학교露淸學校에서 언어뿐만 아니라 러시아, 청나라, 한국에 대한 교육도 있었는데 오사카는 그 학교에서 청나라 언어와 러시아 언어 등을 청강하였다(森崎和江, 『草の上の舞踏』, 藤原書店, 2007, 143쪽).

1907년에 통감부 통치 하의 한국에 설치되는 일본인 학교에 근무할 교감 추천 의뢰가 홋카이도에 왔을 때 오사카가 추천되었고 그는 지체 없이 그것에 응했다(森崎和江, 『草の上の舞踏』, 藤原書店, 2007, 144쪽). 이렇게 해서

그는 그 해 4월 10일 함경북도 회령공립보통학교에 부임하게 되었다. 그 때 그의 나이는 30세였다. 회령에 머물면서 삿뽀로札幌로부터 마령서馬鈴薯, 옥수수, 호박 등의 종자를 가져다가 보급시키기도 하였고 함경북도 역사를 연구하기도 하였다(高崎宗司, 『植民地朝鮮の日本人』, 岩波書店, 2002, 100쪽). 1907년부터 1945년 일본 패전까지 조선에 머문 48년 동안 교육과 역사 조사·연구 활동을 하였다.

그가 경주와 인연을 맺게 된 것은 1915년 경주공립보통학교慶州公立普通學校로 전근하면서부터이다. 그 학교에 1931년까지 근무하였고 그 다음 해 1932년부터 1935년까지 재단법인 부여고적보존회(1929년 발족) 업무를 맡아 부여고적에 대한 조사연구와 보급에 노력을 기울였다. 그는 부여에 머무는 동안 『일본서기』(欽明天皇條)의 "득이신得爾辛"성城을 청마산성靑馬山城으로 비정하고 낙화암에 몸을 던진 주체들을 백제를 도우러 온 일본 장수들의 부인도 포함시켜 "백제여인과 일본여인"으로 자의적으로 해석하고 고란사를 일본 최초로 여인이 유학한 유서 깊은 절로 재해석하였으며 부여 8경을 포함한 관광코스를 정하여 부여의 '관광명소'화에 노력하였다. 또한 그는 『백제구도부여고적명승안내기』(1934)와 『백제구도고적명승사진첩』(1934) 등 관련 책자(부여고적보존회 간행)의 발간에 크게 관여하기도 하였다 (이에 대한 보다 구체적인 것에 대해서는 졸고, 「일제 식민지 상황에서의 부여 고적에 대한 재해석과 '관광명소'화」, 『비교문화연구』 9집, 서울대학교 비교문화연구소, 2003 참조). 1936년부터 일본 패전 전까지 다시 경주로 돌아와 재단법인 경주고적보존회 촉탁으로서 오로지 경주역사와 문화의 '관광화'를 통해 국내외적으로 경주가 관광지로 자리 매김이 되는 데 노력하였다. 특히 그는 1935년 가을에는 신라제新羅祭를 기획하였다. 이는 오늘날 전국의 지방문화제의 '근대적 시작'이라고 해도 무방할 것이다. 그것은 신라 6성의 건국 현창을 기리고 선덕여왕을 사모하는 여성들의 행렬, 신라화랑단의 행렬, 김유신 장군의 출진

出陣 행렬 및 12지支 방위 신상군의 행렬로 구성되었다. 그는 사이또 타다시齋藤忠에 이어서 1938년부터 경주분관 제3대 관장으로 일본 패전까지 근무하였다. 그는 일찍이 『구도舊都신라경주고적안내』(1921), 『취미의 경주』 (1939), 『경주의 전설』 등을 발간하여 경주 관광 인프라 구축에 많은 힘을 기울였다. 오사카는 필명을 오사카 육촌六村이라고 할 정도로 경주에 대한 관심이 컸다(이상 오사카 긴타로에 대해서는 필자 졸고, 「일제 하 경주 고적조사·발굴과 관광 인프라 구축에 대한 기초적 연구」, 『역사와 역사교육』, 웅진사학회, 2017 참조).

오사카 긴타로도 회령에서 교육가로서 활동을 하였지만 회령에는 대정시대부터 소화시대에 걸쳐 고이케 오쿠기치小池奧吉가 회령에서 학용품과 잡화를 팔아 생계를 유지하면서 각지의 학교에 석기와 토기에 묵서로 「고이께기증」이라고 써서 기증하였고 북경대학에도 기증했다(104쪽)고 한다.

「석기왕」이라고 자칭한 소이께는 『북선北鮮태고太古석기』(1923년 12월, 동 1924년 7월 재판)를 저술했다. 저자는 이 책의 학문적 가치에 대해서 "1916년에 함북 석기시대를 조사한 야기 쇼자부로 『조선 함경북도 석기고』(인류학총서 을 선사학 제1책, 1938년 7월)에 비견할 만한 것은 아니지만"(104쪽) 후지타 료사쿠의 표현(후지타 료사쿠의 표현. 「회령의 추억」, 『패총』 37, 1951년 9월)을 인용하여 "대정시대 후반부터 1925년 경까지 회령의 석기와 토기를 채집하고 회령사적연구회를 조직하고 있던 한 사람의 일본 '기인'이었다"(104쪽)고 평한다.

또 회령에는 또 한 사람의 열정적인 연구자로서 야마모토 마사오山本正夫가 있었다. 저자가 그를 주목한 것은 그는 단체를 조직하지는 않고 혼자 많은 유물을 수집하였다는 점을 든다. 그 채집유물에는 볼 만한 것이 많았고 동북대학 문학부 고고학연구실에 기증되어 귀중한 자료가 되어 있다고 한다.

평양명승구적보존회는 특히 1931년 채협총을 발굴할 때 협력하였고 조선고적연구회의 『낙랑채협총』(1934)과는 별도로 『유물취영遺物翠影』(1936)을 간행했다. 일본 관학자들을 비롯하여 평양에 거주하던 일본고고학회 회원, 일본인들은 평양에 대해 "낙랑군 고구려의 고지"(105쪽)로 규정하고 여러 모임 활동을 하였다. 보존회 등의 주요활동은 연구보다는 유적 보존, 유물 수집, 사적史蹟의 계몽 등에 있었다. 그 가운데 모로오카諸岡英治의 『낙랑 및 고구려 고와도보』(1935)는 "일본인 연구자에 의한 기록의 한 토막으로서 기억할 만한 작업"(105쪽)이었다고 한다.

저자는 조선에서 고고학의 연구를 표방한 대표적인 조직으로 1931년 9월 12일에 발족한 부산고고회에 주목한다. 이순자의 「1930년대 부산고고회의 설립과 활동에 관한 고찰」(『역사학연구』 제33집, 호남사학회, 2008)에서 니시타니西谷正의 「부산고고회-조선고고학사를 언급하며」(『후쿠오카고고간담회회보』 11, 1982)에 의하면 부산고고회가 관련 학회에 보고된 것은 1980년대이다. 그 후 경도대학 요시이 히데오吉井秀夫에 의한 일련의 연구가 이루어지면서 부산고고회의 실체가 서서히 드러나기 시작하였다. 필자는 요시이와 이순자의 연구성과를 참조하면서 저자의 서술을 보고자 한다.

부산고고회의 회칙을 통해서 부산고고회의 주된 목적이 부산을 중심으로 고고학에 대한 연구와 취미의 보급에 있었으며 그 목적을 달성하기 위해 연구발표와 연구여행, 연구자료의 수집·공개·보존방법의 강구, 강연회 개최 등의 사업을 전개하였다(이순자, 위의 논문 참조). 여기에서 연구여행은 일본 국내의 향토회鄕土會와 일본고고학회 등에서 나타난 '소풍조사'와 같은 것이었다. 좌담회에는 당시 조선총독부 고적조사위원 등(예를 들면 하다다 코사쿠, 시마다 사다히코, 구로이타 가츠미, 세끼노 타다시 등)을 초빙하여 회원들을 대상으로 그들의 고적조사 연구·활동과 그 성과 및 전망 등을 들으면서 '중앙과 지방'의 네트워크를 만들어 가기도 하였다. 이 점에 대해서는 저자도 주목한다. "1932년 9월부터 1933년 8월에 걸쳐 강연회 10회, 좌담회 8회를 개최했는데 강연자에는 그 회 회원 외에 아마누마 슌이치天沼俊一, 하마다 코사쿠, 미즈노水野精一, 후지시마 가이치로藤島亥治郎, 시마다, 쿠로이타 등 쟁쟁한 학자들의 이름이 기록"(107쪽)되어 있으며 1933년 9월 4일에 세끼노 타다시의 「삼국시대의 지나 남북조문화의 영향」이라는 강연회, 10월 2일에는 아마누마, 10월 30일에는 하마다 코사쿠, 11월 5일에는 우메하라, 11월 8일에는 야지마矢島恭介를 초빙하여 회합이 이루어졌다는 서술(108쪽)이 그것이다.

사무소는 부산철도호텔 안에 두고 미야카와 하지메宮川肇, 오요카와 도미지로及川民次郎, 오마가 미타로大曲美太郎 등이 간사를 맡았고 발족 당시 회원은 20여 명이었다. 발족 후 부산고고회의 활동 전반을 요약하면 아래와 같다.

① 1931년 10월 10~15일 : 「고고학자료전람회」(요시다박문당吉田博文堂) 개최. 고와와 토기를 중심으로 『목록』 작성배포. 유물의 「채집지나 출토지」 기록
② 1932년 1월 : 연구발표의 회합. 미야카와 하지메(宮川肇) 「조선의 파와(巴瓦)에 나타난 문양의 연구」 등 발표
③ 1932년 6월 10~22일 : 「조선의 토기 및 도자기」연구 성과를 「조선도기전람회」로 발표. 「패총토기, 신라요식 토기, 신라료, 고려료, 이조료」를 「수백점」 전시했는데 특히 「동삼동」 출토의 「즐문과 융기 승문토기(?)」와 「전남 강진군 대구면 각지의 가마터」의 수집품이 주목되는 출품. 그 전람회 때 『조선도자』 출판·배포
④ 「부산사적답사회」 주최 : 부산성터 견학

이순자의 연구에 의하면 저자가 서술한 고고자료전람회 외에도 1932년

6월 18일부터 22일까지 요시다박문당에서 「조선도자陶瓷전람회」를 열어 "관람자들의 뜨거운 호응"(이순자, 위의 논문, 169쪽)이 있었으며 1836년 10월 21일부터 23일까지 부산제2공립소학교에서 부산고고회 5주년 기념 고고자료전람회를 열었다고 한다.

특히 구로이타는 2회의 좌담회에 출석하여 "부산으로서는 임나任那의 문화를 이야기하는 박물관"의 설립 필요성을 강조하였다(『도루멘』 1933년 10월호 「학회휘보」)는 점에 저자는 주목한다. 그리고 이순자의 연구에 의하면 구로이타뿐만 아니라 하마다 코사쿠도 "고고박물관"의 설립 중요성을 강조하였다고 한다(이순자, 위의 논문, 163쪽).

저자는 앞서 언급한 니시타니의 연구를 참고로 부산고고회 중핵의 미야카와가 1934년 4월에 「평양철도호텔」로 자리를 옮김에 따라 그 후 그 회의 소식은 전해지지 않게 되었으며 이 부산고고회에 대해 겨우 3년 동안의 활동이었지만 그 존재는 '조선고고학사' 가운데 그 기록이 있다(西谷 正, 「부산고고회의 것 −조선고고학사를 언급하여」, 『후쿠오카고고담화회회보』 제11호, 1982년 12월)는 점에 그 의의를 두고 있다.

저자가 또 조선에서 고고학의 학회로서 주목한 것은 조선고고학회였다. 사실 이 학회의 대표가 후지타 료사쿠였다는 것을 몰랐는데, 이 책을 통해서 조선고고학회의 실체를 알게 되었다. 저자도 이야기하고 있지만 "이 학회의 활동에 대해서는 대표자였던 후지타의 문장에서도 등장하지 않기 때문에 그 실태는 밝힐 수가 없었다"(108쪽).

조선고고학회의 사무소는 「경성부 동숭정東崇町 20-4」에 두었으며 『조선고고도록』 2권을 간행하였는데 제1책은 『시라카미白神壽吉씨수집고고품도록』(桑名文星堂, 1941년 11월)이고 제2책은 『스기하라 나가타로우杉原長太郎씨수집품도록』(桑名文星堂, 1944년 5월)이다.

시라카미는 「평양공립여학교」 교장을 지냈고 후에 「경성사범학교」에 이어서 「대구여자고등보통학교」의 창립에 종사하는 등 교육계에서 활약한 사람으로 전공은 식물학이었는데 「평양」에 거주할 때 오로지 「낙랑문화의 선전과 그 학술적 조사의 중요성을 주창」하여 「낙랑박사」라는 존칭을 가지고 있었다(109쪽).

스기하라는 「대구」 스기하라합자회사의 사장으로서 「경상북도 도회의원, 대구부회 부의장」이었다. 수집품에는 「금석병용기시대부터 낙랑, 고구려, 신라」, 「고려, 조선」시대의 「고고유물」 등이었다.

저자는 조선고고학회에 대해 "그 도록 간행을 목적으로 후지타가 친교가 있는 사람들의 협력으로 조직된 모임"(110쪽)으로 보고 두 권의 도록을 보아 조선고고학회는 일반적인 학회와는 뜻을 달리하고 있었다고 평한다.

한편 저자는 민간에서 조선의 고고학 연구에 열의를 불태우고 있던 사람들로서 경성 거주의 요코야마 쇼자부로橫山將三郎와 평양 거주의 사카하라 카라스마루笠原烏丸를 들고 있다. 요코야마는 특히 선사시대에 대한 많은 보고서를 남겼는데 그 가운데 함북유판油坂패총, 경상남도 부산 절영도 牧島 동삼동패총 조사에 대해 저자는 "즐문토기의 내용을 깊이 있게 밝히고 경성 응봉鷹峰유적을 비롯한 구릉지대의 유적조사를 시도한 것"(111쪽)으로 평하였다.

사카하라 카라스마루笠原烏丸는 평양을 중심으로 선사시대부터 고구려시대에 걸친 유물에 관한 보고서를 집필하였고, 이를 일본 국내의 잡지에 기고했다(「평양부근의 고구려의 전塼에 대해」, 「고고학잡지」 제26권 제3호, 1936년 11월 ; 「조선의 擦切석기에 대해」, 「고고학잡지」 제27권 제12호, 1937년 12월).

그러나 저자는 이상과 같은 "관민에 의한 조선의 고고학에 대해 최근 통렬한 비판이 이루어지고 있는 것"(112쪽)도 주목할 만한 점이라고 강조한다.

4. 「만주」와 동아고고학회

이전에 중국의 동북삼성(요령, 길림, 흑룡강)과 내몽골자치구에 걸친 중국 "동북"지역에 일본의 식민지 「만주국」이 건국되었다. 이 국가의 생명은 1932년 3월부터 1945년 8월까지였다. 건국 때 원호는 「대동大同」으로 2년 동안, 이어서 3년 후에 「강덕康德」이 12년 동안 사용되었다.

「만주」지역에 대한 고고학적 조사는 이미 명치 20년대 후반(1892~1896), 도리이 류죠에 의하여 시작되었다. 또 1910년부터 하마다 코사쿠, 1918년부터 야기 쇼자부로八木奘三郎에 의하여 조사가 본격화되었다. 그러나 저자에 의하면 이러한 조사들은 아직 표면조사를 주로 한 것이고 본격적인 발굴조사에는 이르지 못하였다고 한다.

그러면 조직적이고 보다 본격적인 발굴조사는 언제부터인가. 저자는 1927년 3월 동아고고학회가 발족되어 동아 여러 지역의 고고학적 조사를 목적으로 내걸면서부터라고 말한다. 대표적으로 1927년 비자와魏子窩, 1928년의 목양성牧羊城, 1929년의 남산리南山里, 1931년의 영성자營城子 등에 대한 발굴이 주목할 만하다는 것이다. 동아고고학회의 활동에 대해서는 앞서 보았기 때문에 여기에서는 생략한다.

「만주국」에서 1933년(대동 2) 7월 1일부로 「고적보존법」이 제정 공포되었는데 1934년(강덕 원년) 3월에 한 번의 수정(칙령 제11호)만 있었을 뿐 「만주국」 패망까지 지속되었다.

그 법에 의하면 고적이라는 것은 「고적성채, 봉수대, 역점, 묘우, 도요 등의 유지 전적 그 외 사실과 관계가 있는 유적 및 패총, 석기, 토기, 골각기류를 매장하는 선사유적」(제1조)을 말하고 「고적을 발견한 자는 지체 없이 북만北滿특별구 장관, 특별시장, 현장縣長 또는 시장 그 외 거기에 준하는 관서의 장관에서 신고해야 한다」(제2조)라고 규정하였고 특히 「고적을 파괴 또는 훼손한 자는 5년 이하의 유기도형구역有期徒刑拘役 또는 천엔 이하의 벌금에 처한다」(제13조)라고 규정했다. 「강덕 4년(1937년 : 인용자 주) 10월 5일자」의 민생부 훈련 제43호로 "고적의 보존철저에 관한 건"(「전문하는 바에 의하면 근대 고적 특히 고묘古墓 혹은 선주先住유적 등을 무허가로 발굴하고 그 발굴품 및 묘지명 등을 은닉하는 일 혹은 고물상 또는 중매인에게 팔아 그것을 국외로 반출하는 일 있다는 것 혹 사실이라면 매우 유감이다」)을 명하였는데 이것은 "고적보존법"의 공포에도 불구하고 유적의 도굴이 부득이하게 계속되고 있었다는 것을 보여주고 있다.

참고로 조선에서는 1916년 7월에 제정공포된 「고적 및 유적보존규칙」이 1933년 8월에 「조선명승고적천연기념물보존령」이 제정될 때까지 운영되었고 「조선명승고적천연기념물보존령」은 일본 패전 이후에도 1962년 「문화재보호법」이 제정될 때까지 준용되었다.

저자에 의하면 1936년 이후 「만주국 국무원 문교부」에 의한 「고적고물」에 대한 전국조사결과 보고서 『만주국고적고물조사보고서』(80편)가 간행되었다. 제1편 금주성錦州省의 고적(야기 쇼자부로), 제2편 고고학상으로 본 열하熱河(시마다 사다히코, 島田貞彦), 제3편 간도성間島省 고적조사보고(도리야마 기이치·후지타 로사쿠, 鳥山喜一·藤田亮策), 제4편 길림吉林·빈강濱江 두 성에 있어서 금나라 사적(엔다 이치카메, 園田一龜), 제5편 연길 소양자 유적조사보고(상)(후지타 로사쿠)이다.

「만주국」 문화재행정의 소관은 민생부(후에 문교부)였고 미야케 다카나리三宅俊成가 1940년부터 문화재조사위원(겸 보존협회 주사)로서 그것에 관여하고 있었다. 동아고고학회는 「만주국」의 건국 이후에도 활발한 조사활동을 계속 해 1933년에 양두와羊頭窪, 동경성(제1차), 1934년 강덕 원년에 동경성(제2차), 1935년에 적봉홍산후赤峰紅山後 등을 발굴하였다(116쪽).

「만주국국무원 민생부(문교부)」와 각 성省, 박물관뿐만 아니라, 동아고고학회, 만몽학술조사연구단, 만일滿日문화협회, 일본학술진흥회 등 일본의 관 관계자들에 의하여 조직된 조사단들이 중심이 되어 각지의 고고학적 조사를 실행하였다. 「만주국」 국무원 민생부는 전문가에게 국내의 고적조사를 위촉하여 실시된 조사결과를 『만주국고적고물조사보고서』(제1~5편)로 발간하는 한편 박물관과 고물보존관을 각지에 설치하였다. 여순박물관, 국립중앙박물관 봉천분관, 하얼빈박물관, 집안輯安고구려박물관 외 금주金州향토관, 무순撫順고물보존관 등이 그것이다. 국립중앙박물관의『시보』, 봉천도서관의『총간』을 비롯한 출판물에는 많은 고고학 관계의 논문, 보고가 발표되었고 도리이 류죠, 세끼노 타다시, 야기 쇼자부로, 특히 하마다 코사쿠, 하라다, 무라다村田治郎, 미즈노 세이이치水野清一, 코마이 가즈찌키駒井和愛, 미카미 츠기오三上次男, 에카미 나미오江上波夫 등의 업적 등 「만주국」에서의 고고학적 지견이 알려지게 되었다(이상 116~117쪽).

아래에서는 저자의 서술을 토대로 그 성과를 소개하고자 한다.

① 고구려 북관산성(北關山城) 터의 조사 : 만일(滿日)문화협회가 1940년 10월에 이케우치 히로시(池內宏)에게 의뢰했다. 북관산성터에 대해서는 이미 1938년 이께우치의 답사에 의하여 중요한 유적이라는 점이 판명되었다. 이께우치는 미카미 즈기오(三上次男) 및 고야마 후지(小山富士) 등과 조사대를 조직하고「만주국」측의 미야께 무네요시(三宅宗悅), 사이또 다께이찌(齋藤武一), 이문신(李文信), 와타나베(渡辺三三) 등의 협력을 얻어 조사를 하였고 제2차 조사는 1944년 5월에 이루어졌다.

② 동몽골[興安總省林東]의 조주성(祖主城)터에 대한 조사 : 강덕 10년(1943) 5~7월에 제1차, 1944년 5월에 제2차 발굴조사. 조주성터는 요나라 성터로 생각된 성터로 「만주국 흥안총성(興安總省) 입동(立東) 사적보존관」의 주최로 시마다 마사로(島田正郎)를 중심으로 가즈시마 세이이치(和島誠一) 외 「만주국」 측의 오우치 켄(大內健) 등이 그 조사에 참가하였다. 이 성터에 대해서는 이미 뮤리(Jos. Mullie)에 의하여 조주성터로 비정되

어 있던 것인데 그 후 타무라 찌츠죠(田村實造)에 의해서 대체로 정설화
되어 있던 것이다.

③ 와루만의 요(遼) 삼릉(성종, 흥종, 도종)의 조사(田村實造·小林行雄, 『慶陵』, 1953년, 1954년 ; 田村實造, 『경릉의 벽화』, 동붕사출판, 1977년 12월 ; 『경릉조사기행』, 평범사, 1994년 7월) : 만일문화협회 주최 하에서 경도제국대학의 학자들에 의한 조사.

저자에 의하면 만주에서의 고고학을 주도한 것은 동아고고학회였으며 국립중앙박물관 봉천분관, 하얼빈박물관을 비롯하여 각지에 설립된 보존관(요양, 무순, 목단강성동경성, 임동), 향토관金州, 보물관(열하) 등이 운영되었고 특히 조차지 관동주의 여순박물관에는 시마다 사다히코(전 경도제국대학고고학교실 조수, 강사)가 주사로 근무하면서 일본 국내와 만주국와의 고고학적 교류에 큰 역할을 하였다. 또 조선의 경우와 마찬가지로 일본학술진흥회가 만주의 고고학적 조사에 깊이 관여하고 있었다(118~119쪽).

1944년이 주목된 해가 된 것은 고고학 관련 저술이었다. 「만주국」의 수도 「신경」(장춘)에서 2책의 고고학책이 출판되었는데, 1942년 4월 만주국 고적고물명승천연기념물보존협회 주사에 임명된 미야케三宅俊成의 『만주고고학개설』과 시마다 사다히코의 『고고수필 계관호鶏冠壺』가 그것이다. 두 책 모두 3천부가 간행되었다. 저자에 의하면 미야케의 저술은 1942년에 「만주국 민생부 및 만주 고적보존협회 합동주최의 강습회」의 강연기록을 토대로 편집된 「만주의 고적고물연구의 입문서」이고 시마다의 저술은 1932년 이래 「만주」의 여순박물관에서의 연구에 종사해 온 저자에게 「하나의 기념탑」으로서의 작은 논집이었다(121쪽).

같은 해 일본에서도 오야마 카시와大山柏의 『기초사전학』, 우메하라 스에치梅原末治의 『동아고고학논고(1)』, 고또 슈이치後藤守一의 『하니와의 이야기』, 『조상의 생활』 외 이시다 모사쿠石田茂作의 『총설 아스카시대 사원터의

연구』, 다카이高井悌三郎의 『히다치[常陸國] 신치군新治郡 상대유적의 연구』가 간행되었다(121쪽).

또 1944년에 주목할 만한 고고학의 도록으로서 『여순박물관도록』이 발 간되었는데 미끼 부미오三木文雄가 소개한 것이었다.

저자는 이와 같은 세 권의 고고학 저술과 한 권의 고고학 도록에 대해 "강덕 11년」과 그 전년이라는 「만주국」 소멸 직전에 간행된 일본인에 의한 「만주국」의 고고학적 조사연구의 마지막을 상징하는 것"(122쪽)으로 평가하 였다.

미야케의 『만주고고학개설』의 구성은,

제1장 서설(제1절 지구와 인류, 제2절 고고학의 정의)
제2장 만주의 선사고고학(제1절 개설, 제2절 만주의 구석기시대, 제2절 만주의 신석
　　　　기시대, 제3절 만주의 금석병용기시대)
제3장 만주의 역사고고학(제1절 개설, 제2절 유적과 유물, 제3절 유적유물의 분포)
제4장 만주고고학사(제1절 개설, 제2절 답사(踏査)시대, 제3절 본격적 조사발굴시대)
제5장 만주의 박물관 및 고물보존관
제6장 고적보물보존론 부록(만주국의 고적 등에 관한 법규)

이 책은 출간 후 1989년 5월에 길림성박물관의 이련李蓮에 의하여 『중 국동북지구고고학개설』로 제목을 바꾸어 중국어 번역이 동북아세아문화연 구소에서 출간되었다.

저자는 이 책이 가지는 학술적인 의의를 다음과 같이 제시한다.

이 책은 시대를 선사와 역사로 구분하고 그와 같은 구분은 당시에 일본 인 고고학자에게 공통적인 것이었다. 역사시대의 시작을 한문화에 두고 이 후 고구려, 발해, 요, 금, 원 그리고 명, 청시대도 염두에 둔 것이었는데 그

것은 성, 고사묘(古寺廟), 고탑, 고비(古碑)의 분포를 다루었고 역사시대의 고고학의 대상을 생각할 때 하나의 식견으로 삼을 만한 견해였다. 선사시대에 대해서도 그 시기 화제가 된 구석기를 언급하고 토기를 논하며 거석문화를 주목한 것은 금석병용시대의 해설과 함께 저자의 관심을 보여주는 내용이었다.

「만주국」의 고고학 자료로서 「만주고고학사」을 정리하고 있는 점, 「만주의 박물관 및 고물보존관」의 상황을 소개하고 있는 점, 「만주국의 고적 등에 관한 법규」를 부록으로 하고 있는 점이다. 거기에는 괴뢰국가로서의 「만주국」이 고적의 보존 등에 대해 어떠한 방법을 가지고 임했는가가 잘 나타나 있다. 「고적보존법」은 간단하지만 그 제정의 배경을 생각하기 위해 충분한 조문을 가지고 있는 것이다. (125~126쪽)

한편 만주국이 건국한 1932년에 경도제국대학 고고학교실에서 여순박물관으로 자리를 옮긴 시마다 사다히코의 『계관호鷄冠壺』는 "고고수필"을 책 제목의 머리에 붙이고 있다. 시마다가 근무한 여순박물관은 관동도독부만몽박물관(1917년 4월 창립)을 전신으로 하는 관동청박물관(1919년 4월 12일 창립)이 1934년에 개칭된 것이다. 하마다 코사쿠의 조수였던 시마다는 그 후 여순박물관을 활동거점으로 하고 일본 패전까지 그 곳에 있었다(126쪽).

저자는 『계관호鷄冠壺』도 만주의 고고학사에서 등한시할 수 없는 책으로 본다. 『계관호』에서는 「여순박물관풍경」을 권두로 하고, 「관동주」의 유적 유물, 만주고고학사와 추세를 논하고 특히 발굴실정과 기행문을 배치하고 있다. 이어서 세끼노, 하마다와 「만주」 고고학, 도리이 류죠와 야기 쇼자부로에 대한 문장을 싣고 있다.

시마다가 재직한 여순박물관 전신 관동청박물관 시대에 『박물관진열품도록』 및 『관동청박물관도록』이 출판되었다. 1934년에 여순박물관으로 개칭된 해에 『여순박물관진열품도록』(국판, 도판 115), 1937년에 『여순박물관진열품해설』(국판, 80페이지)이 출간되었다. 특히 여순박물관이 세계에 자랑하는 "오타니 컬렉션"의 많은 것이 소개된 것은 주목할 만하다.

위에서 보았듯이 만주국에서 미야케와 시마다에 의한 두 권의 간행과 함께 일본 국내에서도 만주 고고학 관련 서적으로서 무라다村田治郎의 『만주의 사적』과 야기 쇼자부로의 『증보 만주고고학』이 간행되었다. 저자에 의하면 무라다는 「만주국의 건국 10주년을 축하하고자 하는 희망」에서, 야기는 이전의 『만주고고학』의 증보판으로 간행하였다는 것이다. 야기의 저술이 16년 이전에 간행된 논문집의 증보판인데 대해 무라다의 저술은 다시 쓴 「개설」과 「각설」로 구성되어 있는데 저자는 "하나는 학사적인 것이고 또 하나는 새로운 지식에 의한 최근의 성과를 피력하고 있다"(130쪽)는 점에서 대조적이지만 각각 큰 의미를 가지고 있다고 평가한다.

5. 「북지」와 몽강蒙疆 고고학

이 지역을 처음 답사한 사람은 도리이 류죠였고 1908년의 일이다. 그 후 관심 밖에 있었다가 1930년에 동아고고학회의 유학생이었던 에카미 나미오와 미즈노 세이이치가 「몽골 및 지나 북변」을 답사하여 세석기, 청동기 및 승석문繩蓆文토기에 관한 지식을 얻은 이후 에가미의 제안으로 동아고고학회는 「석림곽이錫林郭爾 · 오란찰포烏蘭察布」에 「지질, 고생물, 인류, 고고」 각 분야로 구성되는 조사단을 파견하였다. 이 조사는 외무성 문화사업부, 하라다原田적선회積善會, 호소가와細田 후작가家의 조성으로 이루어졌다(131쪽).

1937년 동아고고학회에 의한 원나라 상도上都의 발굴(하라다 요시또, 코마이 가즈찌카, 『上都』 동방고고학총서 을종 제2책, 1941년 11월). 조사가 이루어졌는데, 외무성 문화사업부로부터 조사경비 「일체」를 받았다.

1941년부터 1943년에 걸쳐 몽강의 양고현陽高縣에서 한나라의 분묘가 발굴되었는데 만안북사성萬安北沙城과 양고고성보陽高古城堡가 그것이다. 만안북사성萬安北沙城의 발굴은 「몽골정부의 출자, 대동석불보존협찬회 주최」였고 동아고고학회에 위촉되어 미즈노에 의하여 3기가 발굴된 결과 한나라의 분묘라는 점이 확인되었다(水野清一·岡岐卯一, 『萬安北沙城』 동방고고학총서 을종 제5책, 1946년 2월). 양고고성보陽高古城堡의 발굴은 대동석불보존협찬회와 양고현사적보존회가 주체가 되어 3기를 대상으로 하여 고노 가츠또시小野勝年, 히비야 다케오日比野丈夫 및 미즈노 등에 의하여 1942년부터 1943년에 걸쳐서 실시되었다(小野勝年·日比野丈夫, 『陽高古城堡』, 동방고고학총서 을종 제8책, 1990년 7월).

저자는 이 북사성 및 고성보의 발굴에 대해 "한나라의 분묘로 확정되었는데 특히 고성보의 풍부한 부장품의 발견은 고고학계를 놀라게 하였을 뿐만 아니라 일본 국내 관계자들의 이목을 받기에 충분한 결과"(133쪽)였다고 평가하였다.

대동아학술협회는 "대동아공영권의 풍토·민족·문화를 조사연구하고 그 성과를 일반에게 보급하고 대동아 신문화의 건설에 기여하고자 하는 것"(133쪽)을 목적으로 1942년 6월에 탄생한 것이다. 따라서 고성보의 발굴에 참여한 히비야와 미즈노는 "몽골정부의 초빙을 받아 동방문화연구소로부터 파견된"(134쪽) 관 학자였다.

1902년에 이또 쥬타伊東忠太에 의해서 소개된 산서성 대동현 서쪽, 운강에 존재하는 북위시대의 석굴에 대한 조사가 1938년부터 1944년에 걸처서 미즈노와 나가히로 토시오長廣敏雄를 중심으로 하는 동방문화학원 경도연구소 소속의 연구자들에 의하여 실시되었다(水野淸 ─·長廣敏雄, 『운강석굴』 16권, 1951~1957).

미즈노·나가히로는 운강석굴을 조사하기 이전 1936년 3월부터 5월에 걸쳐서 『북지나석굴연구』의 하나로서 향당산響堂山(水野淸 ─·長廣敏雄, 『하북자현 하남무안 향당산석굴』, 1937)과 용문龍門(水野淸 ─·長廣敏雄, 『하남 낙양 용문석굴의 연구』, 1941)의 석굴을 조사하였고 운강석굴의 본격적인 조사를 준비해 왔다. 그러나 그 조사는 결코 쉬운 것이 아니었고 4월 10일부터 15일에 걸친 향산당에서는 「자현磁縣 및 팽성진彭城鎭의 순사가 끊임없이 호위하였고」 또 낙양에서는 4월 24일부터 29일까지 「지역사람들의 반응이 나빴고 치안도 충분하지 않았으며 거기에다가 관헌이 반일적」인 상황에서 조사가 이루어졌다. 특히 용문 조사 때에는 「여러 명의 자전거 경관이 호위와 감시를 겸하여 동행」하였다. 운강석굴의 조사는 이와 같은 상황 하에서 실시되었다(134~135쪽).

몽강에서의 고고학은 동아고고학회 관계자에 의한 한대 분묘의 발굴과 동방문화학원 경도연구소(동방문화연구소) 소속 학자들에 의한 「북지나 석굴 연구」가 중심이었다.

6. 「중지中支」와 전쟁터의 고고학

1937년 7월 7일 노구교盧溝橋 사건 후 12월 13일에는 남경을 「점령」한 일본군은 남경에 버려진 하남성 안양의 은허 은묘 그 외 많은 출토품을 정리(우메하라 스에치, 「최근 일본학자가 행한 지나의 고고학적 조사에 대해」, 『동아고고학개관』, 1947) 했다. 고고학 부문은 우메하라가 맡았다.

게이오의숙대학의 「지나대륙학술여행대」의 파견 계획은 시바다柴田常惠 (大山柏, 柴田 常惠, 松本信廣, 「지나학술조사단 고고학반보고」, 『史學』 제17권 제2호, 1938) 의 발안에 의한 것으로 오야마 카시와(북지에 대해서는 오야마 카시와, 「북지조사행」, 「사전학잡지」 제10권 제4-6호, 1938), 시바타(중부 「지나」), 마츠모토(「중지」 각지)가 이 끈 3반에 의해서 조사가 이루어졌다.

저자는 「중지」반의 보고서 『강남답사(1938년도)』(松本信廣, 保坂三郎, 西岡秀 雄, 「게이오의숙대학문학부사학과연구보고서」 갑종 제1책, 1941년 12월) 「서」를 쓴 고이즈 미小泉信三의 증언을 인용하면서 학술여행대 파견의 배경을 보여준다. 즉 "1937년 말 남경이 함락하여 전국이 중요한 새로운 단계로 들어간 지 얼 마 안 되어 게이오의숙대학 문학부의 사학자들 사이에 속히 현지에 가서 지나학술 조사, 고문화유적의 시찰발굴이 급무라는 의론이 있었고 1938 년 5월, 우선 3반의 학술여행대를 파견하게 되었다"(138쪽)는 것이다.

「중지」반은 마츠모토의 지휘 하에 야스사카保坂三郎(대학원생), 니시오카 히 데오西岡秀雄(학생)가 참가하여 남경, 항주(古蕩石虎山 遺跡), 상해를 맡았다. 당 초 계획은 "발굴을 주로 하고 중국 여러 박물관에 있는 기존 표본정리는 염두에 두지 않았"는데 결과적으로는 남경의 국립중앙연구원 역사어언연 구소·도자연구소·고물보존소의 "정리", 항주의 고탕석호산 유적의 시굴, 상해의 아세아협회박물관 시찰이 이루어졌다. 고탕석호산古蕩石虎山 유적 의 시굴을 통해서 "한말 육조 초기"의 전실분으로 밝혀졌고 한편 흑도黑陶 의 연대관을 예측할 수 있었다(138~139쪽).

이와 같이 남경에서 "정리" 작업에 종사한 우메하라, 중국에 「학술조사 대」파견을 제안한 시바다, 이 두 학자는 「국가」에 직·간접으로 관여하고 있었다(139쪽)고 저자는 서술한다. 우메하라는 경도제국대학 조교수, 시바 다는 동경제국대학 조수로서 내무성, 문부성에 근무하면서 게이오의숙대 학 강사를 겸하고 있었다.

저자는 남경 점령 후 "그 지역의 선무공작의 하나로서 「고고학적 공작」 (우메하라의 표현)이 관의 주도 하에 이루어져"(139쪽) 전쟁과 고고학의 관여는 당연한 것이었고 더 나아가 그러한 움직임은 「대동아공영권」의 각 지역에서 인정될 수 있는 것으로 "민간 고고학 연구자가 징병되어 「외지」에 가는 것도 결코 드문 일이 아니었다"(139쪽)고 말한다.

저자는 1943년 12월 16일자 『아사히신문』에 게재된 「병대兵隊과학자의 공훈」이라는 제목의 2단락의 기사를 참조하여 "전쟁터에 간 고고학자의 체험"을 전달하고 있다.

> [남경특전特電 14일발]
> 한 병사가 토비(土匪)들을 토벌하는 중에 우연히도 거의 완전한 3천년전의 호형(壺形) 토기를 발굴, 신석기시대의 중지(中支)문화연구에 귀중한 자료를 제공하였다—중지○○부대 일등병 에사카(江坂輝彌)(동경도 세전곡구 적제정 1042 출신)는 동경제국대학 인류학교실에서 야와타 이치로(八幡一郞) 강사의 지도 하에 고고학을 연구, 특히 문리대 지질광물학교실의 부수(副手)를 지낸 뒤 게이오대학 문학부 사학과에서 고고학을 연구 중 부름을 받고 용기 있게 응소한 신진학도인데 지난 11월 하순 ○○작전에 참가하여 남경 남쪽 약 25킬로 강령현(江寧縣) 말릉관(秣陵關) 부근을 행군하던 중 교외의 소산요(小山窯)에서 서북쪽에 접한 황토 절벽 중간에 진기한 호(壺)의 일부가 나타나 있는 것을 재빨리 발견, 발굴하여 가지고 돌아가 문헌에 의하여 조사한 결과 이 호는 신석기시대 말기부터 춘추전국시대 경의 것으로 적어도 3천년 전의 것으로 판명했다. (140~141쪽)

남경에서의 특전으로 동경의 『아사히신문』에 보도된 위 내용은 당시 남경의 『대륙신보』 등에도 크게 보도되었다.

저자는 이러한 기사가 보도된 배경에 대해 1943년 2월에 과달카날

(Guadalcanal)섬 철퇴, 5월에 앗시섬 수비대 전멸, 9월에 절대방위선을 마리아나, 카로린, 서뉴기니아 선으로의 후퇴로 인하여 일본군의 전선도 점차 축소되어 갔으며 같은 해 10월 21일에는 신궁 외원外苑에서 학도출진장행대회學徒出陳壯行大會가 열렸을 때 「병대과학자」의 기사가 일간신문에 게재되었다(141쪽)는 것이다.

그 주인공 에사카江坂輝彌는 1942년 11월의 『고대문화』 제13권 제11호의 편집후기에 「이 즈음 『이긴다』라고 용감하게 정벌의 길에 파견된 동학同學의 병사가 많다. 고고학계의 명물 남자 에사카군도 그 한 사람이다」라고 소개되어 있다.

군의 상층부에게 좋은 반응을 준 이 보도 이후 12월 25, 26일 양일 에사카는 또 다시 "호壺"의 출토지를 조사할 수 있었다. 에사카의 재조사는 행정원 문물보관위원회 연구부의 용용瀧庸·야다 에츠지谷田閱次, 동경제국대학 인류학교실의 와다 세이이치和田誠一 등과 함께 이루어졌고, 부근에서 "호"과 마찬가지의 토기파편이 채집되었다(142쪽).

에사카는 그 결과를 12월 28일 완료하여 동경인류학회 기관지 『인류학잡지』에 「말릉관秣陵關 출토의 고대토기」라는 제목으로 원고를 보냈고 1944년 3월 발간 『인류학잡지』 제59권 제3호에 게재되었다. 강소성江蘇省 강령현 말릉관 교외 소산요小山窯에서 발견된 하나의 "호"는 「흑회색黑灰色」 토기였고 부근에서 채집된 토기파편도 유문 토기였으며 이 모두가 학계에 보고되었다. 보고문 끝에는 「여러 원조를 받은 현지 군 당국, 특히 야마시타山下참모장, 사카다坂田대위에 감사의 뜻을 표한다」라는 기록(142쪽)은 전쟁 중 고고학자의 역할을 잘 보여주고 있다.

이 즈음 에사카가 강남에서 작성한 「전선戰線에서 보는 고고학」이라는 에 세이는 1944년 6월 발간『고미술』제14권 제6호(통권 161호)에 게재되었다. 이것은 A5판 2페이지의 단문으로 전쟁과 고고학의 관련을 보여주는 문장이다. 저자는 그 문장의 일부를 다음과 같이 소개한다.

① 대동아전쟁 하에서 황군이 주둔하는 곳은 대동아공영권 내의 지역으로 이러한 지역의 대부분은 학문적으로 미지의 지역 … (중략 : 인용자 주) 우리 고고학도는 현재 전쟁터에서 군무를 하루도 소홀히 할 수 없는 것과 같이 한 시각도 지속적으로 자료 수집에 노력하고 대동아전쟁 하 우리 민족정책에 일조하는 임무를 다할 것을 희망하고 있다(강남에서).
② 공영권 내 도시에는 크고 작은 여러 박물관이 존재한다. 이러한 박물관이 소장하고 있는 그 지역의 고고학적 유물은 이미 서구 학자에 의하여 일단은 정리·보고되고 있는 것도 있다. 동아의 고대문화를 연구하고 있는 우리들의 눈으로 관찰하면 구미 학자가 주목하지 않았던 많은 연구의 측면을 발견할 수 있다. (143쪽)

사노佐野大和가 1994년 4월 28일자 저자 앞으로 보내온 "읽다 만 책을 책갈피를 끼워 전쟁에 임한다. 배우는 우리들에게 부름이 있으면"(144쪽)이라는 단가短歌의 메모를 접하고 사노가 1943년에 졸업논문을 완성하고 「요코하마시 아오케다이青ヶ臺의 석기시대유적」을 정리한 원고를『고대문화』에 투고하여 같은 해 7월호(제14권 제7호)에 게재되었다. 저자는「편집후기」에 실린 다음과 같은 문장을 소개한다. "사노군은 이 원고를 초고하고 졸업논문을 마치고 지금은 유유히 입영날짜를 기다리고 있었다. 본고의 초고를 읽어보았을 때 그 진지한 연구에 깊이 감명을 받은 편자는 간절히 그 발간을 추천한 상황이다"(144쪽).

7. 「대만」의 고고학

1895년 4월 17일, 청일강화조약의 체결에 의하여 「할양」된 「대만」은 이후 일본의 「식민지」로서의 길을 걸었다.

저자에 의하면 대만에서 고고학적 조사는 1890년대 후반에 일찍이 착수되었다고 한다(「대만」의 고고학연구사에 대해서는 金關丈夫, 國分直一, 「臺灣考古學研究簡史」, 「臺灣文化」 제6권 제1호, 1950. 후에 「대만고고지」(1972년 7월, 법정대학출판국)에 수록). 도리이 류죠에 의하여 1897년에 발견된 원산패총圓山貝塚이 학계에 보고된 것이 「대만」 고고학의 선구가 되었다고 한다. 원산패총의 발견은 이노우 카노리伊能嘉矩, 미야무라 에이이치宮村榮一에 의해서 이루어져 그 이전 이미 「대만」의 석기에 대한 관심이 있었다. 또 다나카 마사타로田中正太郞·모리이또노스케森丑之助 등에 의하여 충실한 조사가 계속 이루어지고 있었다. 원산패총 조사에 의욕을 불태운 도리이는 그 후에도 대만의 선사시대에 대한 관심을 보였지만 계속 되지는 못하였다(145쪽).

1928년 봄 대북제국대학이 개교하였고, 문정학부文政學部 토속인종학연구실土俗人種學研究室에 우츠리카와코移川子之藏, 조수 미야모토宮本延人가 교수로 채용되었다. 대북제국대학의 공사현장에서 마제석기가 출토되어 바로 대학으로 보내졌고 그것이 그 연구실의 표본 제1호가 되었다고 한다(宮本延人, 「대만의 원주민족 ─회상, 나의 민족학조사─」, 육흥출판, 1985년 9월).

대북제국대학 토속학인종학연구실은 대만의 고고학 조사 거점으로서 1930년에 간정墾丁의 석관유적 발견과 발굴은 대만에서 고고학 발굴조사의 효시가 되었다. 그 이후 연구실 주관의 발굴이 계속 이루어짐에 따라 동해안, 서해안의 평야지방에서 유적이 발견되었고 관련 논문, 보고 발표도 횟수를 거듭하였고 특히 석추石錘형식의 검토부터 대만문화는 동쪽과 서쪽이 서로 다르다는 점을 주장한 미야모토宮本延人의 연구는 주목을 끌었다(146쪽).

대북제국대학 연구실 설치 이전을 제1기로 생각한 가네세끼金關·고쿠분國分은 1939년 1월의 시점부터 제3기로 들어갔다는 시대구분을 시도하였다.

1939년 1월 대북제국대학 소속의 우츠시카와移川, 가네세끼, 미야모토, 고쿠분 등에 의하여 이층행계二層行溪 남안의 대호패총大湖貝塚의 발굴조사, 대만 서부평야 답사가 이루어졌다. 특히 이 3기에 흑도黑陶와 함께 채도彩陶가 발견되었다. 저자에 의하면 "그것은 대륙북방계의 채도에 계보가 요구되는 것으로 학계의 관심을 받게 되었다"(147쪽)고 한다.

1943년 9월 제8 항공사단의 츠보이 기요아시坪井淸足 대만부임 후 대북제국대학의 가네세끼를 방문하고 병동屛東으로 옮긴 츠보이는 가네코金子壽衛男와의 해후를 통하여 남부의 여러 유적에 대한 정보를 얻었다. 가네코가 말하는 중갱문中坑門의 유적 −실제는 봉비두鳳鼻頭의 유적에 도착한 츠보이는 상층에 흑도, 하층에 채도가 포함되어 있는 것을 확인했다. 흑도와 채도를 층위적으로 발견한 것은 대만선사토기의 편년에 확실한 자료를 제공하게 된 것이다(147쪽).

이와 같은 추세 가운데 미야모토는 「대만선사시대개설」(『인류학선사학강좌』 10, 1939)을 집필하고 한편 가네세끼와 고쿠분은 대륙문화의 관련에 대해서 의욕적인 논문을 계속 발표하였다(이러한 여러 논문에 대해서는 金關丈夫, 國分直一, 『臺灣考古誌』, 1979에 상세하다).

1945년 이후에도 일본인 학자는 대만에 머물렀다. 그 대만대학 의학원의 가네세끼, 대만대학 문학원의 미야모토, 고쿠분은 1949년 8월에 일본으로 귀국하였다. 「대만」 고고학의 제3기를 맞이하여 가네세끼의 지도 하에 많은 유적을 발굴조사하는 한편 중요한 정보를 공표한 고쿠분은 후년 다음과 같이 술회하고 있다.

내가 대만학계에 보상한 사소한 공헌이 있다고 한다면 대학의 고고=민족학의 자료관의 피폭에 의한 파괴물에서 선사학, 민족학의 자료를 꺼내 정리하고 해석을 쓴 것 외에 주 1회의 강의와 일본시대의 연구성과를 보고문으로 정리하여 남긴 것일것이다(고쿠분, 『고쿠분선생행장회권』 시대회고, 「대만고고지」). (148~149쪽)

8. 「남양」 고고학의 전개

이전 「남양」이라고 불리는 미크로네시아 지역에서 이루어진 일본인의 고고학적 조사는 1929년 여름 하세베 코똔도長谷部言人, 야와타 이치로八幡一郎에 의한 것이 최초이다.

이 지역은 1919년 이래 일본의 위임통치지역으로 베르사이유조약에 의하여 위임통치를 하게 된 일본은 적극적인 경제활동을 축으로 「영토」로서의 「남양」의 경략적經略的 시점을 전개해 나갔다. 그것은 정치, 경제, 군사를 비롯한 모든 분야에 걸친 것이었는데 그 가운데 자연, 인문 두 분야에 걸친 학술적 조사가 포함되어 있었다.

「남양」지역의 조사는 이미 서구 학자들에 의하여 수행되어 오고 있었는데 그것은 미크로네시아 지역을 경략적으로 파악하는 방책의 하나였던 것은 말할 필요도 없었다.

이러한 필요에서 「남양 여러 섬 인류학조사」가 하세베 코똔도長谷部言人 등에 의하여 이루어졌다(長谷部言人, 『과거의 나의 남양』 부록 八幡一郎 「남양에 있어서 유명 유적의 소개」, 강서원, 1932년 6월). 하세베는 「최근 15년 사이에 일어난 섬 사람 생활상태의 대변화로 구래의 물건은 점차 감소하고 이것과 함께 먼 과거의 문화를 고찰하는 데 중요한 자료가 되는 여러 유적도 파괴소멸에

노출되었고 지금 이것이 대책을 강구하지 않으면 후회하여 손을 뻗치지 못할 때가 올 것은 필연이다」라는 생각에서 「남양」의 「유적의 어느 것을 존중할 만한가를 소개」하기 위하여 야와타의 동행답사를 요청하였다(151쪽).

야와타八幡는 「남양에 있어서 유명 유적의 개황」에서 「우리 남양의 섬들에는 여러 곳에 이전의 문화 유적이 있다. 그것들은 현재 섬사람들의 유래를 고찰하는 데 중요한 단서가 된다」라는 시각 하에서 「주요유적」을 소개하였다. 그 「주요유적」은 쿠사이(Kusaie)섬의 레로(Lelu), 뽀나뻬(Pohpei)섬의 난마탈(Nan Madol), 빠라오섬의 알코론(Ngarchelong), 아리아나 제도, 테니안(Tinian)섬의 손손, 사이판섬의 아스테오 등이었다(151쪽).

야와타는 그 후 1937년 여름과 1940년 1~3월에 걸쳐서 「남양」 조사를 하였다. 이 3차에 걸친 야와타의 「남양」 조사의 결과에 대해서는 많은 보고 기행으로 발행되었다(八幡一郎, 「남양문화잡고」, 청년서방, 1943년 12월 ; 「환태평양고고학」, 「八幡一郎著作集」 5, 웅산각출판, 1980년 5월).

1937년 여름(8월 12~29일) 조사는 남양연구자 단체에 의한 「남양조사」였다. 참가자는 마츠모토 노부히로松本信廣, 스기우라杉浦建一, 나카노中野朝明와 야와타였는데 야와타는 주로 마리아나 제도의 사이판·테이안·로타(Rota)섬의 석주열石柱列 유적과 동굴, 패총조사를 주로 하고 파라오섬의 동굴유적 답사를 하였다(八幡一郎, 「남양제도의 조사」, 「고고학잡지」 제27권 제10호, 1937년 10월. 후에 「환태평양고고학」에 수록).

야와타의 1940년의 조사(1월 2일~3월 12일)는 일본학술진흥회의 보조에 의한 것으로 마리아나 북부 여러 섬이 조사대상이었다(八幡一郎, 「마리아나 북부 여러 섬의 유적유물」, 「인류학잡지」 제55권 제6호, 1940년 6월. 후에 「남양문화잡고」, 「환태평양고고학」에 수록). 아라마간(Alamagan)·빠간(Pagan)·하구리한(Agnihan)·아스시온(Asuncion) 여러 섬을 조사하고 석주유구의 존재방식, 동굴이용의 실태, 각종 유물(토기·석기·패기 등)을 의욕적으로 채집하였다.

저자는 이와 같은 야와타에 의한 3차에 걸친 「남양」의 고고학적 선사학적 조사의 목적이 「지리적 관계에서 보아도 역사적 인연에서 생각해도 일본학자에 의하여 크게 할만 한 가치가 있다」(八幡一郞, 「남양의 고문화」, 『아시아문제강좌』 10, 1939. 후에 『남양문화잡고』, 『환태평양고고학』에 수록)라는 강한 신념과 관련이 있었다고 보았다. 식민지정책에서 보아 그것은 「식민지의 관리에게 인류학, 민족학의 개념을 부여하는 기회를 주었고 또 각 식민지가 상주常住의 전문학자를 초빙하여 원주민에 대한 시정施政에 대해 자문을 하도록 한다」(八幡一郞, 「남양경영과 인류학」, 『일본 및 일본인』 제330호, 1935. 후에 『남양문화잡고』, 『환태평양고고학』에 수록)는 것(154쪽)에 다름 아니었다.

저자는 이러한 「남양」 고고학적 조사는 민족학의 그것과 비교하여 그다지 실효가 크지 않았던 이유를 조직적인 발굴조사의 곤란에서 찾았다. 그러나 소규모적인 발굴조사, 석주石柱유구의 거시적 조사, 각종 유물의 채집과 연구 등 각 분야의 연구에 파문을 일으킨 점에 대해서 저자는 인정한다.

저자는 「남양문화」 연구자 가운데 야와타와 네츠 마사시禰津正志의 연구가 대조적이었다고 하면서 비교하고 있다. 야와타의 『남양문화잡고』와 네츠의 『태평양의 고대문명』 가운데 전자가 논문집인 것에 대해 후자는 총설이었다. 「모든 것이 지금부터」라는 「남양」 연구는 야와타(전게 「남양의 고문화」)에게 「한 국지局地의 한 시대」를 하나하나 자세히 보고하고 논술하는 것이 신조였다. 야와타는 남방의 민족과 문화를 연구하는 것을 목적으로 1943년 1월 18일에 발족한 민족학연구소民族學硏究所(다카다高田保馬 소장) 연구원 겸 동경제국대학강사를 지내고 있었고 네츠는 병상에서 내외 저작을 번독(번 독)하여 큰 책의 저술을 의도하고 그것을 실행에 옮겼다. 저자는 이 두 연구자에 대해 「학문적 관심을 늘 남쪽으로 향한」(八幡, 전게, 「남양의 고문화」) 사람과 「대동아건설사업의 일환으로서 남방연구의 현상을 되돌아본」(禰津, 「시작하기」, 『태평양의 고대문명』) 사람이었다(155쪽)라고 평한다.

9. 고고학자 네츠 마사시

1934년, 네츠가 「원시일본의 경제와 사회」(『역사학연구』 제4권 제5·6호)를 통해 "일본 고고학계의 상황을 직시하고 문제점을 예리하게 갈파"하였다고 평가한 저자는 그 이유로 "현재 고고학은 특수유물의 연대고정考定, 양식, 제작기술·장식의 연구, 혹은 미술적 감상[진물주의][문화] 등에만 중점을 두고 있으며 유물유적은 불완전하지만 반드시 그 시대의 생산 제관계 및 사회조직을 보여주는 것이라는 그의 관점에서 찾았다. 네츠는 특히 "외견적으로 화려한 식민지 반식민지의 발굴탐험에 힘을 기울이기 시작한"(156쪽) 고고학의 의미를 생각할 필요성을 제기하였다.

그는 당시 하마다 코사쿠의 지도를 받는 경도제국대학 대학원생이었다. 그는 하마다의 지도, 스에나가末永雅雄이 발굴주임이 되어 실시된 나라현 시마노 쇼島庄 이시다부타이石舞臺의 조사(하마다 코사쿠, 『大和島·石舞臺의 거석고분』 경도제국대학문학부 고고학연구보고 14, 1937)에서는 스에나가를 도와(末永雅雄, 「석무대를 파다」, 『고고학』 제6권 제6호, 1935 ; 동 「석무대고분의 조사」, 『대화지大和志』 제2권 제8호, 1935) 발굴의 중심이 되어 활약하였다(福津正志, 「석무대를 파다」, 『도루멘』 제3권 제1·3호, 1934 ; 동 「다시 석무대를 파다」, 『도루멘』 제4권 제7·8호, 1935 ; 동 「석무대고분의 발굴을 말하다」, 『역사교육』 제10권 제5·6호, 1935). 제1권에서 언급한 것이지만, 1933년과 그 다음 해 2회에 걸친 이시부타이고분의 발굴은 고고학계는 물론 「전 관서關西의 인기」 하에 이루어진 것이었고, 그 때 발굴 진행상황에 대한 상세한 일지를 공표한 사람이 네츠였다(157쪽)고 한다.

1934년 5월 4일에는 네츠는 "종래의 학자 가운데에는 높은 가격의 유물만 동경"하고 있고 "구식 고고학자의 높은 가격 유물존중주의, 골동주의, 석실존중주의"에 빠져 있으며 "기존의 고립된 유물이나 명소안내식의 유적기술을 시도하고 이로써 일을 다했다"(157쪽)고 안주하는 일본 고고학계에 반성을 촉구했다.

하마다의 지도를 받고 있던 그에게 1935년에 「유물론전서」로서 『고고학』의 집필을 부탁받고 이미 공표된 논문(「원시일본의 경제와 사회」, 전게)의 방법으로 그 집필을 생각하고 「유물론전서」의 제2차 간행을 예정으로 하고 있었다. 그러나 지도교수 하마다는 이러한 결정에 대해 자신의 허락을 받지 않았다고 하여 화를 냈고 이 때문에 네츠는 이를 포기할 수밖에 없었다(네츠 마사시, 「시작하기」, 『원시사회–고고학적 연구』). 이로써 보아 당시 일본 고고학계의 학문 분위기, 특히 지도교수와 학생간의 '경직되고 하향적인' 관계를 엿볼 수 있다. 이 책은 그 후 1949년 3월에 『원시사회–고고학적 연구』(학예전서 10, 삼립서방)로서 출간되었다(157~158쪽).

「유물론전서」에 포함될 글의 집필을 단념한 네츠는 "당시의 학계에는 언론의 자유도 학문의 자유도 없었다"(전게 『원시사회』)라고 술회하고 1939년 가을에 『인도지나의 원시문명』의 집필이 계획되기 전 해에 하마다 교수는 세상을 떴다.

유물사관의 입장의 네츠에게 원시사회의 연구는 문헌적 방법, 민속학적 방법을 배제하고 "고고학에서 시작하지 않으면 안 되는"(158쪽) 것이었다. "고고학은 인류문명에서 진보를 유물유적에 의하여 연구하는 학문"(158쪽)으로 생각한 네츠에게 영국의 진화론자 차일드는 크게 영향을 끼쳤다.

1943년 3월에 카와데河出서방에서 간행된 네츠의 『인도지나의 원시문명』은 A5판, 450페이지로 프랑스령 인도지나에서 프랑스의 고고학자에 의한 40여 년의 조사결과를 토대로 정리한 것이었다(159쪽).

네츠가 1941년 12월 8일, 대동아전쟁이 시작된 이후 쓰기 시작한 이 책은 "고고학자·인류학자·민족학자의 지식이 갑자기 국책에 필요하게 되었다"(159쪽)라는 인식 하에 "인도지나에 있어서 선사시대의 원시문명을 간단하지만 더욱 정확하게 정리한 것"이었다는 점에서 고고학자가 국가정책에 관여한 방식을 엿볼 수 있다. 이 책은 네츠가 계획한 「동아시아 및 태평양의 인류학적 고고학적 연구」의 제1부로서 1945년 4월 제2부 『태평양의 고대문명』의 제목으로 마찬가지로 카와데서방에서 간행되었다. 그것은 미발간으로 끝난 『인도문명의 여명』과 합쳐 「대책大冊」이 될 예정이었다(160쪽).

네츠의 『태평양의 고대문명』은 A5판, 642페이지로 「태평양고대문명의 세계적 지위」를 서장으로 하고 이후 「남지나, 버마, 타이, 말레이반도, 자와, 스마트라, 세레베스, 보루네오, 필리핀, 대만, 남양제도, 호아지중해, 뉴기니아, 호주, 남태평양, 이스타섬, 하와이」에서의 고고학적 소견을 정리하였을 뿐만 아니라 기존에 알려져 있는 「서남태평양」의 유적을 소개하였고 유물에 대한 개요도 소개하였다(160쪽).

1930년대부터 40년대 전반에 걸쳐서 태평양의 각 지역에 대한 번역서의 출판, 일본연구자에 의한 저술활동이 활발하였다. 예를 들면 일본인 연구자의 저작으로 마츠모토 『인도지나의 민족과 문화』(이와나미서점, 1942년 1월)와 야와타 이치로 『남양문화잡고』(전게) 등이 있으며 번역서로서 처치워드(J. Churchward) 『남양제도의 고대문화』(나카키仲木貞一 역, 오카쿠라서방, 1942년 10월), 판 델 호프(A.Th. van der Hoop) 『인도네시아의 원시문화』(노하라野原達夫 역, 국제일본협회, 1933년 8월) 등이 계속 간행되었다.

네츠의 『인도문명의 여명』은 결국 간행되지 않았지만 인도에서의 고대문명을 다룬 번역서의 출간은 활발하였다(162쪽).

10. 「남사할린」과 기무라 노부로쿠木村信六 · 니오카 다케히코新岡武彦

필자가 일본 야후저팬 사이트에서 기무라 노부로쿠와 니오카 다케히코를 검색해 보니 기무라에 대해서는 "사할린고고학의 선구자"로 자리 매김이 되어 있다. 1875년 5월에 러시아와의 사이에 체결된 치시마千島·사할린 교환조약에 의하여 사할린 남부의 반은 러시아령이 되었고 1905년 9월 러일강화조약에 의하여 「남사할린」은 일본영유가 되었다(166쪽).

그 후 일본 연구자에 의한 「남사할린」에 대한 고고학조사가 이루어졌다. 저자는 그 예로서 각 분야의 조사를 하게 되었다. 1906년 이시마飯島魁, 하두미수이랑下斗米秀二郎의 답사, 1907년 츠보이 쇼고로, 이시다石田收藏에 의한 스즈야鈴谷패총의 발굴을 든다.

1912년에 「남사할린」을 답사한 도리이 류죠는 1921년에는 「북사할린」까지 조사(도리이 류죠, 「흑룡강과 북사할린」, 1943) 범위를 넓혀갔고 시미노 겐지淸野謙次는 1924년 7월에 스즈야패총을 발굴하여 많은 인골을 얻었다(167쪽. 淸野謙次, 「일본원인지연구」, 오카서원, 1925년 4월).

그 가운데에서도 저자는 사할린청 순사로서 1933년에 「기무라향토연구소」를 창설하고 활발한 조사를 한 기무라 신로쿠木村信六에 주목한다. 그는 「기무라향토연구소보」의 간행을 통해 그 성과를 알리는 데 노력했으며 풍원豊原, 부향敷香, 낙합落合, 안별安別, 본두本斗의 각지에서 유적조사, 유물채집을 하였다. 특히 본두에서는 다이보우 요시아키大坊善章와 함께 조사를 하였고 본두내황本斗內幌철도공사(1930) 때 발견된 유물군에 착목하고 많은 자료를 채집하였다. 기무라 자료 1만점은 그의 사후 사할린청박물관에 기증되었고 그것은 지금도 사할린주향토박물관에 소장되어 있다. 기무라는 현재 "사할린고고학의 아버지"로 자리 매김이 되어 있다(167쪽).

한편 사할린청박물관의 사업 후원을 목적으로 1928년에 창립된 사할린 향토회에 의하여 저자는 그 가운데 유명한 것으로 각 전문영역 조사 때 고고학 조사도 이루어졌는데 에노우라江ノ浦패총의 발견과 조사에 주목한다.

기무라와 함께 고고학적 조사를 한 니오카는 1932년부터 1940년에 걸쳐서 집중적으로 「남사할린」 조사를 하였다. 그 자료는 「니오카컬렉션」으로서 왓카나이稚內市의 북방기념관에 소장되어 있다(168쪽).

저자는 「남사할린」 조사를 한 또 한 사람으로 이또우 노부오伊東信雄를 든다(「사할린석기시대개관」, 『도루멘』 제4권 제6호, 1941). 사할린청으로부터 위촉을 받은 이또우는 1933년과 1934년 2년 동안 전체 섬을 조사하여 「사할린선사시대토기편년시론」(『기다박사추도기념국사논집』, 1941)을 집필했다.

저자는 치시마의 고고학적 조사를 개척한 사람으로 바바馬場脩를 뽑는다. 그는 1930년에 「남사할린」의 유적 조사를 한 후에도 일본민족학회의 북방연구조사단의 일원으로서 동다미가東多米加, 서다미가西多米加 두 패총을 발굴하였는데 그 조사에는 오카 마사오岡正雄, 코노 이사무甲野勇도 참가하였다.

이 외 「남사할린」의 유적을 발굴한 연구자로 코노 히로미치河野廣道, 이나쇼稻生典太郎, 스기하라杉原莊介, 쿠보久保常晴 등이 있다(稻生典太郎, 「사할린 사카하마쵸榮浜町 환희사 뒤 유적 석부石斧」, 『선사고고학』 제1권 제3호, 1937 ; 杉原莊介, 「사할린 서해안－모토쇼쵸本庄町 부근의 유적을 찾아」, 『도루멘』 제2권 제12호, 1933 ; 久保常晴, 「에노우라 패총 별신(별신)」, 『동탁』 제2호, 1932 등). **사할린청박물관**(이또우, 「사할린박물관의 토속 고고」, 『도루멘』 제4권 제3호, 1935)에는 고고실이 설치(이상 169쪽)되어 있었다는 사실에서도 사할린에서의 고고학 조사 활동이 어떠하였는가를 보여준다고 말할 수 있다.

11. 브라질 이민과 고고학

1908년 일본인이 이민을 간 브라질의 상황은 68년간 브라질제국이 1889년에 쿠데타로 타도되고 연방공화제가 된 1891년 2월 24일에 신헌법이 공포된 직후였다(170쪽).

외교정책의 활성화와 함께 커피, 고무의 수출로 브라질 경제는 좋아졌다. 커피 재배의 중심이었던 리오 데 자네이로주의 토지부족 등으로 감소되는 생산의 상황을 타개하기 위해 인접한 여러 지역을 개척하였다. 또한 이미 제정 말기에 상파울루주의 커피농원이 확대됨에 따라 이전 커피 농원 중심이었던 리오 데 자네이로주의 생산을 압도하고 있었다.

이런 변화 속에서 일본인의 브라질 이민 촉진은 브라질의 노동인구 부족이 작용하였다. 상파울루주에서 커피 농원을 설립하는 데에는 노예노동자의 전면 폐지로 노동력 확보가 매우 어려운 상황에서 그 해결책의 하나가 대규모 이민정책이었다.

1908년부터 1921년에 걸쳐서 일본이민은 코로노[계약] 이민이었다고 한다. 코로노 이민이라는 것은 "소정의 계약에 따라 고용주 밑에서 일정 기간 커피농원의 임금노동에 종사하는"(171쪽) 것으로 도항비용은 상파울루주 정부로부터 보조를 받았지만 가혹한 노동으로 장기적 체재는 어려웠다. 이에 따라서 일본정부는 1925년부터 "해외흥업주식회사"를 통해 도항비용을 보조하였는데 1932년이 되면 자기자금을 필요로 하지 않는 이주도 가능하게 되었다. 그 결과 1933년에는 2만 4천여 명이 브라질로 떠났고 브라질 이민 수에서 제1위가 될 정도였다. 이것은 그 다음 해 브라질 정부에 의하여 신헌법 하에서 일본이민의 입국이 제한되어 1935년 이후 일본이민은 감소하게 되었다(172쪽).

상파울루주 전역에 살고 있는 일본이민인들이 커피농원을 개척하다가 돌도끼, 토기 등이 일본인의 호미에 걸렸지만 없어지는 것이 대부분이었고 그것들을 우선 한 곳에 모아 전문가의 연구에 도움을 주자는 목표 하에 1936년 3월 11일, 상파울루의 일본총영사관 관저에서 「브라질인디오문화연구동호회」가 발족하였다. 가 있었다(市毛孝三, 「브라질 인디오문화연구동호회보고에 대해」, 「브라질, 쌍빠올로주 내의 고고학적 연구」 인류학선사학총서2, 선사학 제2책, 1939년 6월). 당초 회원은 10명이었는데 1년 후 60명이 되었다고 한다. 초대회장은 이치게 다카죠市毛孝三였고 브라질 이름 "Sociedade Arqeologica Brasileira de Amadores"로 관보에 등록되었다(172쪽).

최초의 발굴은 이구아펙(Ribeira de Iguape)군 지뽀브라(Jipobura)패총이었고 이어서 뻬도로 자 토레도(Pedro de Toledo)의 아레쿠린(Alecrim)패총, 특히 아리안사의 유적군의 조사가 이루어졌다. 이러한 여러 유적의 발굴조사에서 현지지도에 나선 사람은 동경제국대학 인류학교실의 도리이 류죠였다. 도리이는 1937년 4월부터 38년 2월에 걸쳐서 외무성의 문화사절 자격으로 해외흥업주식회사에서 브라질로 파견되었다(173쪽).

저자에 의하면 도리이는 1937년 5월 26일부터 29일까지 3일 동안 지뽀브라(Jipobura)패총의 발굴에 대한 지도를 하였다. 이 지뽀브라(Jipobura)패총의 발굴의 주체는 해외흥업주식회사의 출자에 의하여 「브라질인디오문화연구동호회」였고 현지에는 삿뽀로 출신의 사카이 키쥬酒井喜重가 파견되었다. 현지에서는 상파울루주립박물관의 에브 란게 모렉테의 지도도 있었고 2개월에 걸친 장기 조사였다. 또 아레쿠린(Alecrim)패총 및 아린안사 유적군의 조사지도도 하였다.

일본으로 돌아온 도리이는 브라질·인디오문화연구동호회에 의한 발굴조사 보고서로서 외무성의 문화사업보조금으로 1939년 2월에 『브라질 상파울루주 내의 고고학적 조사』를 「인류학총서 을 선사학 제2책」으로 동경인류학회에서 간행하였다. 저자는 이 간행으로 브라질인디오문화연구동호회의 존재가 국내 관계자에게 널리 알려지게 되었다(174~175쪽)고 말한다.

1941년 2월 태평양전쟁 발발되면서 「브라질인디오문화연구동호회」의 활동은 좌절되었다. 브라질의 참전으로 적국자산의 동결령이 발포됨에 따라 상파울루의 쿠리하라栗原자연과학연구소 소장의 발굴자료는 연구소의 식물표본상자와 함께 은밀히 보관되었다. 1941년 8월에 일시 귀국하고 있던 사카이는 바로 브라질로 돌아갈 수 없었다.

1945년 8월 전쟁 후 사카이는 서둘러 브라질로 가서 보니 도리이의 지도로 발굴한 유물, 일본이민에 의하여 채집된 유물, 특히 발굴조사기록 노트들도 무사하였다(176~177쪽).

1954년 9월 제1회 아메리카 니스타 회의(Congresco Internacional de Americanistas)가 상파울루시에서 개최되었는데 일본으로부터는 야와타 이치로가 참가(八幡一郎, 「南美土産」, 『일본대학고고학통신』 제3집, 1955)하였다. 그는 이전 도리이의 지도 하에 『브라질 상파울루주 내의 고고학적 조사』를 편집 간행하기도 하였다. 상파울루에서 야와타를 만난 사카이는 이전 보고서에 대한 것, 발굴자료에 관한 것 등을 회고하여 『브라질 상파울루주 고고지考古誌』(육흥출판, 1979년 11월)를 완성하였다. 태평양전쟁으로 중단된 「브라질인디오문화연구동호회」의 성과는 사카이에 의해서 학계에 알려지게 되었다. 필자도 이 자료를 통해 조사지역에 대한 현지어 표기 등을 참조하였다(177쪽).

필자는 「식민지고고학」의 범주가 아닌, 일본의 척식활동에 의해 '척식지'에서 이루어진 고고학적 조사에 대한 외무성의 관련이라든가 해외흥업주식회사로부터 파견된 도리이 류죠의 역할을 통해서 전쟁뿐만 아니라 '이민'의 상황을 이용한 제2차 세계대전 이전의 일본고고학의 '사명'을 엿

보게 한다.

저자는 이 장을 마무리하면서 "제국주의의 식민지 지배는 그 곳의 풍부한 자원의 수탈과 함께 문화유산에도 탐을 내는 것은 당연하였다. 「대일본제국」도 그리고 일본의 고고학도 예외가 아니었다"(177쪽)는 역사적 평가를 내리고 있다.

제3장

조국肇國의 고고학

1940년은 황기皇紀로 계산하면 2600년이었다. 저자가 그 해 오사카 아사히신문사 직원 이시카와 긴지로石川銀次郎가 출간한 『조국의 사적』(立命館출판부)에 주목한 이유를 보니 그 책이 후에 문부성의 『진무천황성적조사보고神武天皇聖蹟調査報告』(1942년 3월)의 선구적 보급서가 되었기 때문이었다.

저자는 또 고또 슈이치後藤守一에 주목한 이유는 그가 황기 2600년 기념축전을 위해 「국사강좌」의 선진先陣으로서 총 4회(『일본고대문화의 여명』, 「야마토문화의 형성」, 「고분문화의 발전」, 「고유와 외래」)에 걸친 라디오 특별강좌(제1회 1940년 1월 4일) 방송에 출연하였기 때문이다.

필자가 고또가 누구인가를 일본 위키피디어에서 조사해 보니 다음과 같이 소개되어 있었다.

> 가나가와현 가마쿠라시에서 태어났다. 1921년부터 1940년은 제실박물관 근무, 1941년에 일본고대문화학회 창설, 1942년부터 국학원대학 국사학과 교수. 하마다 코사쿠가 사망한 이후 일본고고학계의 얼굴이 되었다. 전전은 황국사관 고고학의 추진자로서 알려졌는데 제2차 세계대전 이후는 명치대학 고고학연구실 창설(사립학교로서는 처음, 1950)과 함께 주임교수로서 많은 고고학연구자에 육성에 힘을 기울였다.

저자의 고또 소개도 큰 틀에 있어서는 이와 크게 다르지 않았다. 1921년부터 동경제실박물관에서 감사관으로 재직하다가 1941년 2월 일본고대문화학회 회장에 취임하였고 동경문리과대학과 국사관國史館전문학교 등에서 강사를 역임하였으며 1943년(1942년?)부터는 국학원대학교수가 되었다. 저자는 그를 "당시 일본을 대표하는 고고학자"(184쪽)였다고 말한다.

위키피디어에 소개되어 있듯이 그는 "황국사관 고고학의 추진자"였음을 저자는 구체적으로 보여주고 있다. 그는 방송 원고에다가 각주와 도판을 덧붙여 1941년 11월 고고학자 후지모리 에이이치藤森榮一가 운영하는 아시카비葺芽서방에서 『일본의 문화 여명편 –고고학상으로 본 일본상대문화의 성립』을 출간하였다. 후지모리가 누구인가를 일본 위키피디어에서 찾아보니 그는 중학교 졸업 후 동경으로 가서 모리모토森本六爾가 주재하는 동경고고학회에 가입하여 본격적으로 고고학 연구를 시작하였고 모리모토가 세상을 뜬 이후에는 스기하라杉原莊介, 고바야시小林行雄 등과 함께 동경고고학회의 운영에 관여하였으며 1936년 동경에서 아시카비서방의 문을 연 것으로 소개되어 있었다.

그것과는 대조적으로 1940년 2월, 츠다 사우기치津田左右吉의 『고사기 및 일본서기의 연구』, 『신대사神代史의 연구』, 『상대일본의 사회 및 사상』, 『일본상대사연구』는 발매금지가 되었다. 참고적으로 1939년 츠다가 『일본서기日本書紀』의 성덕태자 관련 기록에 대해 그 실재를 비판적으로 고찰을 하자 "일본정신 동양문화 말살론에 귀착하는 악덕사상가"라는 불경죄不敬罪에 해당한다고 비판을 받게 되었고 문부성의 요구로 와세다대학 교수직도 면직되었다(일본 위키피디어사전 참조).

저자는 1940년대 일본정신의 찬양과 관련한 중요한 유적 발굴과 관련하여 1942년 동경 긴좌銀座의 신대神代문화연구소에 의한 아키다현 오유

大湯의 환상열석環狀列石 발굴에 주목하였다. 현재 이것은 일본 국가특별사적으로 지정되어 있다. 저자의 기술에 따라 그 발굴경위를 보면 1932년 12월에 아사이 스에기치淺井末吉가 이를 발견한 이후 그 지역 향토회 사람들이 관리하고 있었는데 아키다현 사적조사원 부또우 이치로武藤一郎와 기다 사다기치喜田貞吉가 답사를 하여 그것이 중요한 유적이라는 인식이 깊어졌다. 1942년 7월에 신대문화연구소가 고고학자 요시다 도미오吉田富夫를 파견하여 환상열석을 발굴 조사하였다. 발굴결과 그것이 "오늘날 대동아의 지도자로서 위대한 일본정신"뿐만 아니라 "이전과 같이 세계에서 우수한 민족이며 세계문화의 발상지"(187쪽)라는 것을 보여주는 것으로 자리 매김하였다.

필자가 일본 위키피디어사전에서 살펴본 결과 오유환상열석에 대해서는 앞에서 본 것처럼 이 유적에 대해 위대한 일본정신을 보여주는 것이라든가 세계문화의 발상과 관련된 것이라는 기술은 전혀 볼 수 없다. 이 유적이 전국적으로 유명하게 된 것은 일본 패전 이후의 일로 1946년 발굴결과를 『과학아사히科學朝日』에 소개되면서부터라는 것이다. 본격적인 발굴은 1951년과 1952년에 문화재보호위원회와 아키다현교육위원회가 주체가 되어 이루어진 학술조사에서였다고 한다. 유적의 사용목적에 대해서는 "공동묘지"였다는 것이 지배적인 견해이다.

1. 일본고대문화학회日本古代文化學會의 탄생과 활동

1941년 2월 16일, 동경의 프랑스 요리점 우에노上野 정양헌精養軒에서 「일본고대문화학회」의 발족식을 겸한 제1회 총회가 열렸다. 일본고대문화학회는 동경고고학회, 고고학연구회, 중부고고학회를 합친 것이다. 『고고학」, 『고고학논총』, 『중부고고학회휘보』 등 3개 기관지를 대신하여 『고대문화』를 발간하였는데 다만 『고대문화』는 동경고고학회의 『고고학』 제11권을 이어받아 『고대문화』 제11권 제2호(1941년 2월 25일)로 발간되었다. 그러면 일본고대문화학회가 되기 이전의 각 학회의 개요를 저자의 기술을 쫓아 간단히 정리해 본다.

① 동경고고학회 : 1930년 1월에 「고고학에 관한 지식보급 및 연구자 상호 교류연락을 목적」(회칙 제2조)으로 발족. 기관지 『고고학』(격월, 후에 월간), 모리모토 로쿠지(森本六爾)의 주재. 모리모토 사후에는 츠보이 료헤이(坪井良平) 중심으로 운영. 합병 직전 사무소는 오사카시 스미요시(住吉)구 아베노(阿倍野) 3정목 10번지.

② 고고학연구회 : 경도제국대학 출신들이 중심이 되어 1931년 봄에 발족. 기관지 『고고학논총』을 주로 미모리 사다오(三森定男)가 주재하였고 합병 직전에는 『고고학논총』 제15집까지 간행. 사무소는 경도시 좌경구(左京區) 백만편(百萬遍)의 경도아파트 안.

③ 중부고고학회 : 에바(江馬修)의 제창과 하야시 카이이치(林魁一)의 찬동으로 야와타 이치로(八幡一郎)를 중심으로 1936년 8월에 발족. 기관지 『중부고고학회휘보』 발간. 합병 직전 제4년 제2보(1939년 4월)까지였음. 사무소는 동경시 혼고구 고마메 센다기쵸(千駄木町) 47번지.

3개 학회가 합쳐진 배경이 궁금하다. 이를 주도한 사람은 마루모 다케시게丸茂武重라고 하는데 그는 전혀 현장에 가보거나 발굴을 해 본 경험이 없는 "고고학자 같지 않은 고고학자"(203쪽)라고 한다. 도리이 류죠의 소개로 만주로 건너가 만주 군관학교 교수로 생활하던 그가 1940년에 후지모리藤森와 미모리를 방문했다가 두 사람이 궁핍한 상황에서 연구하고 있는 것을 보고 "거국체제"(204쪽)를 구상했다고 한다. 저자도 역시 전통이 있는 각 학회가 그의 제의에 뇌동할 리가 없었을 것이라는 점에 같은 입장이지만 그렇다면 그 3개 학회가 합쳐질 수 있었던 진짜 이유는 무엇인가. 마루모는 "재야연구회를 통합하여 아카데미의 고고학회나 인류학회도 참가하도록 하고 강력한 거국체제를 만들어 아울러 연구자의 안정을 도모"하려고 합병을 추진하였는데 이것에 대해 재야학회들은 이견이 없었다고는 하지만 실제 저자는 그 합병과정에서 있었을 법한 의견교환 등 합병에 이르기까지의 과정에 관해서는 구체적으로 언급하고 있지 않다. 다만 필자는 그 합병은 시대적 요청에 세 학회가 합의한 결과가 아니었을까 생각한다. 그 시대적 요청은 국가적 비상시국에 고고학의 거국적 협력이었을 것이다.

어찌되었든 동경에 사무소가 있거나 간사가 동경에 거주하고 있던 3개 학회가 대표자로 고또 슈이치를 추천하고 새롭게 합병된 학회명칭을 「일본고대문화학회」, 기관지를 『고대문화』, 사무소는 고또의 자택으로 정했다는 정도만 언급하고 있다.

일본고대문화학회의 연구범위는 "일본을 중심으로 하는 동아 여러 지방"으로 정했고 저자에 의하면 이는 고또가 야요이문화의 원천을 고찰하기 위하여 조선·중국조사를 희망하고 있던 것과 궤를 같이 한 것(207쪽)이라고 한다.

학회의 위원장은 고또, 편집주임은 미모리, 본부위원은 아래와 같다.

이나무라稻村擔元, 에가미江上波夫, 오바大場磐雄, 쿠와야마桑山龍進, 고노甲野勇, 고또後藤守一, 시노사키篠崎四郎, 스기하라杉原莊介, 츠보이坪井良平, 나오라直良信夫, 마바馬場修, 히구치樋口淸之, 히고肥後和男, 후지모리藤森榮一, 마루모丸茂武重, 미모리三森定男, 야지마矢島淸作

「일본고대학회설립취의서」를 요약하면 다음과 같다.
① 개국 이래 만세일계(萬世一系) 천황의 황은(皇恩)을 받았고 신민도 황국의 도의(道義)를 선양하고 군민 일체로 국운(國運) 융창을 달성해 왔다.

지금 동아선린의 여러 국가와 함께 공존공영의 결실을 맺어 독일, 이탈리아 양국과 결맹하여 세계 신질서건설의 위업을 달성하자.

② 고고학을 통해 황국은 문화의 유래 매우 깊고 그것도 그 뛰어난 영웅을 만방에 과시할 수 있을 법하고 변천 여러 천년 처음부터 일관되게 일본문화의 특성을 밝히고 또 동아 여러 국가는 자기 문화 연구뿐만 아니라 서로 통하며 이로써 세계에 독보함과 동시에 항상 그 정화(精華)를 우리나라(일본 : 역자 주)에 보여 왔다는 것을 구체적으로 구명할 수 있다. 황국이 동아공영권을 연원하는 것은 이미 먼 시기에 있고 그것도 맥이 닿고 오늘에 이르렀다는 것을 천명하는 것이 고고학의 본령이고 우리들이 공헌할 만한 영역도 바로 여기에 있다.

③ 고고학의 학문은 그 연구대상을 지방의 유물유적을 통해 정치한 관찰과 투철한 견해의 종합을 하지 않으면 안 된다. 그리고 그 유적은 불시에 발견되며 유물은 인멸, 산실을 불러오기 쉽기 때문에 스스로 그 연구의 기초를 지방 전문가들에게 맡겨야 하며 동시에 긴밀한 연계와 자료의 공통을 필요로 한다. 따라서 고고학 연구는 한 연구소 또는 한 학자가 단독으로 할 수 없기 때문에 분립배타를 피하고 협력일치, 이로써 합동조사의 결실을 거두려고 하는 것이 일본고대문화학회 설립방침이다.

④ 동경고고학회·고고학연구회 및 중부고고학회가 해체하여 흔연히 우리 일본고대문화학회에 참가융합을 결정한 것은 학회 최근의 쾌심사(快心事)이다. 이에 3개 학회의 합동에 기초로 서로 제휴하여 일본 및 동아고대문화를 연구함으로써 국가봉공의 징의(徵意)를 이루어질 것을 기대한다. (190~191쪽)

일본고대문화학회의 성격은 「설립취의서」 및 「회칙」에 의하면, 학회의 목적은 "본 학회는 일본 및 동아에서의 고대문화의 조사연구에 노력하고 황국굉모皇國宏謨로 온 바를 천명하는 것"이며 학회 명칭에 "일본"을 붙이고 있는데 그것은 "일본에서의 의미이며 연구의 범위는 일본을 중심으로 하는 동아 여러 지방을 포함하는"(192쪽) 것이었다. 기관지『고대문화』는 회원의 연구 성과의 발표, 공동연구 조성, 고고학 보급의 목적달성이라는 세가지 방침을 내걸었다.

1942년 1월의『고대문화』학회지 권두는 "1942년을 맞이하여"라는 제목으로 "위원일동"의 이름으로 "학구봉공學究奉公의 성誠"이 제창되었다.

성수만세(聖壽萬世)
를 기원하고 한편 만주에서 중국에서 또 태평양 각지에서 전병사(戰病死)의 황군장사(皇軍將士)의 영혼에 감사의 기원을 올림과 동시에 지금 대륙과 바다에서 대동아공영의 결실을 얻을 만하고
분전역투를 계속하고 있는 황군장사의 노고에 마음으로부터 감사를 표한다. (194쪽)

같은 호 "편집후기"에는 "대동아전쟁은 마침내 올 만한 것이 온 것으로 국민은 처음으로 힘을 다하여 싸우는데 의욕이 나왔다. 일억 국민은 성전완수의 목적을 달성해야 하고 전력"(195쪽)을 고무하는 문장이 실렸다.

저자는『고대문화』의 "편집후기"를 통해 학회의 성격을 구명한다. 1942년 3월호에서는 "남쪽으로 남쪽으로 병사의 직후直後부터 동양의 문화를 재편성해 가지 않으면 안 되는 성대의 일본문화", 1942년 11월호에서는 "승리해서 돌아올거야!라고 용감하게 전쟁에 임하는 동학의 병사가 많다. 고고학계의 명물 남자 에사카江坂군도 그 한 사람이다. 새롭게 여러 사람들의 무운장구를 빈다"(이상 195쪽), 1942년 12월호에서는 "임시 뉴스를 말한다", 작년 12월 8일 오전 7시 라디오는 두 번 같은 것을 반복했다. 그리고 그 후는 그 감격에 넘친 "제국육해군은 서태평양에서 미국 영국과 전쟁

상태에 들어가"라는 방송이었다. 그 후 꼭 1년이 지났다. 그 날의 나의 일기장을 넘겨보면 「해냈다! 혼자말로 크게 주먹을 쥐고 하늘을 쳤다. 아침 밥상에 앉아도 몸이 설레어 밥알을 넘길 수 없었다. 무엇이라고 형용할까 자신도 모르는 흥분과 감격이 가슴에 차올라 오는 것을 알았다」(195~196쪽)라고 써 있다.

저자는 또 『고고학』 학술지의 마지막 권 제11권의 "편집기"에 전쟁이 고고학자의 활동을 막을 지라도 고고학의 전쟁 지원은 계속 될 것이고 이를 위해 고고학자는 "크게 자중"하지 않으면 안 된다는 글을 통해서 전쟁을 지원하는 고고학의 모습을 보여주었다.

저자는 총회의 의식을 통해서도 학회의 성격을 보았다. 일본고대문화학회는 제1회 총회를 발회식을 겸해서 거행했는데 그에 앞서 국민의례가 이루어졌다. 당시 회합의 의사에 앞서 국민의례를 하는 것이 의무화되어 있었다. 일본고고학회의 제 47회 총회(1942년 4월 25일)에서도 궁성요배, 전몰장사의 영령에 대한 감사 및 황군의 무운장구를 기원하기 위한 묵도를 한 후에 의사에 들어갔는데 이것은 당시 "매우 일반적인 총회광경"(199쪽)이었다. 그러나 그 회칙에 정해진 목적을 비롯하여 기관지의 「편집후기」는 「대동아공영」에 영합하고 「성전」을 관철하는 기개가 횡일橫溢하고 있던 것을 부정할 수 없다.

1940년 7월 22일에 성립한 제2차 근위近衛내각은 "황국을 핵심으로 하고 일만지日滿支의 강고한 결합을 근간으로 하는 대동아의 신질서를 건설"(200쪽)하는 "기본국책요강"을 각의에서 결정했다. 이 「기본국책요강」과 함께 외무대신 마츠오카松岡洋右에 의한 「대동아공영권의 확립」은 "세계정세의 추이에 따른 시국처리요강"(200쪽)이었다. 그것은 다름 아니라 무력행사를 포함하는 남진정책이었다. 그 후 계속 해서

① 9월 27일「일본 독일 이탈리아 삼국동맹」조인

② 10월 12일「대정익찬회(大政翼贊會)」발족

③ 11월 10일~14일「기원 2600년 축하」의 여러 행사

④ 11월 23일「대일본산업보국회(報國會)」창립

⑤ 11월 5~24일 동경제실박물관에서「정창원어물(御物)특별전」개최

    * 정창원어물의 일반 공개의 효시

2. 고고학자와「일본정신」

저자가 주목한 고고학자 고또 슈이치(後藤守一)의 1940년 1월 이후의 활동을 다음과 같이 요약해 보고자 한다.

① 황기 2600년 기념축전의 라디오방송 :「상고시대 문화사」를 고고학의 입장에서 방송

② 1941년『일본문화 여명(黎明)편』출간 : 네 차례에 걸친「국사강좌」의 「상고시대」방송원고 토대

③ 1942년 3월『하니와(埴輪)』(아루스문화총서, 아루스) 발간

④ 1942년 4월 논문집『일본고대문화연구』(河出書房/카와데서방) 출간 : 1937년 초판

⑤ 1943년 5월『일본역사고고학』(四海書房/니시우미서방)의 6판 발행

⑥ 1943년 6월『일본고고학』의 10판(1927년 초판) 및『고경취영(古鏡聚英)』 (상편, 大塚工藝社/오츠카공예사) 발행

⑦ 1943년 7월『일본복장사개설(日本服裝史槪說)』(니시우미서방) 발간

⑧ 1943년 11월『선사시대의 고고학』(績文堂) 출간 : "소국민제군(少國民諸 君)」을 대상으로 새로 쓴 저작. 발행처에서는 "청소년을 대상으로 한 독서물"을 출판하고『제국잠수함』,『항공모함과 비행기』,『제국기갑부

대」, 『대동아전과 과학병기』 등을 「소국민의 과학」 시리즈 발행
⑨ 1944년 1월 『하니와의 이야기』(증진당) 발간 : "소국민선서(少國民選書)"
로 자리 매김
⑩ 1944년 11월 『조상의 생활』(대일본웅변회 강담사) 간행 : "소국민의 일본
문고"로 자리 매김

저자에 의하면 고또는 고고학의 현실참여와 실천에 대해서

① 이렇게 국가비상 때일수록 일본인은 어떤 사람일 것인가 하는 것을 아
는 것이 필요하며 황공하옵게도 선전(宣戰)의 칙어를 받들면서부터 1년
여, 일본의 위대함에 세계 사람들은 놀랐다.
② 대동아공영권의 사람들에게 형으로서 자매로서 존경도 받고 친하게
되지 않으면 안 된다.
③ 만세일계의 황실과 팔굉위우(八紘一宇의 오기 : 역자 주)의 대이상에 대해
서술. 팔굉위우라는 것은 결코 어제 오늘의 일이 아니다. 먼 고대부터
의 일이라는 것이 고고학 연구에 의하여 밝혀졌다.
④ 일본 고고학의 최후의 목적은 고대 일본인을 밝히고 그 정신을 밝히는
것이라고 가르친 것이다. (211쪽)

이렇게 보면 고또는 비상시국이라는 현실에 고고학이라는 학문의 방향
과 역할을 국가비상 = 팔굉일우의 실천 = 성전聖戰에 고고학이 그것이 고
대부터의 역사적 사실이라는 점을 밝히는 것이 그 역할임을 강조하고 있는
것이다. 저자는 이를 "소국민小國民제군諸君"(211쪽)에 대한 고고학자로부터
의 메시지였다고 말한다.

고또 슈이치後藤守一는 1940년에 동경제실박물관을 퇴직한 이후 1941
년 2월 일본고대문화학회 회장에 취임하였고 동경문리과대학과 국사관國

史館전문학교 등에서 강사를 역임하였으며 1943년부터는 국학원대학 교수가 되었다. 그 사이에 "소국민少國民"을 대상으로 "일본정신" 3부작을 공표하였다(216쪽).

고또는 3부작 가운데 『하니와의 이야기』(1944)에서는 "하니와에는 일본인의 정신이 숨어 있다", 『조상의 생활』(1944)에서는 "승리를 향해 쏜살같이 돌진하는 일본인의 정신력"과 그 "우수한 일본민족의 정신"을 볼 수 있다고 말하며, 「소국민」을 대상으로 쓴 "일본정신"을 드높이기 위해 『선사시대의 고고학』(1943)을 내놓았다는 점에서 고고학이라는 학문이 일본국가의 사명에 적극 참여하여 실천에 옮긴 어용학문으로서의 역할에 앞장 선 사람이 고또였다.

황기 2600년=1940년부터 일본 패전 직전 1944년 사이에 일본고고학계는 어떠한 움직임을 보이고 있었는가.

① 1940년, 고고학회 『고고학잡지』 제30권 「기원 2600년 창간 30권 기념특집호」: 「거울」(제1호), 「검」(제3호), 「옥」(제5호, 6호)으로 편집. 이 특집을 토대로 1940년 9월에 고고학회 편 『경검(鏡劍) 및 옥의 연구』(길천홍문관) 발간.

* 회장 구로이타 가츠미는 그 책의 「서(序)」에서 "빛나는 기원 2600년을 맞이한 것은 이 해를 만난 우리 국민 모두의 감격 그칠 수 없는 것"이며 "이 회는 이 해를 기념하고 아울러 이 학문의 전도(前途)를 축복하기 위하여 우리 조국(肇國)정신의 상징이며 또 우리 고고학연구의 주제이기도 한 경검(鏡劍) 및 옥에 관한 논문"을 게재한 특집호 편집을 토대로 단행본 출간 경위 서술. (213~214쪽)

② 동경고고학회 『고고학』 제1권 제1호(1940년 1월) 「회고(會告)」: "여기에 광휘(光輝)의 기원 2600년의 봄을 맞이하여 국민 모두가 조국(肇國)의 유원(悠遠)한 역사를 익히고 새로운 역사를 실천하려는 결의로 불에 타고 있을 때 우리들은 또 동경고고학회를 발족한 지 10년의 학문적 성

과를 쌓았고 … 만 10주년의 기쁨과 함께 영광을 가진다", "지금이야말로 흥아(興亞) 건설 시기를 맞아 고고학에 부여된 대일본 여명(黎明)문화 천명(闡明)의 임무가 중차대하다는 것을 생각하여 본 학회는 특히 만전을 다하여 그 사명을 달성하는 데 노력한다"고 선언. 1941년 5월에 『일본문화의 천명(闡明)』(『고고학논평』 제4집)에 9편의 논문을 수록 간행. (214~215쪽)

③ 사전학회(史前學會)『사전학연보(史前學年報)』(1940년도)의 사업보고 : "황기 2600년의 의의 깊은 해를 보내고 우리 사전학회는 창립 제13년의 봄을 맞이하여", "미증유의 비상시 성전(聖戰) 제4년의 사전학회, 고고학회는 여러 곤란을 계속 극복하여 부단한 활동을 계속"하고 있음을 서술. (215쪽)

그 시기 고고학자들은 유적과 유물의 보고와 분석에 초점을 둔 실증주의에 입각한 문장을 집필함으로써 관의 압박을 피해 계속 살아갈 수 있었다는 평가에 대해 저자는 수긍하면서도 "집필을 전혀 하지 않은 사람이 있었는가 하면 「대동아공영권」 구상에 영합한 사람도 있었다"(217쪽)라 하여 그것이 반드시 현실과 맞았다고는 말할 수 없다는 입장이다.

학회도 기관지에 실증주의 입장의 논문과 보고를 게재함으로써 "안온"하게 있었는데 이색적으로 달랐던 학회가 일본고대문화학회라는 것이다. 일본고대문화학회는 "고고학자에 의한 「일본정신」 고무"로 "정말 시대흐름에 영합"(217쪽)하였다는 점을 저자는 인정한다.

일본고고학회의 제49회 총회가 1944년 4월 20일 개최할 예정이었으나 비상시에는 "긴급을 요하지 않는 모임은 자숙"(218쪽)하라는 일본 정부의 주문을 받아들여 총회를 열지 않았다는 점에서도 학문활동의 정치적 '협력'의 모습을 엿볼 수 있다.

• 읽고 쓴 이의 맺는 말

이 책은 일본고고학사와 식민지고고학을 주제로 외국에서 발간된 관련 연구 성과 전체를 보다 자세하게 읽어 내려가면서 부분 인용하며 저자의 주장·평가를 소개하고 '대화'하는 '확대된 서평형식'의 새로운 시도이다. 필자가 이를 위해 선정한 연구 성과는 일본고고학사의 대표적 연구 성과로 평가되고 있는 사이또 타다시齋藤忠의 『일본고고학사日本考古學史』(1974)와 그 연구에서 '누락된' 대만, 조선과 「대동아공영권」 시기에 전개된 식민지고고학·'이민'고고학을 연구한 사카즈메 히데이치坂詰秀一의 『태평양전쟁과 고고학太平洋戰爭と考古學』(1997)이다. 선정 이유는 이 책의 시작하는 말에도 언급되어 있지만 두 책은 상호보완, 더 나아가 적어도 1960년대까지 일본고고학사의 '종합'으로 보아도 좋다고 생각하였기 때문이다.

제1권에 대하여

이 「맺는 말」에서는 필자가 일본고고학사를 통해 일본인에 의한 조선 식민지고고학 개시 전후前後, 1910년 전후의 일본 국내 고고학계 상황, 즉 고고학에 대한 인식수준, 고고학 관련 학회 및 학과의 운영실태, 고적발굴의 기법 수준 등에 관해 얻은 몇 가지를 정리하고자 한다. 또 한 가지 고고학계의 '권력'과 관련하여 식민지고고학에 종사하고 있던 일본 고고학자들과 일본 국내를 필드로 한 일본 고고학자들 간 식민지고고학 추진 주체의 '교체'에 대해서도 생각해 보고자 한다. 이를 통해 조선 식민지고고학의 역사적 성격 규정에 끼친 영향을 나름 제시할 수 있을 것이다. 필자는 최근 『일제의 조선 「식민지고고학」과 식민지 이후』(서강대출판부, 2015)를 통해서 고적발굴의 성과를 포함하여 일본 국내 문화유산 정책과 식민지 문화유산 정책 간 '차별적 운영'이라든가, 일본고고학회 기관지 『고고계』, 『고고학잡지』의 기사를 통해 식민지고고학의 표상으로서 '권력'과 '차별' 그리고 '소유'(유물의 반출)의 측면을 다루었다. 따라서 여기에서는 중복을 피하기 위하여 이것에 대해서는 언급하지 않기로 한다.

우선 1934년부터 1939년까지 6년 동안 일제의 외지外地 조선에서 고고학·박물관 운영에 깊이 관여하였던 사이또의 이력난에서는 조선에서 식민지고고학에 종사한 경력을 찾아 볼 수 없을 뿐만 아니라 그의 저술에서도 조선 등 식민지고고학을 다루지 않은 이유가 무엇인지를 필자 나름대로 생각해 보고자 한다. 그리고 그의 『일본고고학사日本考古學史』의 시기구분과 기술체제에서 드러난 문제점과 특징을 언급해 두고자 한다.

1. 식민지지배 비판으로부터 일정한 거리를 두었던 고고학자 사이또 타다시

필자는 사이또 타다시로부터는 일제의 조선 식민지지배 자체를 비판하는 목소리를 들을 수 없었다. 그는 고고학자로서 정치와는 일정한 거리를 두고 있었다고도 생각할 수 있지만 그렇다고 이것이 그가 정치적 중립에 있었다는 것을 의미하는 것은 아니다. 왜냐 하면 조선총독부 촉탁이라는 신분을 가진 그가 조선에 체재했을 때의 상황이 1931년 만주사변 이후 만주국의 건국, 일본의 국제연합 탈퇴 등으로 일본의 국제적 고립에 대처하기 위해 특히 식민지 관료에게 정치로부터의 중립적 태도나 입장을 허용할 수 없는 "국민총동원" 하에 있었기 때문이다. 국민을 정신적으로 통합하기 위한 정책은 일상생활 속에서 구현되어 그 효과를 노리려고 하였다는 특징을 보이고 있다.

임진왜란 시에 부산 용두산龍頭山공원에 신사가 세워진 이래 일제의 대한제국 강점 이전에 일본인 이주 어촌 거문도 등에 세워지기 시작한 해외 신사뿐만 아니라 일본 국내 각 지역의 신사는 명치정부에 의하여 국가신도國家神道 체제 안으로 편입되면서 국가신도의 제사공간으로서 '비非종교'로 규정되었다. 1925년 경성 남산에 세워진 조선신궁朝鮮神宮을 비롯한 식민지 신사神社(마을 또는 학교 등에 세워 신사神祠도 포함)를 1936년에 "일도일열격사一道一列格社" 설치와 "일면일사一面一社" 방침에 따라서 조선 전국에 세우고 이에 대한 참배를 강요하였으며 무속 등 '고유신앙'뿐만 아니라 불교와 유교 등을 통해 심전心田開發정책을 추진하였다(이상 졸저, 『일제의 조선연구와 식민지적 지식생산』, 민속원, 2012, 368쪽). 또한 그가 관여했던 박물관에 대해서는 1933년 명치절明治節을 계기로 정해진 박물관주간博物館週間 동안에는 조선총독부박물관에 재직하고 있던 사이또가 아마도 기획하였을 것으로 생각되는 조선총독부박물관 주최 '고대내선관계' 특별전(1938년 11월 박물관주간)을 통해서는 조선과 일본에서 각각 발견된 유사한 형식의 유물들을 나열·비교의 방식으로 전시하여 '비과학적'이고 '비학문적'이지만 내선일체內鮮一體의 이미지를 전달함으로써 현실적으로 정치적 효과를 높이고자 하였다.

이러한 긴박한 상황 하에서 조선총독부의 고적발굴사업에도 '적신호'가

켜짐에 따라서 조선총독부 외곽단체로서 1932년에 조선고적연구회朝鮮古蹟研究會가 발족되어 일본학술진흥회, 궁내성 및 이왕가, 개인 호소가와 모리다츠細川護立 등으로부터의 하사금 및 기부금으로 그 사업을 지속적으로 이끌어갔다. 이와 같이 당시는 식민지지배 측이나 지배를 당하는 측이나 그 어느 때보다도 현실적인 긴장감을 피부로 느낄 수 있는 시기였을 것이다. 따라서 사이또는 조선총독부 촉탁으로서 고적발굴조사와 박물관 운영에 '비판 없이' 적극적으로 관여하면서 '공직자'와 '고고학 전문가'로서의 역할을 수행하였다고 보아 지장이 없을 것이다.

2. 사이또에게 조선 식민지고고학 경력의 의미

고고학자로서 사이또 타다시에게 조선은 공적으로든 사적으로든 고고학 조사와 연구를 위한 필드(field)에 지나지 않았을 지도 모른다. 일제가 그러한 조선을 지배하고 있는 것 자체에 대한 비판은 고고학자로의 역할을 약간 강하게 표현하면 '포기'하는 것이 되기 때문에 일제의 지배 자체에 대해 비판의 여지는 그에게는 의식적으로 아예 없었을 지도 모른다. 특히나 일본 고대 이전 시기에 대한 연구가 고고학 연구를 통해 진행되고 있는 상황에서 조선 고고학 조사연구는 필수불가결한 과제였을 것이다.

한편 그에게 일제의 식민지 지배에 대한 무비판의식의 이유는 그렇다고 해도 그의 이력에 조선에서의 고고학 조사연구 활동 경력이 보이지 않는 것은 또 다른 차원의 문제라고 생각한다. 일본의 패전 이후 일본 사회 내에서 외지 생활을 했던 경력이 있는 일본인들에 대한 시선은 그렇게 곱지 않았다. 일본의 전쟁 수행으로 인하여 피해를 입은 일본 국내 사람들과 외지에서 돌아온 그들 사이에는 서로를 바라보는 시선들이 달랐다. 상대적으로 외지에서 비교적 '편안한' 생활을 한 일본인들에 대해 질시하는 태도와 정서가 있었다. 그만큼 외지에서 돌아온 일본인들을 일본사회의 많은 조직 안으로 끌어들이는 것 자체를 부담스러워 했다. 그들은 일본사회에 "민폐"를 끼치는 존재라는 냉대적이고 배척적인 인식이 일본 사회에 퍼져 있었다(이연식, 『조국을 떠나며』, 역사비평사, 2012 참조). 사이또와 같이 촉탁이라는 식민지관료의 경력을 가진 사람들의 경우 일반인과는 다른 의식으로 일본 국내생활에 적응하고자 하였을 것이기 때문에 일본 외지에서의 고고 발굴과 박물관 운영의 경력을 드러냈을 경우 일본 사회 내에서 그에 대한 네거티브적인 반향을 의식하였을 사이또의 '고민'을 어느 정도 이해할 수 있을 것 같다. 이 점에서 조선 식민지고고학에 관여했던 일본 고고학자들이 일본 패전 후 일본 사회에 적응하는 과정에 대한 연구는 나름 의미가 있다. 식민지고고학에 관여한 일본인들을 조선 '거주형'과 '파견형' 등으로 구분하여 살펴볼 필요도 있을 것이다.

3. 사이또의 일본고고학사 시기구분 문제

사이또는 일본 국내에서만 전개된 고고학사를 다음과 같이 시기구분한다. 17세기 후반 이전을 고고학 "전사前史", 에도시대를 "고고학"이 아니라 "고고학적" 연구가 이루어진 초·중·말기로, 메이지시대 이후 고고학이 시작되었다는 의미로 메이지 이후 다이쇼大正의 초·중·말기를 설정한 뒤 쇼와昭和시대를 전기와 현대의 고고학으로 구분한다. 사이또의 일본고고학사 시대구분에서는 몇 가지 특징을 엿볼 수 있었다.

첫째로, "전사"와 "고고학적"이라는 애매한 용어를 사용하고 있다는 점이다. 사실 "전사"에도 "고고학적" 현상들이 나타났기 때문에 두 용어를 별도로 사용하고 있는 이유를 밝힐 필요가 있었으나 그 언급은 보이지 않았다. 사실 "고고학적" 현상을 고고학의 "전사"로 생각할 수 있기 때문에 설명이 필요하였다.

둘째로, 1974년 이 책이 출간될 당시도 쇼와시대가 계속 되고 있었으므로 앞의 메이지나 다이쇼시대와 같이 초·중·말기로 구분하기가 곤란하였을 것으로 생각은 되지만 그럼에도 쇼와 전기(1940년)부터 1974년 이전까지를 "현대"로 설정한 것은 문제가 있다. 쇼와시기를 전기를 포함하여 제2차 세계대전에서 패전한 1945년을 포함하여 그것을 획기로 현대의 고고학과 구분하는 것이 합리적 시대구분이 아니었을까 생각하기 때문이다. 제2권의 저자 사카즈메도 사이또의 쇼와 전기를 1940년이 아니라 1945년까지 확대할 필요가 있다고 말한다. 그 이유는 아마도 쇼와시기 가운데 일본 '학문의 정치학'을 고려할 때 제2차 세계대전 이전 고고학의 역할과 위상이 1945년 이후 달라지고 있다고 생각하기 때문이 아닌가 생각한다.

따라서 사이또가 설정하고 있는 쇼와시기를 전기와 후기로 구분하고 현대의 고고학은 제2차 세계대전 이후로 설정하되 이제는 그 시기 또한 세분되어야 할 것으로 생각하면서도 지금은 쇼와시대가 지나고 헤이세이平成시대를 살고 있는 상황에서 일본고고학사 시기 구분 가운데 쇼와시기도 할 수 있다면 초·중·말기로 구분하고 평성시대 이후를 현대 고고학으로 설정하여 새롭게 고찰하는 방향도 생각할 수 있을 것이다.

4. 사이또의 일본고고학사 기술체계의 특징

사이또의 일본고고학사 고찰에서 특징이라고 말할 수 있는 것 가운데 하나는 에도의 "고고학적" 시기에 대한 기술체제와 명치 이후 "고고학" 시기에 대한 서술체계가 다르다는 점이다. 이것은 일본 역사에서 고고학의 토양이 어떻게 만들어져 결실을 보게 되었는가를 단적으로 보여준다. 에도시대의 "고고학적 연구" 동향은 유적·유물에 대한 관심과 조사와 탐색을 통한 호고好古사상의 출현, 애석가愛石家들의 활동, 지방여행의 유행과 함께 여행기의 발간, 지방지와 도보의 간행, 산릉조사, 묘지와 금석문의 연구, 외국인 시볼트의 연구, 능묘의 연구에 걸친 것이었다. 고고학의 구비요건이라고 말할 수 있는, 유적의 조사·연구와 함께 발굴을 통한 논쟁과 이론을 포함한 연구의 진전, 관련 학회의 창립과 활동과 관련 연구서의 간행과 연구 영역의 확대가 나타난 시기로서 명치시대의 "고고학" 동향은 이전 시대와는 양적, 질적으로 다른 것이었다. 이 동향을 시기별로 보면 관련 법령의 제정과 함께 정부고용 외국인의 활동과 오모리大森패총 발굴, 츠보이 쇼고로坪井正五郎 등을 중심으로 한 인류학회의 창립 등 인류학의 토대 구축이 특징으로 나타난 명치 초기를 지나, 고고학회의 창립, 여러 패총 발굴과 석기시대의 연구로 석기시대 주민론과 야요이弥生토기 명칭을 둘러싼 논쟁의 전개 등이 나타난 명치 중기 이후 명치 말기에 들어서는 중기의 야요이시대 명칭론과 석기시대 주민론에 대한 논쟁의 재연 외에 코고이시神籠石론, 법륭사法隆寺의 재건·비非재건론을 둘러싼 논쟁의 전개와 함께 석기·야요이·고분·역사시대에 대한 발굴과 연구의 진전으로 고고학 관련 개설서의 출간이 나타났다.

사이또는 다이쇼 이후 쇼와 전기의 고고학사에 대해, 명치시기와는 다르게 "고고학계의 동향"과 "발굴과 연구"로 대별하여 기술하는 방식을 취하고 있다. 이는 명치시대와 다이쇼(1912년) 이후의 쇼와 전기(사이또의 시기 구분에 의하면 1926년부터 1940년까지)와 "현대의 고고학"(1940년부터 이 책이 발간된 1974년 이전)이 고고학사적으로 보아 질적인 차이가 있다는 것을 암묵적으로 보여주는 것이라고 말할 수 있다. 그렇다면 일본 고고학이 토대가 구축되고 궤도에 오른 시기를 1912년 다이쇼 이후로 보고 있다는 것을 알 수 있으며 1910년대에 경도제국대학 문학부에 고고학교실이 설치되는 등 학적 대상으로서 고고학이 대학의 교육·연구대상이 되어 갔다.

1900년대 이후 동경제국대학의 세끼노 타다시關野貞 등이 한반도에 파견되어 고적조사와 발굴을 시작한 시기부터 식민지고고학의 전개를 고려하면 이 책에서 시기구분하고 있는 명치 말기부터 쇼와 전기까지의 일본 고고학사 흐름에 주목하되 식민지고고학의 성격을 규정할 만한 특징들을 다음과 같이 정리하여 식민지고고학의 역사적 성격을 잠정적으로 이야기하고자 한다.

5. 명치기 일본고고학사의 전개와 식민지고고학

일본 국내 고고학사상 고고학에 대한 인식수준은 무엇이었는가, 하나의 학문 분과로서 고고학이 성립되어 있었는가, 고고학 전문가 양성과정은 무엇이었는가, 고고학에서 발굴기법의 변화는 무엇이었는가를, 조선 식민지고고학의 '전사前史'에 해당하는 1900년대, 1910년대 일제의 대한제국 강점이 이루어진 이후를 중심으로 저자의 기술에 토대하여 정리해 보고자 한다.

1900년 이전은 사이또가 설정한 명치 초기와 중기에 해당된다. 이를 통해서 식민지고고학이 본격적으로 시작되기 이전 일본 국내의 고고학 상황은 어떠하였는가. 이것은 동경제국대학 세끼노 타다시 일행이 대한제국에서 실시한 고적에 대한 서베이조사의 학사적 배경을 살피는 작업이 된다. 그 시기 즉 명치유신 이후 1899년까지 일본 국내에서 그 동향은 어떠하였는가.

1) 명치 초기부터 1899년까지 일본 국내 고고학계의 동향 개요

오늘날 문화재보호법의 '원형'이라고 말할 수 있는 「고기구물보존방」이 태정관포고로 1871년에 공포된 이래 매장물에 대해 「유실물법취급규칙」(1876년)이라든가 「학술기예 혹은 고고자료가 될 만한 매장물 취급에 관한 훈령」(내무성훈령, 제985호. 1899년)이 제정되어 문화재에 대한 법령이 정비되어 갔다. 이런 가운데 archaeology에 대해 처음에 '고물학古物學'으로 번역되었다가 고고학으로 일반화되어 학술용어로 정착되었고 명치정부가 모스, 사토우(E. Satow), 시볼트(H.v. Siebold), 고우랜드(W. Gowland), 미룬(J. Milne) 등 외국인 학자들을 고용하여 서구의 고고학 개념들과 방법들의 '이식'을 통한 '학문의 근대화'를 도모하였다. 이들 가운데 특히 모스는 동경의 오모리大森패총을 발굴하여 1879년에는 관련 도록을 발간하였고 관련 강연을 통해서 고고학에 대한 일반인들의 관심을 크게 불러일으켰다. 그러나 저자에 의하면 패총이나 횡혈식 석실고분에 대한 발굴기술이 미숙하였을 뿐만 아니라 층위層位 관계라든가 유물의 공존관계에 대한 관점이나 고찰은 없었다. 그러다가 1894년경 "유물포함지" 또는 "유물포함층"이라는 용어 사용으로 고고학의 개념이 달라지기 시작은 하였지만 여전히 고고학의 개념이나 발굴 방법 등이 아직 정립되어 있지 않은 상황이었다고 저자는 생각한다. 실제로 그 이전 1884년에 동경제국대학 츠보이 쇼고로 등 학생들이 중심이 되어 동경인류학회가 결성되었지만 고고학과 인류학의 경계가 모호한 상황 하에서 인류학의 보조로서 고고학에 대한 관심은 고조되고 있었다.

1886년은 일본고고학사에서 중요한 의미를 가지는 해인데 그 이유는 제국대학령에 의하여 동경대학이 동경제국대학으로 개칭되었고 1889년에는 그 문학부 안에 국사과가 설치되어 일본역사에 대한 교육과 연구를

위한 학과가 마련되었다. 또한 초대 일본고고학회 회장을 지낸 미야케 요네기치三宅米吉가 발간한『일본사학제요』에서 일본의 고대사 연구에 고고학 자료를 이용할 필요가 있다는 점을 주장하였다. 1895년 일본고고학회가 발족될 당시 회원 수는 200여 명이었고 그 다음 해부터 기관지『고고학회잡지』를 발간하여 고고학에 대한 학적 토대를 정비해 갔다. 1898년과 1899년에는 야기 쇼자부로八木奘三郎에 의하여 고고학이라는 단어가 등장한『일본고고학』(상하)이 출간되었다. 동경제국대학 인류학교실의 야기에게 인류학보다는 고고학에 보다 관심이 많았고 그 결과 아마도 이 책은 처음으로 "고고학"이라는 제목을 붙인 연구 성과가 될 것이다. 일본 인류학과 고고학의 토대 구축에 노력한 츠보이 쇼고로는 사전史前, 원사原史, 유사有史로 시기를 구분하고 패총과 횡혈, 토기 등을 개술하기도 하면서 고물古物, 고건축물 유적들에 대한 실지연구의 기초로서 당시의 사실을 정확하게 추구하는 데 노력하는 학문으로서 고고학을 정의하기도 했다.

패총에 대한 발굴은 허용이 되어 활발한 편이었으나 고분에 대해서는 태정관포고 이래 발굴이 금지되어 있었다. 저자에 의하면 일본인에게 패총은 "선주민"이 남긴 것이라는 생각이 있었던 반면 고분에 대해서는 "조상의 묘"라는 인식이 있어 그것을 발굴한다는 것 자체를 꺼려했다고 한다. 그러나 이러한 인식에도 고분조사와 발굴이 이루어진 사례가 1897년에 츠보이 쇼고로에 의하여 동경시 시바마루야마芝丸山공원의 마루야마丸山고분을 중심으로 한 고분군 조사와 발굴이 그것이다.

2) 1900년대 초기 일본 고고학계의 동향

1900년대에 들어서서 일본 고고학에는 몇 가지의 변화가 나타났다. 우선 고고학에 관한 개설서가 비교적 많이 간행되고 있었다는 점이다. 특히 야기 쇼자부로에 의한 간행이었다. 그는 고고학에 대한 일반인들의 관심을 높이는 데 노력하였다. 앞서 언급한 1898년의 『일본고고학』(상하) 외에도 1902년에는 『고고편람考古便覽』을 간행하여 동검, 동탁, 분묘의 연혁, 경감설鏡鑑說, 곡옥지석曲玉砥石, 하니와 총설, 고와古瓦연구, 천화泉貨개설, 신상변神像弁이라는 8개의 항목으로 나누어 이를 개술하였다. 또 1910년에는 『고고정설考古精說』을 정리하였는데 이것은 앞의 『고고편람考古便覽』과 내용이 완전히 같았다고 한다.

또 야기는 1906년에 나카사와 스미오中澤澄男와 공저로 『일본고고학日本考古學』을 간행하였다. 그 책의 목차를 저자의 기술을 참조하여 구성해 보면 제1편 선사시대 제2편 원사시대로 나누고,

제1편(선사시대)

제1장(총론) 고고학의 발달, 목적, 정의, 범위

제2장(유적편) 패총·유물포함지遺物包含地, 토기총土器塚, 수혈

　　　(인종편) 선사주민, 복식, 풍습

제3장(유물편) 자연물, 식물, 인위물人爲物, 기물사용고考

제4장(의장편)

제5장(교통 및 무역편)

제6장 치시마千島 이하 청한淸韓의 석기시대별, 야요이토기와 유적

제2편(원사시대)

제1장(유적편) 신롱석神籠石, 고분, 횡혈, 제도소製陶所

제2장(인종편) 천손종족설, 복식 및 풍습

제3장(유물편) 도기, 금속, 석제품, 유리제품, 패기貝器 및 골각기,

　　　　　　목기 및 섬직류, 기물사용자, 식물고考

의장편

교통 및 무역편

또한 1895년부터 동경제국대학 인류학교실에서 교수용의 도화圖畵 등을 그려온 오노 노부타로大野延太郎는 1898년에 누마타 요리스케沼田賴輔와 공저로 『일본고고도보日本考古圖譜』를, 1904년에는 『선사고고도보先史考古圖譜』를 간행하여 석기시대의 유물들을 소개하였다.

앞에서 언급했지만 야기에 의하여 일반인들에게 고고학을 인식시키기 위한 노력의 또 하나의 성과물로서 『학생안내 고고학의 기초』(1904년)가 발간되었고 또 중요한 간행물로서 오늘날 유물조사카드에 비견되는 『유적유물조사용 일기』가 있었다. 여기에는 보고한 사람의 이름과 주소, 채집 장소와 연월일, 유물의 종류를 기입하고 도면을 기입하는 공백까지 있었다.

1905년에 구메 쿠니다케久米邦武는 『일본시대사』(와세다대학출판부)의 1절(고대)에서 "일본의 원인原人은 대륙"에서 왔다고 하면서 패총, 석술(횡혈, 고분), 구옥, 관옥, 동촉 등도 기술하였다고 한다.

1907년에는 앞에서 언급한 미야케 요네기치가 당시 일본 고고학이 체계화되어 가고 있는 상황에 있다고 주장하면서 가장 우선 재료의 천착·수집 → 재료에 대한 형질조사 → 재료에 대한 비교조사와 함께 기록, 문헌, 고도화古圖畵 등을 참조한 보조 조사가 이루어지는 고고학 '연구방법론'을 제시했다. 이러한 주장들을 당시 고고학회의 기관지 등에 발표를 하고 있었기 때문에 회원들 간 이를 공유함으로써 일본 고고학의 '지도'가 달라져 갔을 것이다. 저자는 1910년경에 "고고학이 학문으로서 체계화"되었다고 말한다,

또한 1900년대에는 일본 고고학의 연구 진전을 보여주는 것으로 몇 가지 논쟁이 전개되었다. 대표적으로 석기시대 주민론, 야요이토기 명칭론, 신롱석 성격론, 법륭사 재건·비재건론이 그것들이다.

고분조사와 발굴도 진전되었는데 1906년에 후쿠이켄 요시다군吉田郡 요시노무라의 석선산상에서 발견된 배 모양 석관과 그 안에서 관, 사수경四

獸鏡, 갑옷, 녹각형 칼장구 등이 출토되었다. 1907년에는 야마나시현 야요군八代郡 시모소네촌下曾根村 쵸우시츠카銚子塚 옆 마루야마 고분에서 수혈실 석실을 검출하였다. 1912년 7월에는 오사카부 미나미가와찌군南河內郡 고야마촌小山村 츠도우시로산고분津堂城山古墳에서 석관을 츠보이와 시바다柴田常惠가 조사 발견하였다. 츠보이는 1911년 7월부터 유럽 여러 국가 및 인도, 이집트 등을 둘러보고 1912년 3월 29일에 귀국하였는데 대석관이 발견되었다는 정보를 얻자 그 다음 날 동경을 떠나 4월 4일에 이를 조사하였다. 이 고분은 인쿄천황릉允恭天皇陵이라고도 일부 상상되고 있던 것으로 거대한 나가모치형長持形석관(저석底石, 장측석長側石 2매, 단측석短側石 2매, 덮개석蓋石 총 6매의 판석으로 이루어진 상자모양의 석관 : 필자 주)의 출현은 학계에 큰 영향을 끼쳤다.

이와 같이 1900년대에 들어서서 고고학 관련 개설서라든가 논쟁의 전개와 고분 등의 조사발굴 등을 통해 볼 때 고고학의 토대가 구축되어 가는 상황이었다는 것을 읽을 수 있다. 이렇게 본다면 1900년부터 시작된 조선의 식민지고고학의 '전사'에서는 일본인에 의한 서베이 조사를 거쳐 1910년 일제의 조선강점 이후 나름 고고학의 개념이나 조사 발굴 등의 방법을 나름 몸에 익힌 일본인들에 의한 조선 식민지고고학이 전개되어 갔다고 보아 크게 틀리지 않다고 생각한다. 물론 고고학 분야에 따라서 예를 들면 고분발굴의 경우는 일본 국내에서 그 이전에 그렇게 활발하게 이루어진 것이 아니었다는 점에서 그들의 식민지에서 특히 고분발굴의 경험을 크게 얻었다고 보는 것이 맞을 것이다. 1916년에 경도제국대학 문학부에 고고학 강좌의 설치는 그 이전과는 다르게 일본 고고학계의 수준이 달라지는 계기가 되었다는 점과 조선에서 그 시기부터 5개년 고적조사계획이 수립되는 시점을 결부시켜 보면 양자의 관계가 반드시 무관하지 않다고 생각된다.

조선 식민지고고학사에서도 1916년에 관련 법령으로서 「고적 및 유물보존규칙(전체 8조) 제정과 함께 고적조사위원회의 발족으로 5개년 유적조사발굴 계획이 수립된다. 동경제국대학의 츠보이 쇼고로의 사망(1913)과 세끼노 타다시의 유럽과 중국, 인도 유학(1918~1920) 이후 경도제국대학 중심으로 조선 고적발굴조사가 전개되는 변화를 맞이하였다. 1910년대 세끼노 타다시와 함께 유적조사를 수행해 왔던 야츠이 세이이치谷井濟一도 1921년에 고적조사위원을 사퇴하고 고향 와카야마和歌山로 돌아갔다(齋藤 忠, 『日本考古學人物事典』, 學生社, 2006 참조). 1921년 그 동안 조선총독부 서무부 문서과가 소관해 오던 박물관 및 고적조사사업과 종래 종교과에서 소관해 오던 고사사 및 고건축물보존보조 사업을 통합하여 학무국 내에 새롭게 고적조사과를 두어 통괄하도록 하였다.

또 하나는 1910년대 동경제국대학 세끼노 타다시 등이 중심이 된 식민지고고학의 전개에서 중심의 축이 경도제국대학으로 옮겨지면서 시야가 일본 국내 고고학뿐만 아니라 중국을 포함한 동아시아 전체로 확산되는 경향을 보였다. 따라서 1920년대 식민지고고학은 일본 국내에 구축된 고고학의 토대, 즉 연구의 발전으로부터 영향을 받으면서 진행되었다.

끝으로 몇 가지 향후 과제를 제시하면서 제1권에 대한 맺는말을 마치고자 한다.

첫째로, 일본고고학사에서도 그렇지만 일본미술사에서도 근대 시기 일본의 외지에서 진행된 일본인에 의한 고적발굴과 연구, 미술작품을 다루지 않는 이유는 분명 있겠지만 당시 일본의 역사라는 관점에서 보면 그들의 당시 지도뿐만 아니라 여러 문헌에서 말하고 있듯이 일본의 판도는 그들의 외지도 포함하는 것이었다. 그렇게 생각하면 일본 판도 안에서 일본인에 의한 고고학의 활동이나 미술작품 활동은 그들의 각 학사에서 기술 대상이 될 법하다. 그러나 다른 한편으로 제2차 세계대전 일본 패전 이후 일본 이외의 국가에서 활동하고 있는 일본인에 의한 고고학 조사나 발굴, 연구와 미술작품 활동을 하고 있는 경우에도 일본고고학사, 미술사에 포함시켜야 할 것인가 하면 그것은 또 다른 차원의 문제이다. 후자의 논리나 관점에 서게 되면 근대 시기의 고고학사나 미술사에서도 당연 일본 이외의 지역에서 일본인들에 의한 학문적 활동을 학사 안에 포함시킬 필요를 느끼지 않을 수 있다. 그러나 학사는 당시 역사의 맥락을 함께 고려할 때 그 기술대상은 달라진다. 근대에는 분명 일본의 외지로 문부성 소관의 대학의 명령에 의하여 외지에 파견된 일본인들이 고적조사와 발굴을 수행했다는 점에서 오늘날과 같이 개인 자격으로 조사나 연구를 수행하는 상황과는 차이가 있다. 이러한 생각에 이르게 되도 여전히 문제는 남는다. 오늘날에도 근대와 같이 일본 국가의 파견에 의하여 일본인이 외국에서 수행하는 고적발굴 등을 현대 일본고고학사를 기술할 때 포함시켜야 하는 게 맞는가. 아마도 사이또가 일본고고학사를 기술할 때 그들의 식민지고고학을 다루지 않은 이유는 아마도 여기에 있지 않았을까 생각한다. 이 문제는 보다 논의가 진전될 것으로 생각되며 향후과제로 남겨두고자 한다.

둘째로, 일본의 외지 대만과 조선 등에서 고적조사와 발굴에 종사했던 고적조사위원으로서 세끼노 타다시, 야츠이 세이이치, 도리이 류죠, 이마니시 류, 하마다 코사쿠, 하라다 요시또, 고이즈미 아키오, 후지타 료사쿠, 구로이타 가츠미 등은 그들의 이력 등으로 보아 당시 일본고고학회와 밀접한 관련을 가지면서 활동을 한 사람들이다. 일본고고학회 회원들도 그들의 외지로 건너가 고적조사와 유물수집에 관여한 사람들도 있었다. 당시 연구자들에게 일본에 의해 확보된 외지는 학문 활동에 큰 자극과 호기가 되었을 것인데 실제 일본 국내의 관련 학회에서 외지에서 수행되고 있는 성과들을 학회지에 특집호라든가 "조선통신"이라는 코너를 마련하여 상호 공유하기도 하였지만 보다 적극적으로 학회 차원에서 외지에서의 그들의 활동을 어떻게 인식하고 있었는가에 대해서는, 일본 패전 전후前後 일본으로 돌아온 이른 바 '외지에서 돌아온 일본인 고고학자'들에 대한 시선과 그 후 그들의 활동과는 관련이 있는 것이다. 또한 현대 일본고고학계에서 제2차 세계대전 이전에 그들의 외지에서 이루어진 고고학 연구 성과들을 어떻게 평가하고 있는가 하는 문제와도 관련이 있다. 조선 식민지고고학에 깊숙이 관여했던 후지타 료사쿠는 조선의 식민지고고학이 "세계적으로 기념비가 될 만한" 사업이었다고 패전 후 『조선학보』(제1집)에서 말하였다. 이 발언은 무엇을 의미하는가. 당시 일본 외지에서 이루어진 고적 발굴의 성과에 대한 화려한 장정의 도록이라든가 보고서 등은 일본 국내의 연구 성과물들과 비교하면 일본국가에 의한 식민지 경영에서 고고학 실적에 대한 '대외홍보'가 반영된 결과물로 볼 수 있다. 동아시아를 시야에 넣고 고고학 연구가 진행되는 현 상황 하에서 그들의 연구 성과에 대한 검토는 나름 중요한 의미를 갖는다고 생각한다. 따라서 한국과 일본, 중국 등의 고고학 관련 학회 차원에서 식민지고고학의 연구 성과를 둘러싼 심포지움을 통해서 논의하고 평가하는 작업 또한 요구된다. 식민지고고학 연구의 필요성이 여기에 있다.

제2권에 대하여

필자는 일제의 조선 식민지 상황 하에서 '생산'된 지식에 대한 검토 작업은 식민지 시기와 식민지 후 시기 간 단절이 아니라 연속이라는 관점에서 중요한 의미를 갖고 있다고 생각한다. 말하자면 포스트 콜로리얼리즘이라는 시각에서 이전 식민지 국가와 이전 식민지모국에서 '재생산'되고 있는 식민지담론과 그에 대한 비판적 연구를 위해서라도 그 작업은 개인 차원이 아니라 정부 차원에서 이루어져 궁극적으로는 양 국가 간 공동연구의 형태로 나아가야 할 과제이다.

필자는 비록 대학이나 연구소 안에 있지 않아 정치精緻하지는 않지만 개인적으로 이러한 문제의식 하에서 몇 가지 작업을 해 왔다. 홉스봄(E. Hobsbawm) 등이 편집한 『전통의 창출(The Invention of Tradition)』과 베네딕트 앤더슨(B. Anderson)의 『상상의 공동체(The Imagined Communities)』로부터 일정하게 영향을 받으면서(실제 이 두 책을 번역하여 서경문화사에서 출간한 바가 있다) 일제의 식민지 상황 이전까지는 "전통문화"로 인식해 오지 않았던 문화가 현실의 정치적인 문제 등을 해결하기 위하여 '전통문화'로 자리 매김을 한 것 가운데 무속문화를 다루었다. 그 무속문화가 조선총독부 일본인 촉탁 무라야마 지준村山智順에 의하여 주목을 받은 것은 1920년대 일제의 식민지 정책의 전환으로 '일선문화동원同源'이 크게 강조되던 상황에서였다. 거기에다가 내선결혼內鮮結婚 장려를 위해 민사법 등을 개정한 시기이기도 하였다. 말하자면 이것은 일제의 식민지정책이 동화同化를 보다 강화하는 방향으로 선회한 상황에 있었다. 1910년 이래 무속 행위에 대한 단속을 하면서 1920년대 후반 조선의 '고유固有신앙'에 대한 조사를 통해 일본의 신사와 같은 운영, 즉 조선 무인들을 신사 편입을 통한 통제하는 방안을 신중하게 제시하기도 하였다. 한편 일본 근대 종교사에서 유사종교로 탄압을 받다가 종교로 인정을 받으면서 해외포교도 가능한 교파신도敎派神道 13파 가운데 천리교天理敎와 금광교金光敎 등 10파가 부산, 목포, 제물포 등 개항지를 중심으로 조선의 여러 신앙과 접하게 되었다. 그 과정에서 천리교의 경우는 그 포교 범주를 경성으로까지 확대하면서 성과는 크지 않았지만 조선의 무인巫人들을 회원으로 확보하고자 노력하였다. 1930년대에 들어서면 앞에서 언급하였지만 일본 국내의 국가신도의 제사공간으로서 신사가 전국에 세워지기 시작하였다. 식민지 후 친일청산이 이루어지지 않은 가운데 '한국적' 민족주의를 주창하는 가운데 또 다시 전통문화에 대한 연구 붐이 일어났고 일제 식민지 상황 하에서 '전통문화'로 자리 매김이 된 무속의 위상에는 변함이 없었다. 식민지 상황과 민족주의의 상황 하에서 식민지 정부와 위정자들은 '전통문화'를 정치적으로 이용하는 데에도 관심이 있었다.

필자는 이 주제 외에 일제의 식민지 상황 하에서 식민지역사의 시각적 표상表象과 밀접한 관련이 있는 한국근대박물관의 역사를 살피는 과정에서 그것은 식민지박물관의 역할이었을 뿐만 아니라 식민지고고학 성과물의 '진열 공간'이었다는 점에 주목했다. 조선총독부박물관으로 대표되는 식민지박물관은 식민지 이후 국립박물관으로 이어지면서 적어도 1972년 국립중앙박물관으로 개편되기 전까지는 박물관의 조직·운영면에서 크게 다르지 않았다. 필자는 한국근대박물관역사를 살피면서 식민지고고학의 역사적 성격에 관심을 가지게 되었다. 그 관심의 방향은 구체적으로 당시 일본 국내의 고고학의 학문적 토대 등 상황이 어떠하였는가를 통해 식민지고고학에 종사한 일본인들의 '여건'이 어떠하였는가, 일본 국내의 관련 법률 제정을 통해서 식민지와의 '차별적' 운영의 실태는 어떠하였는가, 일본의 고고학회 기관지의 기사를 통해서는 공식적인 발굴조사보고서에 나타나 있지 않은 학회 회원들의 조사활동과 그 성과물들이 식민지고고학과 관련한 것들은 무엇이었는가 등에 있었다. 이러한 관심을 토대로 살핀 작은 결과를 『일제의 조선 「식민지고고학」과 식민지 이후』(서강대학교출판부, 2015)로 내놓았다. 그 과정에서 사카즈메의 『태평양전쟁과 고고학』을 번역·참조하였음은 물론이다. 그 결론을 앞의 졸저를 참조하여 간략하게 요약하면 다음과 같다.

조선 「식민지 고고학」이 시작된 전후前後 일본 국내의 고고학 관련 상황은 어떠하였는가.

명치정부의 불교 탄압과 관련 문화의 파괴과정에서 불거진 "고기구물古器舊物"에 대한 보호의 목소리가 높아지자 이를 위한 법률이 제정·공포되어 오늘날 일본의 문화재보호법의 '원형'이 형성되었다. 1871년 「고기구물보존방古器舊物保存方」(태정관포고 제251호, 5월 23일)의 발포를 필두로 1897년 「고기구물보존방古器舊物保存方」을 발전시킨 「고사사보존법古社寺保存法」(1897.6.5. 법률 제49호)이 공포되었다. 1874년에는 고분에 대한 고증작업을 통한 천황 제사를 위해 "고분이나 전승지傳乘地의 발굴을 금지"한다는 태정관太政官포고와 함께 태정관통달太政官通達로 「고분발견 시 신고방법」이, 매장물埋藏物 가운데 특히 고대의 연혁을 보여주는 물품에 대해서는 처분 전에 내무성內務省에 신고를 하고 검사를 받도록 한 1877년 「유실물취급규칙遺失物取扱規則」이 각각 제정되었다. 1880년에는 궁내성달을제3호宮內省達乙第三號로 「인민 사유지 내 고분발견 시 신고방법」의 발포를 통해서는 국민들에게 고분을 조사·발굴하는 문제가 개인적 차원이 아니라 공적 차원이라는 점을 인식시켰고 1899년에는 「유실물법遺失物法」과 「학예기예 또는 고고자료가 될 만한 매장물 취급에 관한 건」 등의 제정을 통해서는 고분과 관련한 유물은 궁내성宮內省으로, 석기시대와 관련된 유물들에 대해 동경제국대학으로의 신고를 의무화하였다.

명치정부는 '학문의 근대화'를 추진하고자 각 분야 중 인류학과 고고학 분야에 어니스트 사토우(Ernest Satow, 1843~1929), 시볼트(H.V. Siebold) 부자父子, 존 미룬(John Milne, 1850~1913), 모스(Edward Sylvester Morse), 윌리엄 고우랜드(William Gowland, 1843~1922) 등 외국의 전문학자들을 고용하여 이들로부터 인류학 및 고고학의 개념과 방법 등을 얻었다. 이들 가운데 모스는 오모리大森패총 조사와 그 보고서 기술과 강연 등을 통해 일본 국내에서 인류학과 고고학에 대한 학문적 관심을 불러일으켰다. 그러나 동경제국대학 재학 시절 일본 인류학회를 창립하고 핵심적인 역할을 수행하였으며 일본 인류학의 '내재적 발달'을 강조하려는 츠보이 쇼고로坪井正五郎의 그에 대한 평가는 그렇게 긍정적이지 않았다.

일본 민족의 기원에 대한 인류·고고학적 연구의 기운이 높아가는 가운데 일본 인류학회의 창립에 관심을 가진 사람들은 주로 자연과학을 전공하는 대학생들이었다. 동경제국대학에서 생물학을 전공하는 츠보이 쇼고로坪井正五郎를 위시하여 시라이 미츠타로白井光太郎, 공과工科 전공의 사또 류타로佐藤勇太郎와 농학 전공의 꼬바駒場농학교의 후쿠게 우메타로福家梅太郎가 그들이다. 1884년 10월 12일에 제1회 모임이 일본 인류학회의 단초를 연 계기이다. "인류학의 친구[友]"라는 '연구스터디' 수준의 제1회 모임을 가진 이후 학회 활동 공간을 대여하기 위한 공문서 작성에 대외적 명칭의 필요에서 기존의 명칭을 "인류학연구회"로 바꾼 이래 "인류학회"(1884년 12월 6일)를 거쳐 1886년 6월부터는 기관지 발행과 함께 "동경인류학회"로 개칭하게 되었다. 이렇게 일본 인류학이 자연과학적 토대에서 시작한 것은 세계 인류학사로 보아서도 문화·사회인류학보다 형질인류학에서 시작하였다는 맥락과도 연결된다.

학문의 발달과정이 일반적으로 그렇듯이 당시 인류학과 고고학은 일본의 지식인들에게 생소한 개념이었기 때문에 관련 학회 창립 초기에는 학문의 정체성에 대해 '혼란' 상태에 있었다. 이런 상황 하에서 1900년 경부터 일본 국내의 동경제국대학 인류학교실 소속 연구자들과 제국대학 교수 등이 타문화로서 조선의 고적과 유물을 접하게 됨으로써 조선에서의 「식민지고고학」은 시작되었다. 1916년에 경도제국대학 문학부에 고고학강좌가 개설된 이래 1930년대에 들어서서 동경제국대학, 와세다대학, 국학원대학에도 고고학 관련 자료실이 설치되어 학문분과로서 고고학의 토대가 형성되어 갔다. 일본 패전 후 일본 국내의 대학 가운데 1945년 이전에 설치

운영된 고고학 및 인류학 관련 교실이 오늘날에도 그 전통을 계속 이어오고 있는 점에서 식민지와 식민지 후의 상황이 단절이 아니라 연결되고 있다고 말할 수 있다.

1876년 4월 태정관포고 제56호로 발포된 전체 14조의 「유실물취급규칙遺失物取扱規則」에서 매장물을 발견한 사람은 관官에 신고를 하고 지주와 반으로 사례금을 나누도록 하였으며 매장물에 대한 보존을 둘러싸고 내무성內務省과 대장성大藏省이 협의한 결과 1877년 9월 27일부로 「태정관포달갑太政官布達甲20호」에 의하여 "매장물이 발견된 경우 내무성으로 신고할 것과 「고대의 연혁을 증빙하는 것」은 박물관이 구매하여 수장"하도록 하였다. 이에 따라서 박물관에서 고분출토 유물들을 관리할 수장고 시설의 구비는 필수적인 사항이 되었다고 말할 수 있다.

한편 그들이 식민지로서 확보한 외지外地 조선에서는 일제의 식민지 권력 하에서 고분 등을 자유롭게 발굴할 수 있었고 출토유물에 대한 관리도 허술하였을 뿐만 아니라 1916년 7월의 「고적 및 유물보존규칙」과 1933년 8월의 「조선보물고적명승천연기념물보존령」에서는 그 유물들의 해외반출을 금지한다는 법 조항조차도 없어 그 처리에 현실적으로 어떠한 제재도 받지 않았다. 단, 1933년 8월 앞의 「보존령」에서 "보물"에 한해서만 "이출移出"을 금한다는 조항만 설정되어 있었을 뿐이었다. 이와 같은 차별적인 법적 운용이 궁극적으로 오늘날 한일 간 문화재 반환 문제의 근본적인 원천이 되었음은 물론이다.

당시 일본 국내에는 1882년에 우에노上野 산에 구내 면적 3만 2천 53평에 14개의 진열실을 갖춘 최대 규모의 박물관이 동물원과 함께 개관하였다. 이어서 청일전쟁 전후에 나라제국박물관奈良帝國博物館(개관 1895년 4월 29일)과 경도제국박물관(개관 1897년 5월 1일)이 각각 1894년 12월 19일,

1895년 10월 31일 준공되었다. 두 제국박물관의 등장은 일본이 아시아에서 청일전쟁에서 승리함으로써 아시아의 패권국으로서의 위상을 차지한 것과 맞물려 있어 '제국' 박물관으로서의 의미가 보다 강하게 나타났다.

1900년 6월 26일 관제를 개정하여 제실박물관帝室博物館으로 명칭을 바꾸었다. 제실박물관은 "역사, 미술, 미술공예에 관한 물품을 수집·진열하여 밖으로는 공중公衆의 지견知見을 넓히고 안으로는 물품의 성질, 종별種別, 응용, 연혁 등을 연구하여 학술기예의 발달을 돕는 것"에 있었다. 이는 기존의 박물관 역할에서 변화된 것으로 제국박물관의 '역사미술 박물관'의 성격이 보다 강화되었음을 의미하였다. 제실박물관은 제국대학과 협의하여 고분에 관한 것 및 고고자료는 궁내성으로, 석기시대 유물 및 그 외 학술기예자료는 동경제국대학에 보고를 의뢰하도록 규정하였다. 그리고 궁내성에서 필요하다고 인정하는 것은 박물관에서 그것을 보관하도록 하였다. 1886년 이후 궁내성 소관의 동경제실박물관이 고분 연구의 거점, 동경제국대학이 선사고고학의 연구 거점으로서 자리 매김이 되었다.

이와 같이 일제는 국립의 박물관을 3개관을 건립 개관하여 제국의 위용에 부합하도록 유물 수집활동을 하였고 그 가운데 조선 등 주변 국가의 유물들을 수집하기 시작하였다.

그러나 일제 강점 하 조선에서는 발견 또는 출토유물들을 수장할 수 있는 공간이 구비되어 있지 않았다. 일제는 조선 강점 이후 외지外地에는 기존의 객사客舍 건물들을 박물관으로 이용하든가 아니면 조선물산공진회의 미술관 본관과 같이 박람회의 미술관으로 이용하다가 용도를 박물관으로 전환하는 '차별적' 정책을 폈다.

이상과 같이 유물을 조선 밖으로의 유출을 금지하는 법이 존재하지 않은데다가 조선 안에 그 출토유물들을 수장할 공간이 없는 상황은 그것을 수장 공간을 갖추고 있는 일본 국내로 자유롭게 가지고 나갈 수 있는 명분과 이유가 되었다. 출토된 유물들은 조선총독부박물관, 이왕가박물관, 도서관 등으로 운반하기도 하였지만 동경제국대학 공과대학과 문과대학, 인류학교실 등으로 가지고 나갔다. 지방의 객사 등 전통적인 건물들을 이용하여 유물을 보관하거나 진열하기도 하였다. 조선에 건너와 활동하던 고고학회 회원 등은 개인적으로 그러한 발굴에 대한 정보를 제공하거나 유물을 수집하여 개인이 소장하거나 일본 고고학회에 보내기도 하였다. 고고학회에서는 접수한 유물들을 회원들에게 나누어 주거나 돈을 받고 경매로 처리하기도 하였다.

청일전쟁과 러일전쟁을 거치면서 일제의 식민지권력을 배경으로 일본 제국대학의 명령을 받고 파견된 일본인 교수 등은 식민지 지배의 명분으로서 한사군의 지배와 임나일본부에 의한 지배의 역사를 강조하기 위하여 그 지역에 대한 조사와 발굴을 수행하였다. 발굴현장에 신사복 차림에 중절모를 쓴 일본인의 감독 하에 현지의 조선인들을 인부로 채용하여 곡괭이와 호미를 이용하여 출토한 유물들을 지게에 실거나 정리상자에 넣어 운반하였다. 발굴현장에서는 식민지 권력 틀 안에서 철저하게 조선인들은 인부로서 고용되었을 뿐이었고 조선총독부박물관 분관에 근무하는 조선의 지식인들이 있었으나 발굴에서 배제되었다.

식민지 권력에 의하여 식민지 문화들은 그들의 관점에서 분류·관리되었고 발굴 일정상 예기치 않게 얻은 정보에 토대한 발굴은 대학 졸업 또는 건축 기사 등 '유사 전문가'들에게 '긴급' 발굴을 맡기기도 하였다. 그 결과 발굴이 엉망이 되어 주위에서 구경하던 조선 사람들이 유물들을 가지고 간 경우도 있었다. 전국적으로 출토된 유물들은 일본뿐만 아니라 미국과 중국, 대만 등으로 유출되었다. 조선총독부에 에 의한 공식적인 발굴 이외에 개인적인 도굴도 성행하여 개인이 많은 유물들을 소장하게 되었다. 일제는 고적조사와 발굴사업을 추진하면서 역사적으로 조선을 '침략'했던 "문록경장文祿慶長의 역역"(임진왜란과 정유재란)에 관한 성곽을 조사하여 그 성곽을 고적으로 지정하여 기념하기도 하였다. 이와 같이 그들의 지배 행위를 재현하였을 뿐만 아니라 그들의 고적발굴 성과를 전람회와 박람회에 진열하여 국내외적으로 일본 제국의 힘을 과시하기도 하였다. 그리고 조선의 고대문화와 일본의 고대문화를 연계시켜 고고학의 연구 동기를 높였을 뿐만 아니라 현실적인 지배를 정당화하기도 하였다.

일본 국내의 경도클럽에서는 1990년부터 1997년 8월까지 총 200회의 정례회를 거쳐 1945년 이전 대만, 조선 등 식민지고고학사를 고찰하기 위해 관련 발굴보고서를 집중적으로 분석하여 발표한 결과를 『고고학사연구考古學史研究』에 발표 해 왔다. 제2권의 저자는 이 경도클럽의 활동과 잡지의 존재를 인지하지 못하였는지 저술에서는 인용이나 참고는 하지 않고 있다. 따라서 조선 이외 대만, 중국, 만주, 사할린, 남양제도와 브라질에 대한 기술 가운데 오히려 중국이나 만주에 대한 고찰이 상대적으로 구체적이다. 1910년부터 1945년 이전까지 식민지사관의 구축과 관련하여 일본의 조선에 대한 본격적인 고적발굴이 이루어졌다는 점에서 고찰의 비중이 높았어야 하는데 실제로 조선고적연구회와 부산고고회의 활동에 많은 부분을 할애하고 있는 것에서도 무엇인가 충분한 고찰이 이루어지지 않았다는 느낌을 지울 수 없다. 물론 목차 구성을 포함하여 저자가 저술목표가 있었을 것이기 때문에 그런 아쉬움은 의미가 없긴 하다.

한국의 고고학계에서는 일제 하 식민지고고학에 대해 아래와 같이 연구가 진행되어 왔다. 1988년 이선복에 의한 『고고학개론』에서 한국고고학사의 '전사前史'를 포함하여 일제의 고적발굴에 대한 약사가 기술된 이래 1990년대에 들어서서 이희준, 이성주의 연구에 이어서 2000년대에 들어서 단행본도 포함하여 많은 연구성과들이 나왔다.

• 이선복,『고고학개론』, 이론과 실천. 1988.

• 이희준,「해방 전의 신라·가야고분 발굴방식에 대한 연구− 일제하 조사보고서의 재검토(2)」,『한국고고학보』24집, 한국고고학회, 1990.

• 졸고,「일제의 조선고적 조사 및 발굴사업: 1910년대−1940년대」(졸저.『일제의 조선연구와 식민지적 지식생산』, 민속원, 2012 재수록).

• 이성주,「제국주의 고고학과 그 잔술」,『고문화』47, 한국대학박물관협회, 1995.

• 정규홍,『우리 문화재 수난사: 일제기 문화재 약탈과 유린』, 학연문화사, 2005.

• 정인성,「關野貞의 낙랑유적 조사·연구의 재검토−일제 강점기 '고적조사'의 기억 1」,『호남고고학보』24, 호남고고학회, 2006.

• 정인성,「일제 강점기 '경주고적보존회'와 모로가 히데오(諸鹿央雄)」,『대구사학』75집, 대구사학회, 2009.

• 정인성,「일제 강점기 낙랑고고학」,『한국상고사학보』71호, 한국상고사학회, 2011.

• 강인욱,「일제 강점기 함경북도 선사시대 유적의 조사와 인식」,『한국상고사학보』61, 한국상고사학회.

• 오영찬,「국립중앙박물관 소장 낙랑고분 자료와 연구현황」,『한국고대사연구』34집, 한국고대사학회, 2004.

• 오영찬,「19세기 말 월리엄 고우랜드의 한국고고학 탐구」,『한국상고사학보』제76호, 한국상고사학회, 2012.

• 이한상,「식민지시기 신라고분 조사현황」,『신라의 발견』, 동국대학교출판부, 2008.

• 이순자,『일제 강점기 고적 조사사업 연구』, 경인문화사, 2009.

• 이기성,「조선총독부의 古蹟調査委員會와 古蹟及遺物保存規則: 일제 강점기 고적 조사의 제도적 장치(1)」,『영남고고학』51호, 영남고고학회, 2009.

• 이기성,「일제 강점기 '석기시대'의 조사와 인식」,『선사와 고대』33권 0

호, 한국고대학회, 2010.

　• 이기성, 「일제 강점기 '금석병용기'에 대한 일고찰」, 『한국상고사학보』 제68호, 한국상고사학회, 2010.

　• 윤용혁, 『가루베 지온의 백제연구』, 서경문화사, 2010.

　• 정규홍, 『우리 문화재 반출사』, 학연문화사, 2012.

　• 전성곤, 「고고학의 동원과 로컬리즘의 재구성」, 『내적 오리엔탈리즘 그 비판적 검토』, 소명출판, 2012.

　• 영남고고학회 편, 『일제 강점기 영남지역에서의 고적 조사』, 학연문화사, 2013.

　• 서정석, 「가루베 지온의 백제성곽 연구」, 『백제문화』 51, 공주대 백제문화연구소, 2014.

　• 서정석, 「가루베 지온의 백제고분 연구」, 『역사와 담론』 74집, 호서사학회, 2015.

실제로는 한국 고고학계에서 지금까지 이루어진 연구 성과를 정리할 필요가 있지만 이 작업은 향후 하기로 하고 출토유물의 이동·소장처를 밝히는 작업을 위한 몇 가지 제안을 하고자 한다.

첫째로, 식민지고고학 연구의 기본자료가 될 수 있는 『고고계』, 『고고학잡지』, 『동경인류학잡지』, 『인류학보고』, 『인류학잡지』 등 일본 고고학회와 인류학회의 기관지에 실려 있는 관련 기록들을 정리하고 조선총독부가 연차적으로 발간한 『고적조사보고』를 면밀 검토하며, 출토유물의 이동과 관련하여 『조선고적도보』(전체 15권)와 조선총독부박물관보와 진열품도감, 이왕가박물관도록, 분관 여행기, 각 지역 박물관 팜플릿과 관련 도서, 사진엽서 등을 대조하는 작업을 진행할 필요가 있다. 조선총독부박물관은 1918년부터 1943년까지 조선총독부박물관의 『박물관진열품도감博物館陳列品圖鑒』(제1집~제15집)을 발간했다. 그 도감에는 조선총독부박물관뿐만 아니라 경주·부여분관에 진열되어 있는 유물 가운데 선정하여 유물사진과 함께 설명을 붙이는 형식으로 1집당 평균 12점의 유물이 선정되어 수록되어 있으며 약 180여 점이 수록되어 있다.

둘째로, 해방 후 국립박물관에 접수된 유물들을 조사하여 일제 강점 하에서 출토된 유물들이 어느 정도 조선총독부박물관에 소장되어 있었는가를 대조 확인하는 작업을 진행할 필요가 있다. 앞의 조선총독부박물관진열품도감에 실려 있는 유물들과 『조선고적도보』에 실려 있는 유물들에 대한 비교확인을 통해 일제의 조선 강점 기간 동안 조선총독부박물관과 경주분관 및 부여분관이 소장하던 유물들 가운데 대표적으로 진열된 유물들의 목록을 작성할 수 있을 것이다. 이 유물들은 적어도 해방 후 조선총독부박물관으로부터 인수인계되었을 것이다.

셋째로, 발굴현장에서 출토된 유물들에 대한 목록과 함께 '조사복명서'가 제대로 제출되었는가에 대한 검토도 필요하다. 그 대조 확인 작업을 통해서 해방 직후 4만 점 이상의 소장 유물 전체를 분류하여 관련 공문서와 함께 소장유물의 구명이 가능할 것이다. 현재 국립중앙박물관에서는 일제 때 조선총독부박물관의 공문서를 점차로 공개하고 있다. 한편 일본 동경대학 소장 문헌들은 내부적으로 정리는 하고 있는 것으로 알고 있는데 아직은 공개하고 있지 않은 상황이다. 향후 이러한 작업들이 진행되어 양국 간 공동조사와 연구도 가능할 것으로 생각된다.

찾아보기

• 일반사항 •

ㄱ